中国孝文化丛书

以孝管官
——孝与古代丁忧制度

盖志芳 黄继红 著

中国国际广播出版社

图书在版编目（CIP）数据

以孝管官：孝与古代丁忧制度 / 盖志芳，黄继红著. 北京：中国国际广播出版社，2014.1（2019.6 重印）
（中国孝文化丛书）
ISBN 978-7-5078-3674-5

Ⅰ.①以… Ⅱ.①盖…②黄… Ⅲ.①孝—文化研究—中国—古代②官制—研究—中国—古代 Ⅳ.①B823.1②D691.42

中国版本图书馆CIP数据核字（2013）第249207号

以孝管官——孝与古代丁忧制度

著　者	盖志芳　黄继红
责任编辑	廖小芳　孙兴冉
版式设计	国广设计室
责任校对	徐秀英
出版发行	中国国际广播出版社（83139469　83139489[传真]）
社　址	北京市西城区天宁寺前街2号北院A座一层
	邮编：100055
网　址	www.chirp.com.cn
经　销	新华书店
印　刷	河北锐文印刷有限公司
开　本	640×940　1/16
字　数	160千字
印　张	15.5
版　次	2014年1月　北京第一版
印　次	2019年6月　第二次印刷
定　价	24.00元

版权所有　盗版必究

出版说明

孝是中华民族的传统美德，是千百年来中国社会维系家庭关系的道德准则。在中国人的心目中，孝是立身之本，是家庭和睦之本，是国家安康之本，也是人类延续之本。

在我们今天的社会生活中，因为孝文化意识的淡漠而引发的矛盾和纠纷层出不穷：子女虐待老人；因赡养问题父母与子女对簿公堂；子女殴打老父老母甚至弑父弑母的骇人听闻、丧尽天良的恶劣事件时有发生，这极大地阻碍了社会主义精神文明建设，甚至影响到了社会的稳定与发展。这决非故意夸大孝的作用和功能，而是一个不容忽视的事实！先圣云："忠良出孝门"。一个连自己的爹娘都不孝顺的人，他怎么可能去真心地爱他人、爱社会，如何能够勇敢地担负起时代所赋予的责任呢？

孝与慈，是国人的基本道德规范。慈指的是父母对儿女的责任和义务。在独生子女时代，父母的慈可谓是达到了登峰造极的地步，对孩子是捧在手里怕摔了，含在嘴里怕化了，惟恐自己的孩子受到一丝一毫的委屈，心甘情愿让孩子做皇帝，自己做奴隶，甘愿代替孩子承受所有的痛苦与不幸，恰恰是这种畸形的慈爱，造成了现在越来越多的"啃老族"、"拼爹者"。面对这种现实，加强孝的教育，已刻不容缓。

在当今社会，由于人均寿命不断延长，人口老龄化的问题已经成为21世纪中国面临的一大挑战。我国现在有一亿多60岁以上的老年人，我们已经进入老龄化社会，养老问题已成为整个社会的重大问题。据有关统计和预测，到2025年，我国的老年人口将达2.8亿，占当时人口的20%，比世界平均水平高出近7%。面对未富先老的未来局势，我国当前的经济发展水平还不足以完全解决老年人的生活物质需要，这就决定了家庭养老仍然是社会养老体系的最主要方式。而如今社会中，许多年轻人对孝敬老人采取漠视的态度，或者错误地认为孝道就是封建道德糟粕，不需要继承和发扬，少数人甚至以不孝为荣，这种观念和趋势的发展值得警惕。面对着日益加快的老龄化进程，重振孝道迫切而必要。

弘扬孝文化，对于敬亲孝亲、养老事业的发展、人际关系的和睦、社会的稳定都有重大的现实意义。甚至对我们国家来说，与时俱进地赋予孝以新的内容和时代精神，确立其在中国特色社会主义新文化中的地位，发挥其在社会主义和谐社会的构建和"中国梦"的实现中的重要价值都有重要的战略意义。

正是基于以上种种原因，我社组织编写了这套全面系统展示中国孝文化的读物。本着通俗易懂，理论与实践相结合的原则，对孝文化进行多方面解读，分别从孝与家国伦理、孝与社会风俗、孝与古代教育、孝与古代法律、孝与古代选官制度、孝与古代旌表制度、孝与古代丁忧制度、孝与古代养老八个方面进行了详细的论述。我们希望通过这套中国孝文化丛书的出版，能够对当代中国人的孝意识的增强起到积极的作用。

孝，作为中国传统文化的一个重要组成部分，其蕴含的内容是博大而精深的，而我们所做的仅仅是揭开了冰山的一角，还有更多的内容值得我们去探索和研究。此外，对于本套丛书存在的不妥之处，还希望各界人士不吝赐教。

前　言

　　丁忧是中国古代的一种职官管理制度，官员居丧的专用名词，即官员遭父母或其他尊长之丧，必须暂离公职，回籍守丧三年，期间停止升转，停给俸禄，然仍准算历俸，待守制期满，重新出来任职。丁忧其间在饮食、服饰、起居及婚嫁、赴考等方面有着严格的规定。然而，当个人私情与朝廷需要发生矛盾的时候，是尽忠还是守孝？由此，一种与丁忧制度相辅相成的官场人事制度也就应运而生了，这就是我们常在文学作品或人物传记中看到的一个词——夺情起复，指朝廷由于公务需要，对于那些遭受父母之丧需要辞官离职的官员，不许解官，命其继续留职；或者官员丧期未满，朝廷特许终止其服丧守制，在"丁忧"期内起复任职，即"夺情起复"。

　　丁忧制度在封建社会两千多年的历史长河中，几经变迁，完成了由习俗到礼教，由礼教到道德规范，由道德规范上升为国家法律的历史过程。

　　丁忧，源自儒家"三年丧"的礼教文化。《礼记》有言："父母之丧，三年不从政"。但是在春秋战国时期，三年丧更多地表现为儒家宣扬的一个口号，并没有形成习俗，更没有上升到制度层面。相反，儒家三年重丧还遭到了墨家等学派的坚决反对。秦王朝二世而亡，虽然秦始皇号令天下臣民一律戴重孝为天子守丧三年，但丁忧之制尚未真正付诸实践。汉代统治者强调以孝治国,通过伦理教化构建全新的社会秩序,尤其是汉武帝"罢黜百家,独尊儒术"后,作为强制性规范的居丧制度才真正付诸实践。在汉代,丁忧最初是从上层社会开始,主要针对的是王室诸侯和高级官吏,并不具有普遍性。后来,由于统治者不遗余力的倡导和大力褒奖,到东汉时,社会隆礼之势日盛,居丧守制成为一种社会风尚,得到社会各阶层的普遍认可。这一时期,居丧违制受罚和夺情起复亦多有出现。

晋代以来,丁忧开始对大大小小的文武官员有了普遍约束力。晋武帝带头推行三年丧制,两晋名士阮籍一家、陈寿等居丧违制遭"清议",伴随着降品、罚俸、免官、终身废除等一系列针对官员违制的行政处罚的广泛实施,丁忧由原来可以选择的自觉自律变成了强制性行政规范。在魏孝文帝率先垂范下,官员丁忧终于实现了由礼入律的历史性跨越,由原来的道德性规范上升为法律性规范,对官员居丧违制的惩罚由相对较轻的行政制裁变成了刑事制裁。南朝统治者兴儒重礼,在梁武帝的影响带动下,梁朝的王公大臣、皇室后裔个个崇文尚礼,饱读诗书,以居丧三年为代表的名教礼法在朝野内外得到普遍遵守,丁忧违制的清议处罚相对而言更加规范,也更为严格。

隋朝命短,法制尚未健全,对居丧期间的行为规定也不全面,但是,在丁忧法制化方面却向前迈进了一步。唐朝统治者主张礼法并用。唐太宗缘情制礼,《开元礼》的编纂完成,形成了对官员丁忧行为的礼制和法制层面的双重约束。唐代对官员的夺情起复虽然没有丁忧制度规定的那么详细,但也是有章可循的。夺情起复的对象、程序、官员起复后的工作、生活禁忌皆有详细规定。唐王朝统治期间,丁忧起复不仅成为臣子忠孝的体现,更成为权位争夺的良机。王叔文丁忧遭排挤、著名诗人白居易丁忧落话柄皆与此有关。

宋朝的丁忧制度经历了一个范围逐渐扩大，程序日渐完善的过程。大宋律法不仅对文武官员分别作出不同的丁忧规定，而且，针对地区间的差异，武官的居丧标准也有不同，体现了丁忧制度在实际执行中机动灵活的特点。在具体政策上，宋朝不仅加强了对居丧过程的监管，还在经济和政治等诸多方面为官员丁忧提供了切实可行的保障措施。这一时期，夺情起复更为频繁。高宗三下诏书，岳飞含泪起复的故事可谓妇孺皆知。然而丁忧制度依然是官场权力倾轧、党派斗争的武器，像与王安石变法息息相关的李定丁忧，史嵩之丁忧等。

元代，受蒙汉二元政治体制的影响，丁忧制度也被打上二元政治烙印。丁忧作为封建社会最大礼制——丧葬的重要内容，在决策层面曾几度反复。最初丁忧的对象仅限汉人，此后蒙古人和色目人也加入其中。但是，在实际执行中，对蒙古人和色目人并不做强行要求，更多的体现为一种自愿原则。此外，元律本身对丁忧违制的惩罚力度不大。因此在整个元朝，丁忧制度的执行度并不高，除了有相当一部分蒙古和色目官员不愿丁忧外，汉族官员丁忧违制的也不在少数。

明朝丁忧之制一如其高效的行政效率。首先，丁忧范围缩小，规定今后除父母及祖父母承重者丁忧外，其余期年丧不得奔赴，只能派人代为祭拜。其次，明朝对丁忧的报丧程序做了严格限制，并且经历了一个由严到宽，又从宽到严，逐步完善的演变过程。再次，丁忧的禁止行为和处罚力度更加合乎人情。最后，明代的夺情起复制度更为完善。

丁忧制度在大清王朝建立后命运几经转折。陈启泰上书催生旗官丁忧，虽然满汉规定有异，但毕竟打开了旗人丁忧的先河。康熙年间，武官丁忧被批准，可谓居丧制度之一大变革。丁忧期间官员的待遇，丁忧违制的处罚、奔丧起复的期限都写进了《大清律例》,可见,清代的丁忧之制同样有章可循。总体来看,清代丁忧之制最大的特点即满汉官员的差异,虽然清政府不断根据形势的变化对旗人官员的丁忧政策作出调整,但是,在官员丁忧方面的满汉畛域现象一直延续到二十世纪的清末宣统年间。随着大清帝国的没落,封建社会的结束,丁忧制度也终结了其历史。

丁忧制度是与封建君主专制制度相伴相生的一种封建职官管理制度,从诞生之初,就是为君主皇权服务的。因此,在解读亲情,忠孝等传统道德观念时,我们只有拂去盖在上面的这层面纱,方能体悟"忠"与"孝"的真谛。

目 录

导 言 ································· (1)

　一　什么是丁忧制度——官员们为父母丧而
　　　暂时停职 ··························· (2)
　二　丁忧制度的内容 ······················· (3)
　三　为君夺亲谓夺情 ······················· (7)

第一章　追根溯源话丁忧 ················· (11)

　一　丁忧制度的礼制基础——三年丧 ········· (11)
　二　《礼记》——"父母之丧，三年不从政" ····· (14)
　三　先秦时期三年丧实行情况 ··············· (16)
　四　晏婴为父居丧，严守礼制 ··············· (18)

第二章　汉代——丁忧成为非普遍性强制规范····· (21)

　一　从黄老无为到儒家治世 ················· (21)
　二　教化天下，不孝重罚 ··················· (24)
　三　丁忧成为非普遍性强制规范 ············· (31)
　四　汉朝官员自觉守制 ····················· (40)
　五　汉代的夺情起复 ······················· (48)

第三章 两晋南北朝——丁忧成为官员的强制性规范 (51)

    一 司马氏以孝治天下 (51)

    二 晋武帝带头推行三年丧制 (55)

    三 两晋名士居丧违制遭"清议" (57)

    四 士人因孝避仕，官员拒绝夺情 (64)

    五 北魏孝文帝与丁忧入律 (69)

    六 严格丁忧之南朝 (74)

第四章 隋唐时期——丁忧制度全面法律化、制度化 (83)

    一 隋朝——丁忧制度的法律化发展 (84)

    二 缘情制礼——唐代丧服制度的三次改革 (85)

    三 从礼到律——丁忧制度全面法律化、制度化 (89)

    四 唐朝的夺情起复制度 (94)

    五 一代名相房玄龄丁继母忧被夺情 (99)

    六 丁忧与官员的仕途起伏 (102)

第五章 宋朝——文臣武将不同的丁忧规定 (111)

    一 宋朝以孝治天下 (112)

    二 文武官员不同的丁忧规定 (116)

    三 李定丁忧风波 (121)

    四 史嵩之丁忧被排挤 (125)

    五 高宗三下诏书，岳飞含泪起复 (130)

第六章　元朝——二元政治体制下的丁忧制度……(135)

　　一　元朝以孝治国………………………………(137)
　　二　丁忧制度遵等级……………………………(139)
　　三　元代丁忧制度的特点和地位………………(145)

第七章　明朝——丁忧制度大改革…………………(148)

　　一　重孝道、兴教化、制礼律…………………(149)
　　二　丁忧制度大改革……………………………(152)
　　三　服阕起复……………………………………(163)
　　四　是是非非话夺情……………………………(168)
　　五　一代名臣张居正，为君夺情惹是非………(174)

第八章　清朝——满人统治下的丁忧制度…………(182)

　　一　满人治国，教育为本………………………(183)
　　二　借鉴汉法，孝御天下………………………(187)
　　三　清朝的丁忧制度……………………………(192)
　　四　平除满汉畛域——清末丁忧制度大改革…(203)

第九章　忠孝两难话丁忧……………………………(211)

　　一　丁忧制度与以孝治国………………………(211)
　　二　忠孝面前官员的艰难选择…………………(214)
　　三　谈古论今话丁忧……………………………(229)

参考文献………………………………………………(232)

导　言

　　自古忠孝难两全，忠孝的矛盾冲突困扰了国人几千年。当忠孝不能两全时，尽忠还是守孝，一度成为为人臣子者难以逾越的道德困境。

　　时至今日，这个由来已久的道德难题似乎有了无可争议的答案。因为中国共产党从成立之初，就牢固确立了全心全意为人民服务的宗旨，任何时刻都把党和人民的利益摆在首位，这也从根本上摆脱了自古以来忠孝两难的道德困境。

　　那古人是如何解决这个问题的呢？古代的臣子官员在面临忠孝两难的抉择时，会何去何从呢？带着这样的思考，我们一块追根溯源，去了解一种几乎与漫长的封建社会相生相伴的古代职官管理制度——丁忧。

　　"丁忧"这个词，相信很多人并不陌生，不管是翻阅古籍还是看时下热播的一些历史题材的电视剧，都能看到它的影子。比如，《儒林外史》中，范进和张静斋去见汤县令，汤县令问范进为什么不去会试，范进回答"先母见背，遵制丁忧"；电视剧《康熙王朝》中，老叫花子姚启圣当平台总督受到阻力，不服气，就跟康熙耍性子，借口乳母去世，要回家丁忧等。总而言之，在古代，丁忧作为一种职官管理制度，是个出现频率很高的词。

　　那么，丁忧究竟是什么？它是从什么时候开始出现的？它的出现造成了什么影响或者具有什么样的历史意义？带着这些疑问，我们一块回溯历史，探寻答案。

一 什么是丁忧制度——官员们为父母丧而暂时停职

"丁忧"一词由谁首创，根据现有史料似乎已无从考证。"丁忧"最早出现于《宋史·礼志》："咸平元年，诏任三司、馆阁职事者丁忧，并令持服。"又诏："川陕、广南、福建路官，丁忧不得离任，既受代而丧制未毕者，许其终制。"丁忧究竟指的是什么呢？

有学者从字面意思进行解读，丁指人丁，即人口的意思，忧指忧伤，伤心。顾名思义，"丁忧"即人丁忧伤。这样解释也说得过去。但是，根据现代人的思维这样简单地从字面上进行解读，未免辜负了古汉语的优美意境与博大精深，甚至会产生歧义，闹出笑话。

据《尔雅·释诂》："丁，当也。"是遭逢、碰到的意思。如《后汉书·岑彭传》："我喜我生，独丁斯时。"据《尚书·说命上》："忧，居丧也。"《日知录·期功丧去官》注："古人凡丧皆谓之忧。"如《书·说命上》"王宅忧，亮阴三祀"。所以，古代的"丁忧"二字，就是遭逢居丧的意思。"遭逢居丧"，儿女们会忧伤，会居丧，会遵循一定的民俗和规定"守制"，这样的解释显然比单纯的"人丁忧伤"四个字包含的内容要广泛得多，意义要深刻得多。

丁忧，丧制名，又叫居丧、守孝、丁艰或丁家艰，原指遇到父母丧事，子女按礼持丧三年。丁忧期间不得行婚嫁之事，不预吉庆之典，后来多指官员居丧，即官员遭父母或其他尊长之丧，必须暂离公职，回籍守丧三年，期间停止升转，停给俸禄，然仍准算历俸，待守制期满，重新出来任职。

作为一种职官管理制度，丁忧在中国存在和沿袭了数千年，成为研究中国文化尤其是传统孝文化必不可少的素材之一。

二 丁忧制度的内容

按照规定，一旦遭遇父母之丧，不论身居何职、品级多大，在职官员必须解官去职，远离工作岗位，即所谓"父母之丧，三年不从政"。除此之外，丁忧期间的日常行为还要受到严格的限制。儒家的先驱们对原始社会以来的守丧习俗进行积极的加工改造，形成了一套标准化、系统化和等级化的居丧制度，对三年丧期内的守丧行为在容体、声音、言语、饮食、衣服、居处等方方面面提出了具体的标准，旨在做到居丧者的所有生活细节都要彰显出对逝者离去的哀悼之情。这就是所谓的居丧守制。当然在不同时期，不同朝代，礼法对丁忧者的具体要求不尽相同，但大致来说的话，居丧期间，对丁忧者的限制主要集中在以下几个方面：

（一）饮食方面

为了体现失去亲人的巨大悲痛，丁忧期间，居丧者在饮食方面受到严格限制。通常是服丧的前三天，不饮不食，三天后才能早晚两次喝点限量的稀粥，即所谓"食粥，朝一溢（1升的1/24）米，莫（暮）一溢米"，三个月后才能吃粗粮喝清水，一年以后才能吃蔬菜水果，两年以后才能吃醋和酱，服丧期满后才能饮酒吃肉。

当然此规定也非绝对，要根据守丧之人的身体做灵活变通。对于那些年老体弱之人，为了防止因过度饥饿导致身体毁损，允许他们饮酒食肉。而身患疾病者也应定期服药。通过适当增加营养或药物来维护身体健康，是为了防止居丧者哀毁过度，无法持丧终制从而陷于不孝之境地。因为在儒家看来，哀毁过度导致无法从头至尾守丧三年也是不孝之举。

由此可见，在古代社会这三年丧制的完成实属不易，一定要服之有度才行啊。不够哀痛那显然有违孝道；但是过于哀伤，水米不进，身子骨难免受不了，一旦不幸重病乃至随先人而去，反倒会因为未能坚守三年受到诟病。这吃与不吃，吃多吃少，也真是难为古代的孝子们了。

（二）服饰方面

为表达失去亲人的哀痛之情，居丧者必须除去平日华服，穿特定的丧服以示哀悼，即所谓"饰情之表章"。

在古代，丧服也不能随便穿，要根据尊卑等级严格服制。古时候嫡庶尊卑，亲疏远近，等级森严，各项制度都致力于维护封建宗法统治，丧服制度亦不能超然世外。根据与死者亲疏远近之不同，由重到轻，丧服共有五个等级，依次是斩衰、齐衰、大功、小功、缌麻五种，此之谓"五服"。

中国封建社会是由父系家族组成的社会，以父宗为重。因此为父服丧是最重的，为斩衰，居丧者应穿最简陋的斩衰裳，即用最粗的每幅（2尺2寸为一幅）三升或三升半（80缕为1升）的生麻布制成的不缝边的丧服，表示毫不修饰以尽哀痛。头上和腰上分别缠上用已结子的雌麻纤维织成的粗麻布带子，头上戴着用粗麻布制作、以麻绳为缨的丧冠，手里拿着竹制的齐胸高的哭丧棒，脚上穿着用菅草编成的粗陋而不作修饰的菅屦。为母亲服丧则穿比斩衰裳略细的疏衰裳，即用每幅四至六升的粗麻布制作的衣边经缝缉而略显齐整的丧服，腰上和头上分别缠着用不结子的雄麻的纤维织成的粗麻布带子。丧冠所用麻布也较斩衰略细，并以麻布为缨，叫冠布缨。手里拿着用桐木制作的削杖，脚上穿的则是用细于菅草的蘸草、蒯草编成的疏屦。

古代丧服制度屡经变革，不同时代五服的标准也有所变更。但是臣为君、子为父之丧自始至终都是丧服中最终的标准，即"斩衰"。由此可见，君臣、父子的关系在封建社会中的地位，由此也可以解释，为什么古代官员经常会陷于忠孝难两全的境地。

（三）起居方面

服丧者的居住也有严格规定。下葬之前，守丧者要居服舍，下葬以后，孝子要在亲人墓旁搭建的简陋草棚内守丧三年。期间要睡草垫枕土块，随着时间的推移，居处可以稍加修整。如百日卒哭后，可以铺设不纳头的蒲草席，一年小祥以后，可以拆掉草棚，在原处改建小屋，称为垩室，屋内用白灰涂墙，铺设普通寝席。在室内居住时要做到"对而不答、言而不语、不与人座"。二年大祥后，可以回到正寝居住，但是仍不能用床，直到服丧完毕，才能回到床上睡觉，一切恢复正常。居丧期间，除了对住所的严格限制外，还要求居丧的前三个月内，不能洗澡、不能剃头，在大祥移居正寝之前夫妇不得同居等。

（四）嫁娶、赴考

除了生活起居方面的诸多限制外，还有两项非常重要的禁忌，即居丧期间不能娶妻纳妾，不能参加会考。《吾学录·丧礼门二》中记载："凡丧三年者，百日剃发，仕者解仕，士子辍考，在丧不饮酒，不食肉，不处内，不入公门，不与吉事。"居丧期间不得进行嫁娶，基本为各朝各代所沿用，冒哀取仕的限制，在不同时期，则不尽相同。总的来说，宋朝以前规定比较严苛，即使是五服中最轻的缌麻也不能参加考试。宋天禧年间,举人郭稹冒缌丧赴考,被同辈告发,被交付御史台劾问(见《日知录·缌丧不得赴举》)。明朝以后,此限制放宽,除了服三年之丧的不得赴考外,其余的不受限制。

(五)其他限制

除了上述原则性的规定外,还有一些细节要求。比如:居丧者的表情,要做到面貌憔悴,脸色发黑,极尽哀容。居丧期间如何哭泣也有规定,如:在未殡之前,孝子要哭不绝声,昼夜无时;既殡以后,要早上哭一次,晚上哭一次;在以后的丧期中,思忆则哭。不仅哭泣的次数和时间有规定,甚至哭泣时的声音大小,音节长短都有明确要求。哭丧不能从从容容,要捶胸顿足,悲天跄地,气都回不过来。总之,就是尽量拖长音用声嘶力竭的痛哭表达失去亲人的悲痛,也就是所谓的哀发于声。如诗中所说"举声哭苍天,万木皆悲风"。

除此之外,还有一些对后世产生深远影响的规定。比如:居丧期间不得赴宴饮酒、弹琴唱歌、游戏笑谑;不走亲访友,除因丧事与人往来外,要谢绝一切应酬事物;居丧期间禁止兄弟别籍分家及门庭不换旧符等。

综上所述,不难看出,丁忧期间居丧者的人身自由和饮食起居等各个方面都受到了非常严格的限制。守丧三年,丁忧人员一方面要在精神上承受失去亲人的痛苦,另一方面,还要经受艰苦生活条件的考验,无论身心都受着常人难以忍受的折磨。居丧期间不胜悲伤,哀毁骨立的例子数不胜数,比如,《后汉书·韦彪传》记载:"彪孝行纯至,父母卒,哀毁三年,不出庐寝。服竟,羸瘠骨立异形,医疗数年乃起。"如果严格按照儒家理想化的礼制守丧,想必如韦彪这般身体遭受重创、哀毁骨立总是在所难免了。对于某些身体羸弱之人,也许根本就无法承受居丧生活之艰苦,陪同逝者驾鹤西归了。如明史中记载,吴县人顾琇,父亲去世,"水浆不入口五日,不胜丧而死"。

事实上,真正能不折不扣执行上述琐碎而苛刻的规定的人并不多见,违反居丧礼制的人比比皆是。比如,唐宪宗元和九年(814)四月癸未,陆赓故世,其子慎余、其兄博文在居丧期间着华丽的衣裳穿街过市,并饮酒食肉,结果都被打了板子,慎余流放至循州,博文被递解原籍。除了那些行为不检、居丧违制者,更有为赚取孝名,弄虚作假、沽名钓誉之徒费尽心机上演了一幕幕滑稽可笑的假孝、伪孝的故事。比如《颜氏家训·名实篇》里巴豆孝子的故事,古代一位显贵,以孝顺闻名乡里,其父母先后亡故,在居丧期间,这位显贵哀痛毁坏了面容,丧礼超出了定制,表现得比别人都孝敬。殊不知这位先生在居丧时,枕着土块,睡着草席,悄悄将巴豆油涂于脸上,弄出满脸疮痕,以示自己悲痛得非常厉害。此后,后人就用"巴豆孝子"讽刺那些不择手段、欺世盗名的所谓忠臣孝子。

三 为君夺亲谓夺情

在儒家不遗余力的倡导和封建统治者自上而下的推行下,原本自发的为亲人居丧守孝的非普遍性行为作为一种规范被写进了礼典和法典。丁忧成为古代官员必须遵守的职官管理制度和法律制度,自东汉以后开始被严格地贯彻执行。但是,与此同时,一个新的问题就摆在了统治者和丁忧官员面前:当个人私情与朝廷需要发生矛盾的时候,是尽忠还是守孝?

自古忠孝两难全,这似乎是一个困扰了国人几千年的道德难题。当朝廷用人需要与官员丁忧发生矛盾的时候究竟该怎么解决？伴随着这一矛盾的出现，一种与丁忧制度相辅相成的官场人事制度也就应运而生了，这就是我们常在文学作品或人物传记中看到的一个词——夺情起复。看过《说岳全传》的人都知道，岳飞为母服丧期间，宋高宗连下三道诏书，要求岳飞起复。据说，高宗手书的起复诏在今天的拍卖市场上价值千万，在三辞不得的情况下，岳飞不得不奉命起复。

起复又叫夺情或夺服，是丁忧派生出来的一项重要的人事制度。起复指朝廷由于公务需要，对于那些遭受父母之丧需要辞官离职，回籍守制的官员，不许解官，命其继续留职，素服理政办公，不参加吉礼；或者官员丧期未满，朝廷特许终止其服丧守制，在"丁忧"期内起复任职，即"夺情起复"。

有关丁忧"夺情"的议决以及各级官吏丁忧是否"夺情"的统一政策规定，一般先由礼部具体商议，然后报经皇帝审批，最后以颁布诏令的方式贯彻执行。中央朝廷的仕宦官员尤其是那些显贵政要，其丁忧"夺情"与否，通常由皇帝直接裁决定夺，礼部官员不得妄议。

历来被夺情起复的多为武将或高级文职官员。历史上最常见的夺情现象一般皆源于国家战事需要，史称"金革夺丧"。如《周书·王罴传》载："时东西交争，金革方始，群官遭丧者，卒哭之后，皆起令视事。"又如《唐会要》卷38《夺情》条是这样记载的："时多金革……丁忧之士，例从起复。"此类"皆起令视事"或"例从起复"的现象，是历代王朝因金革兵战需要的一种惯例定制，实施于全国所有的文武丁忧官吏。比如上面我们提到的岳飞起复正是金革需要，姚夫人去世时，岳飞正在鄂州练兵，准备再次渡江北伐，收复中原，战事一触即发，主将岂可擅离？基于民族大义和朝廷需要，岳飞忍痛终丧起复。

不难想象，官员丁忧势必会造成朝廷用人与官员缺位的矛盾，而夺情制度则巧妙地化解了这一难题。在忠孝的抉择中，统治者无一例外地选择了亏孝全忠，移孝作忠。毕竟在皇权拥有者眼里，君权总是重于亲情的，以孝治国，孝只不过是手段是形式，真正的目的还是为了维护至高无上的皇权君权。不管是丁忧还是夺情，尽管内容迥异，但目的却是绝对的一致，即全心全意地服务于中央集权的封建专制统治。夺情作为丁忧制度的衍生品，它的形成和发展与丁忧制度相辅相成。西汉时期，官员丁忧不是强制性规范，因此，夺情也未形成定制。但是，随着汉王室对于孝道的提倡，西汉末年，士大夫阶层逐渐形成一种丁忧风尚，丁忧逐渐成为评价人品高低和道德操守的标准。不管是出于自愿还是迫于外界压力，越来越多的官员在遭父母之丧时纷纷要求离职守制。这种现象逐渐影响到国家机构的正常运作。

对于那些国家和朝廷严重依赖的股肱要员，皇帝不得不派使者前去慰问，并传达强制回朝复职的命令，于是，夺情现象日渐普遍。到东汉时，夺情起复慢慢成为一种惯例，统治者针对丁忧守制另外创设了一套完整的夺情起复程序。自此以后，朝廷大臣因政务需要而丁忧"夺情"的现象甚为常见。据史料记载："三年之丧，古制极严。自汉文帝命以日易月，而臣下亦因之。如晁错父死，旬日而尚以御史大夫调兵食；翟方进后母死，三十六日而起复尚丞相事；唐右仆射房玄龄、中书侍郎苏颋、张九龄、宋参知政事寇准，皆夺情起复。"夺情起复原本是出于军国大事的需要，但是，被夺情也往往意味着皇帝对官员的恩宠，由此慢慢形成一种以夺情为荣的社会心理，无形中影响了丁忧者在居丧时的心态。

如前所述，夺情起复最初是基于军务或政务需要，主要是针对身居要职的股肱之臣或带兵打仗的武将，其初衷是为了维护国家机构的正常运转，是特殊情理下的亏孝全忠，本不为常典。但是,随着丁忧制度的普遍化、法制化,积极钻营谋求起复的现象也越来越多,他们中有的是畏惧丁忧生活的艰苦,逃避居丧,有的是贪恋权位,舍不得高官厚禄,在这种情况下,能不顾皇帝下诏"夺丧"仍坚持服满三年的官员就更是凤毛麟角了。据清人徐乾学统计,从西汉到明末,史志中记载的总共不满三十人。如此种种,使夺情慢慢变了味,以至于有些时候,竟演变为政治角力的工具,成为派系斗争、权力倾轧的有效途径。

  守丧,原本是人们出于对死者的哀悼之情自发形成的一种习俗,但是,在中国,这种习俗却经历了一种完全异于世界的发展轨迹。为了实现愚孝思想麻痹人们的灵魂,实现封建统治长治久安的目的,两千多年来,封建统治阶级不遗余力地宣传、鼓吹忠孝合一的儒家孝道,不惜用道德和法律等诸多手段强制人们遵行等级化的守丧之制,礼法结合,一步步地加强对民众的精神统治,在这样的特殊背景下,守丧之制也完成了由习俗到礼教,由礼教到道德规范,由道德规范上升为国家法律的历史变迁。

第一章　追根溯源话丁忧

一　丁忧制度的礼制基础——三年丧

丁忧，作为一种规范的职官管理制度，既是一种体现官员孝道操守的道德规范，也是古代官员必须遵守的法律规则。它是儒家思想制度化、法律化的集中体现。丁忧从一种自身层面的道德约束到国家层面的法律约束，势必要经历一个漫长的由礼入法的演变过程。

探究丁忧缘起何时，不得不从其守丧三年的礼制基础说起。守丧，最初只是人们表达对死者哀悼之情的一种自发行为，不带有任何强制性，也没有固定的时间期限。一般是指从人死到安葬的一段时间内，死者家人及亲属在饮食起居等方面表现出的异乎平时的行为。行为方式因为地缘、民族等差异，并无统一的标准，但目的是相同的，旨在表达亲人离世内心无比悲痛的心情。守丧成为一种具体习俗的时间尚不能准确界定，大概在远古时代就已存在。

三年之丧究竟缘起何时，自古以来也是众说纷纭，莫衷一是。《礼记·三年问》曰："故三年之丧，人道之至文者也。夫是之谓至隆，是百王之所同，古今之所壹也，未有知其所由来者也。"由此可见，连《礼记》也回答不了究竟从什么时候开始实行三年丧制。

目前关于三年丧之起源比较有影响力的几种说法是"尧舜之制说"、"殷商旧制说"、"东夷之俗说"、"武王创制说"、"周公之制说"和"孔子改制说",每一种说法听上去都合情合理,但又无一例外地存在难以自圆其说处。不管三年之丧究竟由谁首创,有一点毋庸置疑,那就是三年丧制的最终形成与完善与先秦儒家的宣传和倡导密不可分。可以说,以孔子为代表的先秦儒家对三年丧制在中国的推广立下了汗马之功。

根据现有文献记载,三年之丧早在孔子之前就已经存在,如《尚书·尧典》记载,"尧帝去世,百姓如丧考妣,三年四海遏密八音"。但是,在很长一段时间里,守丧并没有统一标准,直到春秋战国时期,以孔子为代表的先秦儒家们在原先丧葬习俗的基础上,进一步整理礼乐典籍,经过不断的加工改造,最终形成一整套系统化、等级化、标准化的礼教制度,即守丧之制。

众所周知,儒家重孝道,主张以孝治天下,视孝道为齐家之本、立国之基。为使孝悌之情有始有终,对生、死二事,同样重视,所谓"事死如事生,事亡如事存,孝之至也"。儒家主张"生,事之以礼;死,葬之以礼,祭之以礼"。由此可见,丧事的内容主要分为两个方面:一是礼,即丧葬之礼仪;二是哀,即在丧期内对死去的家人或亲属所表现出的哀戚之情。儒家对于居丧之礼和哀戚表情都作了明确规定,尤其是其所倡导的三年之丧,更被视为对中国丧葬制度最大的加工创造。

儒家倡导重丧。《孟子·离娄下》中记载"养生者不足以当大事,惟送死可以当大事"。孔子从人的情感角度出发,主张子女应为父母居丧三年。至于为何是三年,我们从孔子与弟子宰我围绕丧礼应服几年的问题展开的争论中不难得出答案。

宰我说:"服丧三年,时间太长了。君子三年不讲究礼仪,礼仪必然败坏；三年不演奏音乐，音乐就会荒废。旧谷吃完，新谷登场，钻燧取火的木头轮过了一遍，有一年的时间就可以了。"孔子问："才一年的时间，你就吃起了大米饭，穿起了锦缎衣，你心安吗？"宰我说："我心安。"孔子说："你心安，你就那样去做吧！君子守丧，吃美味不觉得香甜，听音乐不觉得快乐，住在家里不觉得舒服，所以不那样做。如今你既觉得心安，你就那样去做吧！"宰我出去后，孔子说："宰予真是不仁啊！小孩生下来，到三岁时才能离开父母的怀抱。服丧三年，这是天下通行的丧礼。难道宰予对他的父母没有三年的爱吗？"从这段对话中不难看出，孔子主张服丧三年是因为小孩子生下来以后，至少要经过三年时间才能离开父母的怀抱，基于感恩和回报，子女也应该为父母守丧三年，这是理所当然、天经地义的。因此，他批评宰我不仁。

在孔子的带领下，先秦的儒家先驱们不遗余力地宣扬三年之丧。相较于孔子的感恩回报，荀子则从慎终追远的角度倡导重丧。他说："生，人之始也；死，人之终也；终始俱善，人道毕矣。故君子敬始而慎终；终始如一，是君子之道，礼义之文也。"在荀子看来，养生和丧死是孝道中最重要的两个方面，是人性、人道的自然表达过程，厚其生薄其死是敬其有知而慢其无知的奸人之道。对待生死应始终如一，敬死如敬生。至于为什么是三年之丧，荀子认为那是称情立文，缘情治礼，禽兽都知道爱其类，何况是人呢？父母去世，这是人间最大的悲痛，自然要有足够长的时间去尽思慕与哀痛之情，何况三年并不漫长，时间如白驹过隙，一晃就过去了，三年丧是合情又合理的。

在先秦儒家的积极推动下，慢慢形成了一套以三年丧制为基础，包括居丧期间不纳吉、不饮酒、不处内等一系列规范在内的等级化、标准化、系统化的居丧礼制，从而为丁忧制度的实施奠定了礼制基础。

二 《礼记》——"父母之丧，三年不从政"

要想全面了解丁忧制度，有一本书不得不提，那就是《礼记》，丁忧制度的礼制基础就是《礼记·王制》中的"父母之丧，三年不从政"。

《礼记》是儒家经典之一，是战国至秦汉年间儒家学者解释说明经书《仪礼》的文章选集，与《仪礼》、《周礼》合称"三礼"。《礼记》是一部儒家思想的资料汇编，其作者不止一人。我们一般认为《礼记》成书于西汉，其编订者是西汉时期著名的礼学家戴德和他的侄子戴圣。戴德将汉初刘向收集的130篇综合简化，一共得85篇，称为《大戴礼记》，后来其侄戴圣又将《大戴礼记》简化删除，得46篇，再加上《月令》、《明堂位》和《乐记》，一共49篇，称为《小戴礼记》。叔侄之书各有侧重和取舍，特色各异。《大戴礼记》在后来的流传过程中若断若续，至隋、唐时期已散佚大半，现仅留传39篇。《小戴礼记》就是现在我们常说的《礼记》。东汉末年，著名经学家郑玄对其作注，由此《小戴礼记》逐渐摆脱从属《仪礼》的地位而独立成书，渐渐得到一般士人的尊信和传习，后来便盛行不衰，到唐代被列为"九经"之一，到宋代被列入"十三经"，到明朝时地位进一步提高。汉朝的五经里有《仪礼》没有《礼记》，明朝的五经里有《礼记》没有《仪礼》。可见，《礼记》之地位不断攀升，由一部儒学短篇杂编上升为泱泱大国的一部重要经典，成为士人必读之书。

《礼记》全书九万多字，内容广博，门类杂多，涉及政治、法律、道德、哲学、历史、祭祀、文艺、日常生活、历法、地理等诸多方面，几乎包罗万象，集中体现了先秦儒家的政治、哲学和伦理思想，是研究先秦社会的重要资料。

《礼记》不仅是一部描写规章制度的书，也是一部关于仁义道德的教科书，里面蕴含的政治伦理思想对后世产生了深远影响，既塑造了中国人特有的人伦价值观，也塑造了中国人特有的行为方式。《礼记》共49篇，有十几篇杂记丧服丧事，如《檀弓》、《曾子问》、《丧服小记》、《杂记》、《丧大记》、《奔丧》、《问丧》、《服问》、《间传》、《三年问》、《丧服四制》等。丁忧制度的形成与《礼记》中孝道思想和对诸多孝行的具体规定有着直接关系。《礼记》中的孝道思想丰富而全面，其中既有关于孝之起源、地位与作用，孝与忠、礼、政、教的关系等宏观理论问题的论述，又有关于孝道、孝行等微观具体论述。有学者认为，《礼记》在中国儒学发展史上，完成了孝道的理论创造并达到其顶峰。

《礼记》在理论阐述方面形成了真正的"泛孝主义"思想体系，成功地实现了孝道的政治化、社会化、泛道德化，使孝道成为放之四海而皆准的普遍真理，成为一切是非评判的唯一标准，孝的作用被渲染到了无以复加的历史高度。从此，中国社会一切事务、一切德行莫不以孝为中心。尤其是移孝作忠，忠孝混同，"事君不忠非孝也"、"资于事父以事君而敬同"等思想完全迎合了封建统治者的政治需要，成为汉代以后历代封建王朝维护其政权统治的不二法宝，为各朝君主以孝治天下的政治路线奠定了坚实的理论基础。其中，对于孝道、孝行的具体规定，更是直接影响了封建政权的礼法制度建设，塑造了中华民族以孝为中心的特有的行为模式。

《礼记》作为一本记述礼制的专著，特别注重行孝的礼节和方式，主张"生，事之以礼；死，葬之以礼，祭之以礼"。孝与不孝，要从三个方面加以判断，"养则观其顺，丧则观其哀，祭则观其敬"，要求为人子者，出门必告知父母，回家必面见父母，免得父母担心，父母一旦亡故，必须依礼下葬，按制守丧，并且要做到"父母之丧，三年不从政"，而这一规定，正是丁忧制度实行的礼制基础，对中国人的生活方式产生了巨大影响。

三 先秦时期三年丧实行情况

虽然三年之丧古已有之，春秋战国之际，儒家先驱积极倡导，但是在很长一段时间里，三年丧制并不普遍，更多地表现为儒家宣扬的一个口号，并没有形成习俗，更没有上升到制度层面。根据现有史料不难发现，两汉以前，上自天子下至百姓，真正实行三年丧的并不多见。一部《左传》明确记载实行守丧之制的仅襄公十七年晏婴一例，相反，对三年丧的反对声却是从未间断。

战国时期，孟子想劝滕文公为滕定公守丧三年，遭到百官的一致反对，理由是："吾宗国鲁先君莫之行，吾先君亦莫之行也，至于子之身而反之不可，且《志》曰'丧祭从先祖'。"由此可见，在此之前，鲁国与滕国都未有三年之丧之先例。鲁是周公的封国，是孔子的父母之邦，历来就有"周礼尽在鲁矣"的美誉，鲁国的公室先君们尚且带头不搞"三年之丧"，从贵卿大夫到庶民，乃至别的诸侯国，也就可想而知了。事实上，春秋战国时代，"三年之丧"不仅在底层庶民中难以实行，就是上层的公室贵卿也不把它当回事。儒家的三年守丧之制在先秦时期不仅推行不开，而且还经常遭到其他各色学派的强烈抨击，其中抨击最力者当数墨家。

墨子主张薄葬，重视对死者的精神悼念。在墨子看来，埋葬本身就已经是死者的归宿和生存之道，即所谓"衣食者，人之生利也，然且尚有节；葬埋者，人之死利也，夫何独无节此乎？"

墨子非常尖锐地指出了儒家厚葬久丧的社会弊端。墨子说：首先，久丧不利于实现国家富强和百姓富足。按照儒家礼制服丧，王公大人必定不能上早朝；士大夫必定不能治理五官六府、开辟草木荒地和使仓库粮食充实；农夫必定不能早出晚归、耕作种植；工匠必定不能修造船、车，制作器皿；妇女必定不能早起晚睡，去纺纱绩麻织布。时间久了，势必导致朝政荒废，生产停滞，不利于社会财富的增加，从而使"富之说无可得焉"；其次，久丧不利于人口增长。居丧期间，忍饥挨饿，生活艰苦，势必有身体羸弱之人不胜其苦，哀毁过度，造成人员减损，死亡率上升。与此同时，居丧期间，不能娶妻生子，禁止男女同房，自然不利于人口的增长繁衍，长此以往，必然会造成农业社会劳动力的大量缺乏，"众之说无可得焉"；最后，久丧必将引发一连串的社会问题，财富匮乏、吏治混乱、百姓贫困必将引发社会骚乱，"治之说无可得焉"。总的来说，墨子认为儒家三年丧制的最终结果必将是"国家必贫，人民必寡，刑政必乱"。

事实上，除了来自其他学派的抨击和驳斥，就连孔子的学生宰我都对三年丧提出质疑："三年之丧，期已久也。君子三年不为礼，礼必坏；三年不为乐，乐必崩。"

先秦时期，学派纷呈，百家争鸣，儒家的思想尚未取得正统地位，在没有得到统治者的首肯和庇护之前，三年丧制很难推广开来，上自王公大臣下至黎民百姓更多的还是实行"即葬除服"的短丧制度。纵观整个春秋战国至秦及汉初，除了孔子弟子曾为孔子守丧而且是心丧（古时谓老师去世，弟子守丧，身无丧服而心存哀悼）三年外，并无一例守满三年者。历史已经证明，从儒家先驱开始倡导三年之丧，到三年之丧成为习俗，再由习俗发展到封建礼教，由礼教到道德规范，由道德规范到法律规范，终究是有一段漫长的路要走，而且期间几经波折，跌宕起伏。

四 晏婴为父居丧，严守礼制

虽然居丧礼制的完善得益于孔子等先秦儒家的积极创造，但是，这并不意味着所有礼制皆源于孔子等人的首创。其实，早在孔子之前，就已有人按礼制服丧，比如春秋时期的著名政治家晏婴。《左传》专门用20个字记录了晏婴为父居丧的情形，专门记载一个人服丧之事，这在《左传》实属罕见，也仅有晏子一人。

晏子，名婴，谥平，字仲，故又称晏平仲，莱之夷维人（今山东高密）。大约生于齐顷公十七年（前582），卒于齐景公四十八年（前500）。晏子出身于齐国世家，其父晏桓子，名弱，曾做过齐国齐顷、灵公两朝的大夫，是春秋时期相当有作为的人物。有关晏弱的功勋，在《左传》中有详细记载，主要集中在鲁宣公十四年（前595）到鲁襄公十七年。期间晏弱曾陪同齐顷公与鲁国公孙归父在谷（今山东东阿）会晤，商谈鲁乐；与齐国的高固、蔡朝、南郭偃受命参与晋国主持的断道（今山西沁县西或曰今河南济源西）会盟；在公元前571年到公元前567年，晏弱亲自指挥了齐国灭莱的战役，从围莱、灭莱直至追歼逃亡之莱君，晏弱都是亲自督战，功绩卓著。晏弱能以兵戈攻灭晏氏的故国，这种"良臣择主而事，良禽择木而栖"的思想深深地影响了晏子的为官之道。由此可见，晏弱作为齐大夫，深受齐王室的倚重，为官期间，使晋灭莱，既是优秀的外交活动家又是杰出的军事指挥家。不仅如此，晏弱还有很高的文化素养，精通礼乐，这一切，都对晏子的成长产生了潜移默化的影响。

齐灵公二十六年，晏弱病逝，晏婴谨守礼制，为父居丧。《左传·襄公十七年》对此有专门记载："齐晏桓子卒，晏婴粗衰斩，苴绖、带、杖，菅屦，食鬻，居倚庐，寝苫，枕草。"这里所说的居丧期间的服饰及饮食起居事宜，与后世儒家提倡的为父居丧时所用的最重的服制完全相同。晏子至孝，居丧期间身上穿着粗麻布所做的斩衰，头上缠着苴做的绖，腰上拴着苴做的带，竹杖上系着苴做的绳子，脚上穿营编织的草鞋，吃的是稀粥，睡的是禾秆编成的席子，枕头是用草做成的，住的是临时所搭的简易草棚。居丧期间，晏子忧伤成病，其仁孝之举，传为美谈。守丧结束，晏子出仕，承袭父职任齐国卿大夫，时年27岁。虽然晏子的才华很早就显露出来了，但是，为官初期，他并没有得到灵公、庄公的重用。直到景公时左右相崔杼、庆封专权争斗，崔杼自缢，庆封出奔，晏子才得到景公重用，拜为齐相。

晏子隆重地为父居丧，与当时礼崩乐坏的社会环境不无关系。春秋乱世，王室衰微，伴随着王室权力的下移，周天子的威信江河日下，西周以来那套用于维护社会秩序的礼乐宗法制度遭受重创，正所谓"天下有道，则礼乐征伐自天子出；天下无道，则礼乐征伐自诸侯出。自诸侯出，盖十世希不失矣；自大夫出，五世希不失矣；陪臣执国命，三世希不失矣。天下有道，则政不在大夫。天下有道，则庶人不议"。在晏婴看来，天下乱象皆源于礼制的破坏，重建一个政治清明、人民安居乐业的安定有序社会，必须重新发挥"礼"的社会作用，努力探求礼治救世的良方。晏婴的家族有通礼的家学渊源，晏婴本人也被称为"盖北方辩于辞、习于礼者也"，因此，晏婴的救世思想很自然地围绕"礼"这一极有影响力的概念展开。晏子主张"礼以治国，所以御民也"。认为礼可以治天下，试图通过礼的调节、规范作用来匡正混乱的社会秩序，把礼看做治世良方，以此抑制种种不和谐的社会现象。父亲去世，晏子重服居丧，严守礼制，恰恰是他以礼治世的社会理想的体现。无奈，社会动荡，时代变迁，日薄西山的姜氏政权终究没有给晏子实现其"以礼救世"的社会理想的机会。

从承父出仕到生病去世，晏子共辅政56年，历灵公、庄公、景公三朝，是历史上典型的三朝元老。辅政期间，晏子兢兢业业。对内鞠躬尽瘁，忠谏三君，以民为本、以礼治国，薄敛省刑，尚俭力行，爱民恤民，举贤任能，对外睦邻友好，纵横捭阖，多次出使，折冲樽俎，不辱使命。

后世对晏子非常推崇，《史记·管晏列传》中高度评价晏子："事齐灵公、庄公、景公，以节俭力行重于齐。既相齐，食不重肉，妾不衣帛。其在朝，君语及之，即危言；语不之，即危行。国有道，即顺命；无道，即衡命。以此三世，显名于诸侯。"大意是说，晏子辅佐灵公、庄公、景公三人，因为节俭、办事尽力而被齐国人敬重。担任齐相后，一顿饭不能同时有两样肉菜，家中妻妾不能穿绫罗绸缎。在朝为官，国君对他说到的事，他都直言以对；没有说到的事，他就秉公办理。国君有法度，他就服从命令；国君没有法度，他就斟酌而行。因此，连续三朝为官，扬名于诸侯。最后，太史公感慨道："假令晏子而在，余虽为之执鞭，所忻慕焉。"不仅司马迁，就连被晏子批判过的孔子也对他赞叹有加："灵公汙，而晏子事之以洁；庄公怯，而晏子事之以勇；景公侈，而晏子事之以俭。""救民之姓而不夸，行补三君而不有，晏子果君子也。"能同时得到这两位大家的如此赞誉，史上恐没有几人，由此可知，晏子的人格影响力之深。

第二章 汉代——丁忧成为非普遍性强制规范

秦始皇灭六国，统一中国后，开始不断地加强中央集权的专制统治。为了体现皇权之尊贵、强化对人民的精神禁锢，秦始皇号令天下臣民一律戴重孝为天子守丧三年，期间不准饮酒食肉、嫁女娶妇等。后来，秦王朝滥施暴政，二世而亡，伴随着江山易主，朝代更迭，这一制度多有变更。守丧之制真正普及开来，是在儒家思想得到统治者认可，成为国家正统思想之后，当然，这一过程相当漫长，几经反复，并非一蹴而就。

一 从黄老无为到儒家治世

旷日持久的秦末农民起义和楚汉之争之后，刘氏汉家王朝终于在秦朝的废墟上建立起来了。此时，摆在刚刚夺下江山的汉朝统治者面前的是一个满目疮痍、人口离散、土地荒芜、国库空虚、经济崩溃、百废待举、百制待建、千疮百孔的烂摊子。面对严酷的社会现实，汉初的统治者们在深刻反思秦帝国昙花一现、二世而亡的基础上，开始积极探索治国安邦的良策，以期实现刘姓江山的长治久安。

以汉高祖刘邦为代表的汉初统治集团，在经过长达十几年的全面比较、审慎权衡之后，在诸子百家中选择了与汉初社会现实最相适宜的黄老思想作为治国理政的基本方略。事实证明，这是一个明智的决定。以"无为而治"、"与民休息"为主旨的黄老思想顺应了汉初现实需要，缓和了阶级矛盾，经过六七十年的休养生息，民生得以恢复，经济也有了很大发展，使新生的汉政权得以稳固发展。但是，"黄老思想"自身所蕴含的消极因素和无法弥补的理论缺陷在实践中也带来一系列不良后果。伴随着社会的进一步发展，各种矛盾滋生并进一步激化，财富增多引起贫富分化，诸侯王拥兵自重，各自为政，严重威胁中央政权，整个社会尚武轻狂、重义轻利，诸多问题成为西汉政权的潜在威胁，无为而治的黄老思想根本无力应付。面对这样的局势，西汉的统治者开始改变治国策略，冷落黄老转而寻找更为有效的治国思想。就在此时，先前注重经籍传播、倡导伦理秩序并在民间早已产生广泛社会影响的儒家走进了统治者的视野，并最终取代黄老，成为统治中国两千多年的封建正统思想。

虽然经历秦始皇焚书坑儒和楚汉相争的战火连天，很多儒生深受迫害，难以自全，大量儒家典籍更是散落流失，但是，儒家思想的传承并未由此中断。汉初，虽然黄老思想一枝独秀，但儒家的传统观念也在不同时期不同程度地向政治渗透，并逐步积聚了取代黄老的必要条件，只是在一段时期内碍于时势未能发显，直到汉武帝时才磅礴而出，终成正统。

以刘邦为代表的统治集团，多为少文多质的草莽英雄，他们或者是原来秦朝的下层官吏，或者是贩夫走卒，总的来说，文化程度普遍偏低，甚至不少是文盲，导致朝野上下，粗俗狂野，大臣的不受拘束引起了刘邦的极度反感。建国伊始，刘邦迫不及待地利用儒家学术树立帝王威信，任用秦时的著名儒士叔孙通制定朝仪。叔孙通迅速征集了30多名鲁儒，加上原来待在刘邦身边的儒者和自己的一百多名弟子，开始夜以继日地编纂演练朝仪。在汉七年得以实施，收到很好的效果。这使亭长出身的刘邦在当皇帝七年之后，终于体会到了前所未有的尊贵和君临天下的威严。

叔孙通也因此得到汉高祖赏识，被任命为九卿之一，主管礼仪的太常，后来更成为太子太傅。而追随叔孙通左右的一百多名弟子也都被委以郎官职务。叔孙通及其弟子成为汉室政权不可小觑的一支儒家队伍，为儒家思想的传播发挥了积极有效的作用。随着儒家的影响力越来越大，越来越多地儒生进入官僚队伍，一方面改变了汉朝政府的官僚结构，另一方面也越来越多地把儒家精神运用于治国理政的实践操作中，为儒家思想最终取得独尊地位奠定了坚实的基础。

汉朝开国皇帝刘邦本就是个秦朝小吏，自身没多少文化，对儒家思想知之甚少，对儒生也多有歧视。他认为儒家提倡的都是迂腐无用的东西，对儒家的偏见导致他对儒生多有不敬，经常出口辱骂，甚至连叔孙通身穿儒服，他都感到无比厌恶。好在这位缺点不少的草莽皇帝懂得从谏如流，在陆贾、叔孙通等人的循循善诱下，逐渐意识到了儒家思想的重要作用，开始尊崇儒家。在为稳固汉室江山东征西讨异姓王叛乱的间隙，他拖着负伤之躯，隆重祭祀孔子，开启了中国历史上帝王祭祀孔子的先例。

刘邦的尊孔祭孔，对后世继承者产生了深远影响，也为儒家最后取代黄老、唯我独尊埋下了伏笔。此后，儒家思想越来越多地被统治者采纳。汉文帝在贾谊的影响下，采用儒家思想，积极实行有为政策；景帝继位后，继续采用儒家积极有为的思想；文景二帝，给了原本处在理论层面的儒家思想一个绝好的实践机会，儒家也不负众望，在实践中取得巨大成功，并最终导致了中国历史上第一个封建盛世——文景之治的出现。正是由于在文景时期治国实践中的成功表现，儒家思想最终在汉武帝时脱颖而出，取代黄老，成为主宰中国两千多年的封建正统思想。

二　教化天下，不孝重罚

强秦二世而亡，无形中给汉初统治者造成了巨大的心理压力，他们非常注意总结秦亡的教训，竭力避免重蹈覆辙。秦朝在统治思想上崇尚法家，强调"以法为教"、"以吏为师"，企图以法的精神建立新的统治秩序。但是法治的暴政酷刑最终导致了秦朝迅速覆亡，这给了汉初统治者极大的警醒。他们摒弃了秦王朝依法治国的为政理念，把家庭作为治国平天下的出发点和落脚点，强调以孝治国，通过伦理教化构建全新的社会秩序。尤其是汉武帝"罢黜百家，独尊儒术"，儒家取代黄老，成为汉王朝的正统思想以后，儒家所提倡的"孝"在个人修身、家庭和睦和社会稳定方面的价值被无限放大，孝道最终成为维护社会等级关系和封建统治秩序的伦理精神基础，被渗透到统治阶级的政策、法令和社会生活的方方面面。

汉代是教化的兴盛时期。建国之初，统治者就认识到教化的积极作用，通过尊老、旌表、兴学、举孝廉等方式，自上而下地对全体社会成员进行非强制性的引导教化。孝的观念深入人心，渐渐成为人们自觉的价值追求，讲求孝悌成为普遍的社会风尚。

（一）教化天下

儒家认为尊长养老既可以培养孝悌之情，同时还能起到整饬社会秩序的作用。汉朝标榜以孝治国，尊老敬老自是践行孝道的必然要求，西汉统治者通过各种方式表达国家对于老年人的关怀和尊敬。王杖制度就是汉政府尊老敬老社会教化的重要举措之一，年满70岁以上的老者经过挑选，由皇帝亲赐王杖，王杖主享有入宫廷不趋、种地免租、经商免税等诸多特权。同时，对欺凌、殴打王杖主的行为的惩罚也比其他同类情形更为严厉,以此,体现社会对老者的尊重。

除了形式上的尊老外,两汉还以法令形式颁布养老令,其数量之多、频率之繁堪称历史罕见。汉时法律规定,70岁以上的老者和鳏、寡、独四种人为养老对象,可以获得政府赏赐的酒肉粟帛等,50岁到70岁的老人还可以免除赋役。除此之外,老年人还享有刑事豁免权,根据儒家的三赦原则,除了诬告和杀伤罪外,老年人的其他犯罪行为均免而不论,不必追究法律责任。对老年人的恤刑,体现了封建统治者尊老爱民的仁慈品格,有利于导化全社会的孝道风气。

除了上述政策性的规定外,在社会上树立尊老孝亲的道德模范也是汉朝统治者孝治天下的重要举措。天子经常颁布奖励孝子令,对那些有一定社会影响力的孝子以诏令的形式进行表彰,通过榜样的示范作用,教化风气,导民以孝。比如东汉的江革,对母亲非常孝顺,担心牛拉的车子颠簸不平,就亲自驾辕拉车。母亲去世后,他守孝三年,闻名乡里。天子亲自下诏,赏赐谷物,彰其孝行,并命令地方长吏定时慰问。守孝期满后的江革,仕途一帆风顺,最后官至谏议大夫。当然除了天子对个别孝子孝行进行全国性的褒奖外,更多的是各级地方官员在为政一方的过程中对孝子进行地方性的嘉奖。比如豫州刺史曾以图画的形式对孝子陈纪的行为在全城内进行广泛宣传,以厉风俗。浏览汉代史书,时常可以看见各级地方官员旌表、举荐或复除孝子顺孙的记载,如此种种旨在表彰孝行,树立典范,以激励民众自觉践行孝道,推进孝道伦理的社会化。

儒家主张"化民成俗,必由乎学"。这类似于我们常说的百年大计,教育为本。兴学是教化之本源,受儒家思想的影响,汉朝统治者非常注重学校教育的教化作用,在全国广泛兴办各级各类学校。汉代培养人才的最高学府是太学，被喻为"天子教化之宫"。太学是汉武帝在董仲舒的建议下设置的，儒家的重德论道、以德统才的人才思想就成为官方办学的宗旨和指导方针。在国家层面确定了太学的教育方向，即以孝悌为本，强化政治上的忠君之德，修身上的谦让之德。自此以后，太学为汉政府培养了大批忠勇孝悌之士，成为朝廷网罗人才的重要途径。在儒家思想的影响和中央政府的带动下，汉代的许多地方官吏也热衷于兴办地方官学，把发展地方教育与设礼化民结合起来。地方官吏办学的先例应追溯到汉景帝时，当时的蜀郡守文翁首开先河，在成都兴办官学，后来汉武帝下令天下郡国皆立学官，地方官学在全国如火如荼地发展起来，上至中央太学下到乡间庠序，汉朝形成了体系空前完备的教育机制。《孝经》等儒家经典作为全国各级各类学校的必读书目在社会上广泛传播开来，自中央到地方，由中原到边疆，儒家孝道伦理在政府的推动下慢慢普及开来，渐渐成为全社会普遍的道德规范和价值追求。除了学校教育传经授道，私学教育也相当普遍，独尊儒术的治国之策使私学教育有了明确的发展方向，《孝经》等儒家经籍成为普及民间的初级启蒙读物，儒家孝道伦理深入人心。

　　汉代统治者一方面通过全国范围内的尊老兴学宣扬孝道，同时，也不忘以身作则，表率天下以教化万民。自汉高祖开始，皇帝个个以孝子自居，除汉高祖刘邦和汉光武帝刘秀外，汉朝诸帝的谥号中都有"孝"字，由此可见统治阶层对于孝道伦理的推崇与重视。建国之初，为了巩固新生政权的长治久安，汉高祖刘邦竭力强调孝道，努力扮演孝子角色。众所周知，刘邦发迹之前，他的父亲刘执嘉并不喜欢他，对他不闻不问，不予关心，所以，刘邦对父亲的感情也不深，以至于后来其父被死对头项羽抓住，以烹杀相威胁时，刘邦居然说出"到时候别忘了分我一杯羹"这样大逆不道的话来。但是，夺下江山之后，刘邦却仿佛脱胎换骨，对父亲的态度来了个180度大转弯，五日一朝见，风雨无阻。为了开解父亲晚年思乡之情，刘邦特意找来能工巧匠，建造了一个与家乡小中阳村一模一样的村子，并把家乡的左邻右舍悉数迁来陪老爷子一起生活。高祖六年，刘邦昭告天下，尊其父为太上皇，以表孝道。

自此以后，后世君主皆以刘邦为榜样，大行孝道。民间广为流传的二十四孝之一——亲尝汤药的故事，讲的就是刘邦的儿子刘恒，也就是后来青史留名的汉文帝。刘恒侍母极孝，在母亲卧病的三年里，刘恒不解衣带，尽心服侍，毫不懈怠，医生所开的汤药，不经过他亲自尝试，绝不献给母亲。后来，刘恒即位当了皇帝，但母亲薄太后厌恶宫中争斗，不愿住在皇宫，选择了永驻乡野，与民同居。汉文帝无奈，只好在薄太后居处建了一座高大木塔，每当思念母亲时，文帝便在皇都登高远眺，见塔如见娘。如今这座经历千年沧桑的望母塔仍旧矗立在陕西礼泉县烽火乡的香积寺内，这是中国历史上唯一一座因为帝王思念母亲而修建的塔，如今，"望母塔"三个字仍赫然在目，塔也成了国家重点保护文物。汉文帝先于薄太后离开人世，临终之时，他对于让母亲白发人送黑发人的不孝深感愧疚，反复嘱咐身边人一定要对薄太后尽孝。不仅如此，汉文帝还要求自己的陵墓按照顶妻背母的方式安置，以尽孝道。受其影响，文帝的儿子梁孝王也是个大孝子，每次太后生病，他都要留在太后身边侍奉左右。

汉朝以孝治国，统治者不惜运用各种举措宣扬孝道，除了尊老养老、兴办学校、皇室垂范外，还有一项不得不说，那就是汉朝别具特色的官吏选拔方式——察举孝廉，可以说举孝用人的职官选拔制度是政府对孝行的最高奖赏。汉初江山草创，汉高祖下诏求贤，开察举之先河，要求郡国推荐具有治国才能的贤士大夫，虽然没有设置具体科目，但是诏书中已隐约含有儒家王道政治的思想倾向；惠帝、吕后时，察举开始有了科目，即孝悌和力田两科；文帝时，下诏将"孝悌"、"力田"与"廉吏"并举，明确订立了举荐制度、考试科目和考试办法，并根据考生的成绩优劣划分了等级，标志着察举制度正式诞生。

具体说来，察举作为古代官吏选拔的一种制度，就是由皇帝定下用人标准，由各级地方长官在辖区内全面考察、按标准选取人才并推荐给上级或中央，经过试用考核再任命官职。伴随着儒家思想取得独尊，孝道教化被置于治国的首位，孝廉成为基本的用人标准。汉武帝采纳董仲舒的对策，元光元年（前134）颁布"令郡国举孝廉各一人"的诏令，开创了汉代举孝用人的先河。孝就是指孝敬善事父母的人，主要是在普通老百姓中推选，即所谓在民则举孝；廉是指廉洁奉公的人，主要是在基层的官员中选拔，即在吏则兴廉。后来，"孝"、"廉"成为常设科目，以孝悌品行举人选官，迅速成为西汉政府一项既定的人事制度。不过，刚开始的时候，由于担心举人不当要承担法律责任，各郡国对察举孝廉并不积极，岁举孝廉制度没有真正贯彻实施。直到元朔元年，汉武帝一纸诏书，严格规定不举孝者以不敬罪论处，不察廉者以不胜任论处，一律免职。在汉武帝的强力推动下，岁举孝廉的制度才真正得到贯彻实施。

举孝廉制度为汉朝选取了大量人才，据不完全统计，西汉每年举孝廉的人数约为206人，整个西汉，举孝廉的人数累积约为32000人。东汉时，统治者对官员的孝廉之德更加重视，孝廉选举的影响越来越大，孝廉入仕的人数比西汉还多。通过孝廉选举出来的人不需要经过考试就可以直接被政府任用，原来没有官职的先从职位低的小官做起，原来有官职的则予以擢升。汉武帝以后，越来越多的官员仕出孝廉，上至朝廷要员下至令、长、丞、尉，孝廉成为汉代最重要的察举科目，在社会上营造了一种"在家是孝子，出仕做廉吏"的舆论氛围。讲求孝行、追求廉洁、注重名节渐渐成为一种风尚，淳化民风的同时实现了统治者以孝治天下，用儒家孝道伦理重塑社会秩序，维护封建统治的终极目的。

（二）不孝重罚

《孝经》里说"五刑之属三千，而罪莫大于不孝"。汉朝以孝治国，把孝看做维护社会等级关系和封建统治秩序的伦理基础，除了通过各种方式嘉奖孝行、褒扬孝道之外，与之相对应的就是对不孝行为的严惩，将不孝行为列为大罪。一般情况下，汉代对不孝行为的惩罚主要集中在以下几个方面：

1. 不奉养父母，侍奉不周

《礼记》中说孝的境界有三层，即"大孝尊亲，其次弗辱，其下能养"。奉养父母是儒家孝伦理的最基本要求，"谨身节用，以养父母"是为人子者最基本的孝行。不管你是皇亲国戚还是平头百姓，如果这最起码的要求都做不到，一经查实，必遭严惩。判断奉养周到与否的一个重要标准就是父母生病时，子女是否在病榻前亲尝汤药，侍奉左右，这点做不到，就会被视为不孝，受到惩罚。史书记载，常山宪王刘舜生病时，王后和时为太子的刘勃都不在床前侍奉，不亲尝汤药，后来被人告发。根据汉时法律本应处以死刑，但皇帝念及亲情，不忍心杀他，最后刘勃落了个褫夺爵位迁徙房陵的下场。无独有偶，据《汉书》记载，深受梁平王宠爱的王后任氏与平王祖母李太后关系不好，李太后生病期间，任氏从不前去探望请安。元朔年间被人告发，天子大怒，下令削夺了梁王管辖的五个县，任氏的头被砍下来挂在城门上示众。

2. 殴打、侮辱父母和尊长

传统宗法伦理规定："仁者人也，亲亲为大。"在讲究长幼有序，尊卑有别的封建宗法社会，以卑犯尊、以贱犯贵，卑幼冒犯尊长是非常严重的违法行为，为社会伦理和法律所不容。晚辈谩骂长辈，子女殴打父母均属不孝重罪，为了维护家庭尊长的权力和封建家庭伦理，法律对此类行为的处罚相当严重。史书记载，汉元帝时，王尊任美阳县令，当地一个妇人到衙门告自己的儿子不孝，经常鞭打她，王尊听后大怒，一番审理之后，王尊命人将其子绑在树上，五个骑马的士兵同时张弓射箭，把这位殴打母亲的不孝子活活射死在树上。根据法律规定，不仅殴辱长辈大逆不道，对同辈中的年长者不敬也要受到刑罚制裁。

总之，汉时法律受儒家思想影响，对家庭伦理极为重视，所有有可能威胁到宗法秩序的行为都被严格禁止，法律为统治者用儒家伦理构建社会秩序提供了强有力的制度保障。

3. 举告、诬告父母

为了捍卫父权家长制，维护封建宗法伦理，汉时法律明确规定，禁止卑幼控告尊长，即家庭成员中卑幼的一方必须隐瞒尊长的犯罪行为，不得向官府告发。如果卑幼告尊长，官府一概不予受理，并且还要将告发者于闹市斩首并曝尸街头。简单来说，就是从法律上剥夺了子女状告父母的权利。因为，在儒家看来，天下没有不是的父母，无违方为孝，子告父母是严重违背道德伦理纲常的行为。汉武帝时，衡山王刘赐想废掉长子刘爽的太子位，改立次子刘孝为太子，刘爽为保住自己的大好前程，不惜冒天下之大不韪，派自己的亲信白嬴上书汉武帝，揭发父亲与淮南王刘安密谋造反一事。后来，衡山王刘赐畏罪自杀，举报有功的刘爽并没有受到嘉奖，他检举父亲大义灭亲之举不但没有得到朝廷嘉奖，反而因为以子告父，大逆不道，而落了个斩首弃市的可悲下场。这与我们所提倡的大义灭亲恰恰相反。在今天看来，或许很难理解，但是，在强调父为子纲、尊卑有序的封建社会，却是合情合理的。统治者希望通过强化父父子子、尊卑有别的家庭伦理来达到巩固其君贵臣贱、君君臣臣的封建统治秩序。家庭伦理的稳固与否直接关系到汉室江山的长治久安，所以，古时法律才会表现出对家庭伦理异乎寻常的关注和近乎蛮不讲理的过度保护。

除了上述三种情况外，汉代不孝入律的情形还有很多，不孝罪的名目也相当繁多。通过对不孝行为的严惩，结合尊老兴学、旌表孝行、举孝用人等各种教化措施，宣扬孝道，实现统治者"导民以孝，则天下顺"的政治目的。在两汉政府的积极推动下，儒家孝的伦理观念深入人心，汉朝成为以后历代王朝以孝治国的不二典范。

三　丁忧成为非普遍性强制规范

汉朝以孝立国，统治者希望借助儒家伦理道德重塑社会秩序，通过道德教化、法律制裁等方式宣扬儒家孝道，在政府的积极引导下，孝的观念深入人心。与此同时，儒家所倡导的一些礼教制度也逐渐得到社会的广泛认可，越来越多地成为人们自觉遵守的行为规范，其中最具代表性的就是父母去世后丁忧三年的居丧制度。

先秦时期，学术领域百花齐放，百家争鸣，儒家先驱们推行守丧之制的成绩并不理想，三年丧制并没有得到真正实行，严格做到居丧三年的寥寥无几。秦始皇统一六国，建立中央集权的封建政权之后，守丧之制才开始作为强制性规范出现，不过，由于秦朝存在时间太短，守丧之制没来得及真正贯彻实施。直到汉武帝"罢黜百家，独尊儒术"，儒家思想成为统治者治国理政的根本指导方针后，作为强制性规范的居丧制度才真正付诸实践。丁忧最初是从上层社会开始，主要针对的是王室诸侯和高级官吏，并不具有普遍性。后来，由于统治者不遗余力地倡导和大力褒奖，到东汉时，社会隆礼之势日盛，居丧守制成为一种社会风尚，得到社会各阶层的普遍认可。

汉初，刘邦命叔孙通制定礼仪，已有允许大臣请假回家奔丧的制度。除了官员可以居丧休假外，服徭役者也有假期，如果遭遇父母或妻子之丧，可以请假三十天；如果遭遇祖父母或同胞兄弟之丧，可以请假十五天。除了这些规定之外，对汉时居丧制度产生深远影响的还有汉文帝的短丧诏，基于家业初定，百废待举，与民休息，节俭办事的考虑，汉文帝临终前，颁布短丧诏，将服丧日期由秦律规定的三年改为三十六日，丧期内民众的生活一切照常。汉文帝是两汉时期唯一一个遗命为己短丧的皇帝，原本只是这位勤政爱民的皇帝对自己身后事的安排，但是，他的一纸诏书却对后世产生了巨大影响，被学者称为"居丧制度的第一次大改革"，估计，这后来的一切可能并不是病榻上的皇帝所能预想到的。

不管是叔孙通的礼仪还是孝文帝的诏书，对居丧制度的规定都是非常笼统和随意的，并没有形成强制性的系统化的规定。在西汉初年，居丧无定制，如何行事完全由当事人自己决定，并没有居丧违制一说，也没有针对居丧违礼的具体惩罚措施，很多事例都可以证明这一点。比如，追随刘邦南征北战、屡立战功的西汉开国功臣灌婴，居丧期间喝酒吃肉，跳舞会友，所作所为严重违背了儒家的居丧礼仪，但是，灌婴并没有受到任何处罚，甚至也没有舆论谴责。由此可见，当时，在居丧方面并没有具体明确的要求和严格的行为限制。

（一）王室成员居丧违制受处罚

随着社会经济的发展，汉朝统治者逐渐认识到儒家礼制在维护社会秩序，巩固汉家统治方面所起的重要作用，一些儒家伦理慢慢得到统治者的认可，成为治国理政的基本方略。汉武帝罢黜百家，表彰六经，按照儒家礼制对王室诸侯等上层贵族制订了一系列强制性的居丧规范，从处罚情况看，主要针对的是贵族居丧期间饮酒作乐、奸淫婚娶等违礼行为。之所以从王室成员开始，主要是考虑到道德礼教主要靠教化，统治者以身作则，率先垂范，用实际行动去影响和感化下层民众，从而实现上行下效，使礼的精神真正深入人心。所以，居丧制度的推行是自上而下进行的，最先受到处罚的都是诸侯王室和公卿贵族。

王室成员中因为居丧违制被罚的大有人在，其中比较出名的是被剥了封地迁徙房陵的常山王刘勃和当皇帝不到一个月就被废的刘贺。

刘勃，西汉常山王刘舜的儿子，刘舜是汉景帝的小儿子，与汉武帝私交甚好，在位32年后去世，由太子刘勃继承其王位。刘勃有个同父异母的哥哥刘棁，刘棁是刘舜的长子，其母是个不受宠的妃子，因为母亲地位卑贱，刘棁一直也没得到父亲的喜欢。刘舜去世后，爱财如命的刘勃和其母王后，不顾大臣的劝诫，独吞了所有财物。刘勃继位后，也没有收纳、抚恤刘棁，这让身为长子的刘棁很没面子，对刘勃和王后怀恨在心，暗地里寻找机会报复。后来朝廷派遣使臣视察刘舜丧事，这让一直心怀鬼胎的刘棁逮着了机会，在使臣面前狠狠揭发了刘勃居丧期间的不孝之举。原来，刘勃虽为太子，但是他与刘舜之间的父子之情并没有常人想象的那么深，原因是刘舜生性风流，宠妃无数，很少与刘勃的生母王后同居，两人夫妻感情相当淡漠，也因此影响了刘勃与刘舜的父子之情。刘舜病危时，那些平日受宠的妃妾不离左右，心存嫉妒的王后很少去探望慰问，身为太子的刘勃对父亲也是不闻不问、漠不关心，亲尝汤药、床前侍奉这些孝子该做的事情他一件也没做，刘舜去世六天以后，刘勃母子就离开服舍，各自寻欢作乐。为父居丧期间刘勃奸淫妇女、饮酒欢庆、赌博戏耍、大奏音乐，与自己宠爱的女人乘车四处兜风，绕城墙、穿闹市，并且公然进入牢房探视囚犯，把皇室的脸都给丢尽了。使臣如实上报朝廷，汉武帝闻讯大怒，派大臣张骞前来验证王后的行为，审问常山王刘勃。案件审结后，证据确凿，主审官员请求汉武帝诛杀常山王刘勃和王后，汉武帝念及宗室亲情及刘勃年少无知，从轻发落。最后，王后被废，刘勃则被褫夺封号，迁徙房陵。

比起当了几个月常山王的刘勃，汉朝历史上还有一个人的命运更为跌宕起伏，也更富有戏剧性，这就是被后世戏称为"皇帝未满月，千古第一人"的汉废帝刘贺。

刘贺，昌邑哀王刘髆之子，汉武帝刘彻的孙子，当了27天皇帝，是汉朝历史上在位时间最短的皇帝。刘贺之父刘髆是汉武帝刘彻与孝武李皇后生的儿子，是汉武帝第五子，公元前97年他受封为"昌邑王"，在位10年后去世，当时刚满五岁的刘贺世袭父爵，成为第二任昌邑王。汉武帝幼子汉昭帝8岁登基，在位13年，公元前74年，年仅21岁的汉昭帝生病去世，身后没有可继承大统的子嗣。此时，汉武帝的儿子只有广陵王刘胥还活着，但是这个刘胥行为很不检点，有失皇家道统，深得汉武帝厌恶，大将军霍光也不喜欢他。后来，霍光与大臣们商议后，拥立汉武帝的孙子、汉昭帝的侄子昌邑王刘贺继位，征得上官太后同意并颁发诏书后，霍光派人把昌邑王接到长安就任。

霍光万万没想到他们千挑万选出来的这个新皇帝是个不折不扣不学无术的纨绔子弟。他在其封国素来行事狂妄，荒淫无度，在汉武帝和汉昭帝驾崩的时候，刘贺照常出去巡游狩猎，寻欢作乐。被拥立为皇帝之后，刘贺依旧我行我素，其放荡行径丝毫没有收敛。在去长安主持汉昭帝丧事的路上，不忘寻欢作乐，抢了几个漂亮的农家女子藏在车上供自己消遣享受。到了长安之后，刘贺没有一点做皇帝的样子。在为汉昭帝居丧期间，他放荡不羁，荒淫无度，每天与那些从昌邑带来的唱曲的、打鼓的、斗狗的一块杂耍玩乐，无视居丧期间不食酒肉的礼制，经常派人出去买猪肉、狗肉，与随从的昌邑官员一块饮酒作乐，有时甚至把祭灵供奉的美酒美食吃掉。更让人无法忍受的是，刘贺闲来无事，便去后宫与宫女淫乱，一时之间，整个皇宫被刘贺搞得乌烟瘴气。

史书记载，刘贺在位27天，荒唐事干了1127件，平均每天40件，这样的说法固然有些夸张，但刘贺的荒唐也由此可见一斑。见此情景，大将军霍光又气又悔，懊恼自己怎么立了个这么放荡无为、不堪重任的皇帝。后来，霍光与他的心腹田延年商议，决定废掉刘贺，另立贤君。接下来，戏剧性的一幕上演了，刘贺继位的第27天，霍光召集文武百官到未央宫，跟他们一块商议废掉昌邑王一事。霍光开门见山，询问百官："昌邑王昏庸无道，恐怕要危害社稷，你们说应该怎么办呢？"群臣见霍光不称刘贺为皇帝而称昌邑王，一个个大惊失色，唯唯诺诺，谁也不敢贸然发表意见。田延年见机挺身而出，持剑走到群臣的前面，大声说道："先帝把天下托付给大将军，是因为大将军忠厚贤明，能够安定刘家的天下。要是汉朝的宗庙从昌邑王的手里绝祀，大将军死后还有脸到地下去见先帝吗？今天大将军作出的决定，容不得半点迟疑，谁要是不响应，我马上砍了他的脑袋！"群臣听了，全趴在地上磕头，齐声说："我们一定遵从大将军的命令！"于是，霍光就让尚书令把事先写好的奏章拿出来，请大臣们在上面一一签名。准备好了以后，霍光派人去请上官太后，向她说明情况。在得到上官太后的许可后，霍光等人率先控制了刘贺从昌邑带来的亲信，然后在未央宫承明殿召开"公审大会"，群臣慷慨激昂地列举了刘贺的种种"劣迹"，上官太后当即批准了那本由霍光和诸大臣签名的弹劾奏章，下诏废黜昌邑王。

事后，霍光亲自把刘贺送到长安所设置的昌邑王官邸，并对他说："大王自绝于天下，臣下也没有办法。臣下宁可对不起大王，也不能对不起国家。从今天起，臣下就不能再服侍大王了，请大王多多保重！"就这样，刘贺仅过了27天的皇帝瘾，连一个年号也没有定下来，就被赶回了封地昌邑，而他从昌邑带去的那两百多个亲信，除了王吉和龚遂等几个时常规劝他的人保住了性命外，其余的全被拉到大街上斩首示众。没过多久，霍光拥立流落民间的汉武帝嫡长曾孙刘询为帝，这就是历史上的汉宣帝。

黯然回到昌邑的刘贺被削去王位，改封山阳郡，食邑两千户。公元前63年，一直被汉宣帝忌惮的刘贺被贬斥到今天的江西省永修县一带做了"海昏侯"。四年后，34岁的刘贺在愤懑中去世，他的余生基本上是在严密的监视和软禁中卑微度过的。刘贺被废，从深层次上来分析，不乏朝廷权力斗争的因素，但是，居丧违制，却是导致其遭受弹劾、皇位被夺的直接原因。

除了上述两个典型的案例外，因居丧违制受罚的还大有人在。楚王戊在给文帝母亲薄太后居丧期间犯了私奸罪，被御史大夫晁错弹劾，景帝仁慈不忍杀之，赦免了他的死罪，削去了其东海郡以示惩戒，没想到戊不知感激，反而于第二年春天，联合吴王刘濞等七位诸侯兴兵作乱，即汉朝历史上著名的吴楚七国之乱，最终，刘戊兵败自杀。武帝元鼎元年（前116），既是武帝姑姑又是武帝岳母的馆陶长公主，即文帝长女刘嫖去世，两个儿子堂邑侯陈季须和隆虑侯陈融，在为母服丧期间争夺家产，男女奸淫，按罪当死，最后，兄弟二人都畏罪自杀。

（二）赏罚分明立规矩

通过上述例子，不难发现，统治者在推行儒家礼制方面的决心很大，态度很坚决，很多时候，甚至不惜大义灭亲，拿手足开刀。但是，罚只是一方面，事实上，汉朝统治者对于上层社会居丧守制规范化的调整是惩罚与奖赏并行，赏罚分明，双管齐下，并不是一味用强，高压震慑。与居丧违制，不孝被罚形成鲜明对比的是统治者对居丧守制甚至哀毁过礼行为的旌表与赞美，居丧期间孝行卓著的孝子往往能得到封赏和重用。西汉名相于定国死后,他的儿子于永为父居丧三年,严守礼制,孝行突出,汉成帝对他赞赏有加,一路擢升为御史大夫,位列三公,第二年成帝想拜他为丞相,不巧的是,还没来得及册封,于永就生病去世了。汉哀帝时,河间惠王刘良秉性仁厚,温良孝顺,在母亲去世后,他以礼守制,服丧三年,汉哀帝在全国范围内予以表彰,称他是孝子楷模、宗室榜样,封为万户侯予以嘉奖。政府通过对宗室孝悌者的褒奖和对违制者的严惩,逐渐规范了社会上层的居丧行为,并且达到了礼以坊民、劝善厉俗的目的。到西汉中期按儒家礼制居丧渐渐成为一种社会风尚,到王莽执政时,处处以周公自比,亲身实践,带头为元太后服丧三年,居丧制度在社会上得到进一步的推广。

东汉时,统治者继续鼓励和提倡居丧礼制,对以礼守制者大肆表彰,甚至皇帝皇后带头服丧三年。在统治者的鼓励和倡导下,前期适用于上层社会的儒家居丧礼制终于在全社会达成共识,成为各个阶层普遍遵守的社会风尚。

东汉东平国怀王刘忠的儿子刘敞,在父亲去世后继位为王,史称东平孝王。刘敞非常孝顺,母亲去世后,刘敞为母服丧三年,其孝行被国相陈珍悉数上报给朝廷,邓太后对其赞赏有加,永宁元年,为其增邑五千户。类似刘敞这样谨守孝道、居丧尽礼而被朝廷褒奖和增封的诸侯王在东汉不胜枚举。东海孝王刘臻个性敦厚,待人友善,经常帮助族里的叔叔伯伯哥哥弟弟,在同弟弟蒸乡侯刘俭为母亲服丧三年期间,哀伤过度,身体极度瘦弱,多次口吐鲜血。后来,想到父亲东海顷王刘肃去世时,兄弟俩年幼,不免有居丧失礼的地方,于是,孝顺的哥俩一商量,又给父亲刘肃追服三年丧。兄弟俩的事迹被东海的国相上报给了朝廷,汉顺帝非常高兴,对二人赞不绝口,亲自下诏表扬兄弟俩的孝举义行,并增封刘臻五千户,增封刘俭五百户。

在这种奖励机制的影响下,王室成员居丧过礼的情形时有发生,甚至连几岁的孩子也能谨遵礼制,毫无僭越。济北王刘次9岁的时候父亲去世,小小年纪的刘次便知躬行孝道,居丧三年期间丧杖从不离身,一个人住草庐睡土席,没洗过一次澡没梳过一次头,每日蓬头垢面,以致身体生疮,营养不良、全身水肿,如此孝行引得一片赞誉。建和元年(147)梁太后下诏,增次五千户,扩大封地以慰藉他的孝心、表彰他的孝行。除了上面提到的这几位,还有彭城孝王刘和、任城王刘博等多位诸侯王因居丧期间守礼遵制受到朝廷嘉奖。作为一国之主、万民表率的皇帝除了对臣民的孝行予以肯定和鼓励外,有的时候也会以身作则,积极发挥模范带头作用,比如,东汉开山始祖光武帝刘秀去世后,他的四儿子也是皇位的继任者明帝刘庄就亲自服丧三年以表孝心;安帝刘祜、和帝的皇后邓绥以及汉朝最后一个皇帝,当了一辈子傀儡的汉献帝都曾服丧三年,在统治者的积极引领下,居丧守制成为诸侯王室竞相追逐的一种社会风尚。

(三)官僚士大夫和庶民等中下阶层自觉守制

两汉时期居丧制度作为强制性规范,主要针对的是王室诸侯所在的上层社会,对官僚士大夫和底层庶民的居丧基本上不做干涉,朝廷也没有对官吏和平民的居丧制度作出明确规定。但是,上行下效,王室的遵行产生巨大的示范效应,同时伴随着儒家礼教的深入人心,为亲居丧守制逐渐在社会各阶层达成共识,成为天下吏民百姓表达孝道的一种最重要的方式。

汉朝对于孝道的重视,在中国历史上是颇为罕见的。自奠基人刘邦开始,就扛起了孝字大旗,为了官员尽孝,汉初高祖命萧何创制时,就规定了允许大臣回家奔丧的归宁制度。宁就是官吏因为父母丧事而休假，不过假期具体有多长，目前学术界存在争议，现有史料无法确切考证，一般认为到父母下葬为止。昌邑王刘贺因居丧违礼被废，因此捡了个大便宜的汉宣帝更加重视居丧守礼的重要性，地节四年（前66）二月，亲自下诏，规定百姓遭遇父母、祖父母的丧事可以在家居丧，三个月内免征徭役，以避免因为徭役而耽误子女尽孝道。

从小对儒家思想耳濡目染的汉哀帝，继位后积极推行儒家三年丧制。在他刚当上皇帝的第一年就下诏，规定博士弟子遭遇父母之丧可以请假回家守丧三年。除此之外，他还采取赏罚分明的奖惩机制，对没有以礼居丧的官员进行惩罚。比如，汉成帝时任丞相的薛宣不供养后母，后母死后弟弟薛修为母服丧三年，薛宣却不以礼服丧，甚至为此与弟弟吵了一架，兄弟失和。后来薛宣被博士申咸弹劾，哀帝免了他的官职，贬为庶人，薛宣回到原郡，老死家中。

平帝死后，王莽命令天下所有级别在六百石以上的官员及诸侯、列侯一律服丧三年，在王莽的大力推行下，三年丧制在社会上进一步普及。东汉初建，万事待举，素来崇尚节俭的光武帝刘秀遵行汉文帝的短丧诏，绝告宁之典，下令取消了公顷、刺史等二千石以上大臣的因丧告假制度，不许高级官员再服三年之丧。虽然光武帝下了禁令，但当时社会隆礼之势日盛，服三年丧的人越来越多，光武帝的儿子汉明帝就第一个违背父愿，为刘秀居丧三年。在皇帝的影响下，朝廷大员们不惜采取各种变通方式如自请降低官品、请长期病假等形式为父母服丧，致使光武帝的禁令成了一纸空文，形同虚设。前面提到的东海孝王刘臻和弟弟蒸乡侯刘俭就是在顺帝的应允下自贬身价，降仪从士为母亲服丧三年。除此之外，朝廷大臣如果自愿持服，可以向皇帝递交申请，如果天子同意，通常免去原来比较重要的职位，特别恩准顶个闲散官衔的名义行服。如太仆邓彪遭母忧乞身，诏以光禄大夫行服；越骑校尉桓郁以母忧乞身，诏听以侍中行服；太傅桓焉以母忧自乞，听以大夫行丧等，这些朝廷的股肱要员无一不是自请降职，自觉守制。

这说明，东汉前期，官员遭丧，去职丁忧的现象已经相当普遍了。后来，饱读诗书、精通经学并曾亲自为父居丧三年的邓太后当政以后，逐渐放宽了对行三年丧的限制。元初元年（114），邓太后下诏，规定长吏以下不为亲行服者，不得典城选举。长吏以下指的是二千石、刺史以下的官吏和候补官吏，这就意味着长吏以下的为父母居丧三年期间不得参与征辟选举，不为父母守丧三年则没有资格参加以后的征辟选举。此后不久，安帝就下令，允许刺史、二千石以上的高级官吏行三年丧，至此，东汉政府所有的在朝官吏，上自王侯将相下至公卿大夫，不管品级高低都在服丧三年的范围之内。

安帝以后，尽管大臣要不要服三年丧的问题又有反复，但是，不管朝廷的制度、诏命如何，实际上都不曾强行制止大臣、官吏服三年丧，居丧守制已经成为普遍的社会风气，偶尔有逆势而行、不服三年丧者，也掀不起多大的风浪，无法逆转社会的主流态势。相对于力量强大的社会风俗，时而实行、时而废止的朝廷禁令已经失去了应有的威力，根本无法阻止官员对三年丧制的追崇，士大夫阶层服三年丧的例子比比皆是，丁忧守制，自上至下在东汉蔚然成风，并且呈现出由礼教向法律过渡的态势。

四　汉朝官员自觉守制

两汉时期，统治者倡导礼以坊民，居丧守制作为强制性规范主要针对的是上层社会的王室诸侯，违者要受重罚，官僚士大夫阶层并不在强制范围之内，行不行听人自便。对他们而言，丁忧守制更多地表现为一种道德自觉，并不是强制性规范，但是由于统治者的大力提倡和诸侯王室的率先示范，再加上朝廷对于居丧守制者的大力褒奖和以孝为先的官员选拔考核机制，使得丁忧守制成为士大夫阶层的普遍风尚，以礼居丧甚至居丧过礼的例子不绝于史书。

（一）公孙弘为后母服丧三年

公孙弘，字季，西汉大臣，生于高祖七年即公元前200年，卒于公元前121年，西汉淄川国（郡治在今寿光南纪台乡）薛县人。公孙弘在汉武帝时官至丞相，在位四年，是武帝任命的十三位丞相当中在位时间最长也是唯一能够善终的。

公孙弘小时候家境贫寒，他一度在海边给有钱人放猪维持生计，年轻时，在薛县的监狱里做过狱吏。可是，因为他没什么学问，工作中经常失误，后来犯错被炒了鱿鱼，丢了饭碗，事业挫折的公孙弘意识到读书的重要性，开始隐居麓台村，苦读诗书，40岁时跟随老师胡母子钻研儒家经典《春秋公羊传》。正所谓皇天不负苦心人，浪子回头中年发奋的公孙弘终于迎来了改变命运的一缕曙光。建元元年（前140），刚刚即位踌躇满志的汉武帝求贤若渴，命令全国各地官员举荐品性贤良、精通文学之人。淄川国以贤良名分举荐了60岁的公孙弘，入京后被汉武帝选中，任命为博士。建元三年（前138），公孙弘奉命出使匈奴，回来后上交的出使报告不合武帝心意，令武帝大为不满，善于察言观色的公孙弘迅以生病为由速递交了辞职报告，告老还乡，以这种不太光彩的方式结束了自己政治生涯的首秀。

元光五年（前130），汉武帝又下诏征召文学儒士，70岁高龄的公孙弘又被选中，尽管他一再拒绝，但淄川国人态度坚决，古稀之年的公孙弘最终在汉武帝对800名应征者的策试中脱颖而出，拔得头筹。入朝面圣时，气质不凡的公孙弘深得天子喜爱，又被封为博士，待诏金马门。有了前车之鉴的公孙弘吸取教训，投主所好，巧言进谏，灵活变通，深得武帝欢心，仕途一帆风顺，不到一年的时间就被提拔为左内史，不久，又迁为御史大夫，两年后官至丞相，封为"平津侯"（今潍城区望留镇），成为中国历史上丞相封侯第一人。80岁时，公孙弘病死在宰相位置上，最终在屠宰场式的武帝王朝得以明哲保身善始善终。

公孙弘虽然贵为三公位高权重，但是少时家贫的经历让他养成了勤俭节约的好习惯。饮食起居非常朴素，睡觉盖的被子不用绫罗绸缎而是用最普通的布做成，吃饭时桌子上只能有一种荤菜。他的节俭曾一度被大臣汲黯弹劾，认为他高调作秀，以博虚名。公孙弘以管仲和晏婴为例，沉着应变，化险为夷，汲黯的弹劾不但没有对其地位造成丝毫的动摇反而让汉武帝对他更加赏识，以致后来封侯拜相，由此可见公孙弘在官场的游刃有余。对于公孙弘的为官之道与功过是非，后人有褒有贬，评论不一。但是，有一点是有目共睹的，那就是公孙弘在汉武帝"罢黜百家，独尊儒术"过程中所起的重要作用。如果说董仲舒是这一构想准备阶段的理论策划人，那公孙弘就是儒术独尊的积极倡导者和这一构想的实际践行者。正是在公孙弘的建议下，汉武帝下令五经博士在全国范围内招收正式弟子和旁听学员，使古代的博士由秦时的政府顾问变成了汉时的儒学教员，标志着封建时代中央学校制度的开始和儒家国学地位的确立。后来儒家能够统治中国两千多年，公孙弘功不可没。

除此之外，饱受儒家思想浸润的公孙弘严守礼教，谨遵孝道，对待后母视如亲母，孝顺恭谨，尽心竭力。后母死后，公孙弘自觉守制，居丧三年，其孝行闻名乡里，公孙弘也成为目前文献中能看到的汉代最早服丧三年的官吏。

出身布衣，大器晚成，两度入仕，封侯拜相，游走官场，全身而退，公孙弘传奇的一生备受后人推崇，尤其是他"非学无以广才，非志无以成学"的奋斗精神，已成为中华历史长卷中最醒目的一章，彪炳后世。

（二）韦彪居丧哀毁成病

韦彪，字孟达，扶风平陵（今陕西咸阳西北）人，出生年月现已无法考证，死于汉和帝永元元年。韦彪出生于官宦世家，高祖父韦贤是西汉宣帝时的丞相，祖父韦赏曾以《诗》教授哀帝，官至大司马、车骑将军。

韦彪为人谦逊，十分孝顺，父母去世，他伤心至极，以礼居丧，三年内从未踏出墓庐半步，以致身体遭受重创，到服丧期满时，整个人瘦成了皮包骨头，完全变了模样，治疗了好几年才慢慢恢复。

韦彪品行高雅，酷爱读书，见识广博，被后人喻为一代儒学宗师。建武末年，孝行卓著、博学多识的韦彪被举孝廉，拜为郎中，后来，因为身染疾病辞官回家，做起了教书匠。韦彪安贫乐道，以追求圣贤之道为己任，对功名利禄看得很淡，因此，关中儒生们对其十分敬仰，推崇备至。永平六年，汉明帝听说了韦彪的故事，特地召见并任命他为谒者，还赏赐了车马和衣服。自此以后，韦彪连续三次升迁，做了魏郡（今河南省临漳县西南）太守。章帝即位后，韦彪再一次因病免职。不久，又被征召入朝，担任左中郎将和长乐宫卫尉。后来，韦彪提出辞呈要告老还乡，章帝不但没有同意，还封他做了奉车都尉，级别为中二千石，地位在真二千石、二千石、比二千石之上，受到的赏赐和恩宠一点也不亚于皇亲国戚。

政治上，韦彪主张以德治国，宽厚为本，减除苛政，与民休养，他的主张深得喜好儒术的汉章帝的赏识。建初七年（82），章帝出宫巡视西部，命韦彪以代理太常之名伴驾随行，一路上，韦彪多次入召，向汉章帝介绍关中旧事和礼仪风俗。韦彪借机建议趁着西行旧都之际，追封高祖、宣帝时的功臣后裔，让后世子孙铭记先祖的光辉业绩和不朽功勋，汉章帝采纳了他的建议。行至长安（即今西安市西北汉城），皇帝下令当地的地方官员尽全力寻找萧何、霍光的后代。霍家当年惨遭灭门已没有后人，只找到了萧何的远代子孙萧熊，封为酂侯。同时，章帝还厚赏韦彪，赐给他很多钱和美食，安排他回到平陵县给先祖上坟。回到京城后，汉章帝封韦彪为大鸿胪，位列九卿。

韦彪为官，尽职尽责，他多次上书，给皇帝出谋划策。针对很多地方官荐举人才不问品行只看出身这一现象，他上书进谏，强调人才选拔是国家的重要任务，而人才的衡量标准就是孝顺，因为只有对父母孝顺的人才可能对朝廷效忠，即求忠臣必于孝子之门，人才选拔是否得力，地方郡守至关重要，只有郡守贤明才能保证选出真正的人才为国所用。韦彪提出的许多治国良策都被皇上积极采纳了。

元和二年（85）春，章帝到东部视察，韦彪以代理司徒之职随驾同行。回朝后，韦彪因病申请退休，皇上亲自派太医前往慰问，并赐给他食物。后来病情越来越严重，无法再处理朝政。章和二年夏，皇帝收回韦彪的大鸿胪官印，并赐钱二十万，以示慰劳。永元元年（89），韦彪病逝，和帝下诏，赞扬韦彪为官多年，兢兢业业，赏钱二十万，布一百匹，谷三千斛以示表彰。

韦彪一生清廉，乐善好施，为官所得的俸禄和赏赐都分给了同族中人，以致死后没留下多余财产，只有生前所著《韦卿子》12篇传世。

(三) 邓骘兄弟为母离官守制

邓骘，字昭伯，南阳新野（今河南新野）人。邓骘是东汉开国元勋、"云台二十八将"之首邓禹的孙子。父亲邓训是邓禹的第六子，官居护羌校尉，为汉朝的边疆稳固立下不朽功勋。邓训有五个儿子，从大到小分别是邓骘、邓京、邓悝、邓弘、邓阊，除此之外，邓训还有一个不得不提的女儿邓绥。邓绥是中国历史上大名鼎鼎的一代女杰和熹邓皇后。邓家原是南阳的豪族，邓禹年少时在长安游学，期间结识了比他大八岁的刘秀，两人志同道合，结为知己。后来，善于运筹帷幄的邓禹协助刘秀平定各地割据势力，完成东汉统一大业，邓禹被封高密侯，弟弟邓宽也因为哥哥的功劳被封明亲侯。汉明帝时，邓禹被尊为太傅，成为朝廷级别最高的官员，备受荣宠，邓禹死后，子孙相继入朝为官。

邓骘年轻时被举荐在大将军窦宪府中任职，妹妹邓绥入宫受宠，被和帝封为贵人后，邓骘兄弟几人都被任命为郎中。后来邓绥登上皇后宝座，邓骘连续三次升迁，官至虎贲中郎将，邓京、邓悝、邓弘、邓阊兄弟四人都是黄门侍郎，后来邓京死于官任上。和帝在世时，皇后邓绥十分恭谨，每次皇帝想给她的娘家人加官晋爵，邓绥总是再三谦让，所以，直到和帝去世，邓骘也不过是个虎贲中郎将的小官。公元105年，和帝因病死去，邓绥和哥哥邓骘立刚出生一百天的少子刘隆继位，这就是历史上的汉殇帝，年仅25岁的邓绥以皇太后的身份临朝听政，成为东汉王朝的实际主宰者。殇帝继位后，邓骘被封为车骑将军，与三公（司马、司徒、司空）享有同样的待遇，邓悝为虎贲中郎将，邓弘、邓阊为侍中。延平元年（106），继位不到一年的殇帝因风寒不幸夭折，邓太后与邓骘兄弟商量，立清河王之子、年仅13岁的刘祜为帝，是为安帝。此后不久，邓悝升为城门校尉，邓弘为虎贲中郎将。

虽然妹妹邓太后君临天下,邓氏家族也是一门显赫,无人能及,但是,邓骘并没有骄奢狂妄、得意忘形。相反,邓家越是得势他越是谨小慎微,时刻不忘以前代覆亡的吕氏、窦氏等外戚家族为戒、警醒家人。邓家上上下下也经常互相劝勉,对待荣宠格外小心,有时甚至对朝廷的封赏视为洪水猛兽,唯恐避之不及,引火上身。比如,和帝驾崩后,为了方便商议政事,邓太后经常把邓氏兄弟留住在皇宫中,邓骘担心惹来非议,多次上书请求允许他回家,坚持申请了一年多,邓太后总算答应了他。永初元年(107),朝廷再次给邓家封爵,邓骘为上蔡侯、邓悝为叶侯、邓弘为西平侯、邓阊为西华侯,食邑各一万户,鉴于邓骘设计拥立安帝有功,额外加赏三千户。面对这独一无二的至尊荣宠,邓家人诚惶诚恐、坚决拒绝,邓骘躲开前来册封的使者,辗转来到皇宫,亲自向太后上书,言词恳切,态度坚决,表明对朝廷忠心耿耿的同时冒死请求太后收回封赏。起初太后不听,邓骘坚持不懈,频频上书,直到第六次,邓太后终于答应了他。同年夏天,凉部羌人反叛,西州局势动荡不安,东汉政府很是担忧,派邓骘前往镇压,安帝亲自在平乐观设宴为将士饯行。后来,汉军在与羌人的交战中打了败仗,考虑到当时汉军远行作战,后勤补给跟不上,繁重的劳役让老百姓叫苦连天,怨声载道,是年冬天,朝廷命令邓骘班师回朝。虽然邓骘吃了败仗无功而返,但是碍于太后的原因,邓骘的回京仪式还是很隆重的,朝廷特别派遣五官中郎将亲自迎接并拜邓骘为车骑大将军,回朝以后,当着文武百官的面,封赏邓骘布帛和马匹。败军之将受到如此礼遇,邓骘获得的恩宠之盛一时间震惊朝野,无人能比。

难能可贵的是荣耀加身的邓骘从来没有自我膨胀,在荣誉面前始终保持清醒的头脑,躬身克己,在百姓饥荒、饿殍遍野、盗贼蜂拥而起的乱世，他一方面崇尚节俭，减免劳役，与民休息，同时，又不断地举荐贤良，为朝廷网罗可用之才，治国安邦。在朝为官，邓骘恪守臣道，兢兢业业，鞠躬尽瘁；在家为父，邓骘教子极严，铁面无私，有一次邓骘的儿子邓凤私下收受中郎将任尚赠送的马匹，邓骘知道后，主动剃去了妻子和儿子的头发，将二人送至官府向朝廷请罪。

永初四年（110），邓骘的母亲新野君卧病在床，以邓骘为首的邓氏兄弟都上书朝廷，请求回家侍奉，因为邓阊年龄最小，一直都很孝顺，邓太后特别恩准他回家，并赐给他车马。后来，新野君去世，邓骘兄弟纷纷上书请求离官回家，为母守丧，因为当时法律还不允许两千石以上的官吏丁忧离职，所以，邓太后没有答应，后来，兄弟几人连番上书，邓太后无奈，只得答应了他们。居丧三年，邓骘兄弟吃住在母亲坟前，寸步不离，人都瘦了，在当时传为美谈。服丧结束以后，朝廷下诏让兄弟几人回京复职，协理政事，但邓骘等人坚决不从，叩头请罪，最后，邓太后让他们做了奉朝请的闲职，位居三公之下，列侯之上，国家遇有重大决议时，他们就入朝参政，和其他公卿们一起参与谋划。元初二年到元初五年，邓弘、邓悝、邓阊相继去世，兄弟三人都要求死后薄葬，不接受追赠官爵，邓太后均满足了他们最后的请求。

建光元年，执政长达十五年的邓太后驾崩，还没等太后大殓，安帝重申先前的命令，封邓骘为上蔡侯，位列特进。后来，安帝的乳母王圣等人诬告邓太后曾与邓氏兄弟谋划废除安帝，另立新主。安帝听后大怒，邓家陷入灭顶之灾，宗族成员全被免官，邓骘被没收钱宅遣回封地后，与儿子邓凤绝食而死。可怜邓氏一家尽忠尽孝、一心为国，终究也逃不过世家大族先贵后贱、风光过后满族覆灭的历史轮回。尽管邓骘兄弟一直小心谨慎，时刻不忘窦氏前车之鉴，但任凭他们怎么努力，到头来还是繁华落尽，徒留悲伤，抄家的抄家，流放的流放，自杀的自杀，曾经的荣耀无限化作一声叹息。

五　汉代的夺情起复

在汉代，丁忧守制作为一种强制性规范开始出现，不过，它还没成为一种具有普遍约束力的强制性规范。具体来说，受其约束的只是上层社会的王室诸侯，中下层的官僚士大夫和普通百姓并不受此限制，官员丁忧更多地表现为道德层面一种自觉自愿的个人行为，丁忧与否政府并不干涉。但是，由于汉朝以孝治国，统治者重视孝道教化，朝廷选人用人也是以孝为先，在这种重孝意识的引导下，再加上王室诸侯的示范效应，丁忧守制成为官僚士大夫们品评一个人人品高下的重要指标。弃官丁忧成为一种风尚，大小官吏竞相效仿，宁过而无不及，人们无不以服丧逾礼和服无服之丧（即按礼制规定不应该服丧而服丧）为荣。愈演愈烈的去官丁忧之风导致政府各级衙门严重缺员，极大地影响了官僚机构的正常运行，统治者为了维护政府日常工作的正常运行，保障国家机构的稳定，不得不对一些重要岗位上的文武官员夺情起复。由于丁忧的泛滥集中在东汉，所以，夺情起复现象也多发生在东汉。

（一）太尉赵熹丁母忧被汉明帝夺情

赵熹（前4~80），字伯阳，南阳郡宛县（今河南南阳）人。赵熹出生在西汉末年，自幼勤奋好学，饱读诗书。少年时的他立身处世已经展示出大家风范，自愿替堂兄报仇却又不肯乘人之危的义举让仇家折服，主动负荆请罪，赵熹不忍杀他，闭门不见，无奈仇家也是个血性刚烈的人，求死的心无法动摇，无奈之下，赵熹只得成全了他，为堂兄报了仇，这件事在南阳传播开来，赵熹名声大震。

王莽篡权后天下大乱，赵熹在动荡不安的乱世中被人举荐加入了绿林起义军。赵熹足智多谋，英勇善战，在帮助光武帝刘秀重建汉室，平定天下的大业中立下汗马功劳。建武二十七年（51）赵熹升任太尉，赐爵关内侯，负责巡视边疆。光武帝病逝后，赵熹亲自主持丧礼并根据遗诏辅佐汉明帝刘庄继位，永平元年（58），被封为节乡侯。永平八年（65），赵熹代替辞职回家的虞延行使太尉职权。后来遇到母亲丧事，赵熹上书请求回家守孝三年，明帝坚决不同意，因为皇帝深知朝廷政务离了赵熹可不行。于是，在赵熹服丧期间，皇上特地派使者前往赵家，强行脱了他的丧服，让他回朝照常上班。赵熹无奈，只好乖乖地被皇上夺情，亏孝全忠，虽是身不由己被逼夺情，但皇帝对赵熹的器重与赏识也由此可见一斑。起复后的赵熹更加兢兢业业，内管宫廷警卫，外行宰相职权，不敢有丝毫的懈怠与偷懒。永平十八年（75），明帝驾崩，赵熹再次主持丧礼，送走了他生命中的第二位皇帝，章帝刘炟继位后，赵熹升任为太傅，主管尚书事务。建初五年（80），84岁高龄的赵熹偶感风寒，一病不起，皇帝亲自探望，为他求医问药，终究也没能挽留住他的生命，这位从平原走出去，历经东汉光武、明、章三朝的宰相，走到了生命的尽头。

（二）太傅桓焉丁母忧被汉安帝夺情

桓焉（？～143），字叔元，沛国龙亢（今属安徽省怀远县）人，出生于经学世家，是典型的名门之后。桓焉的祖父是明帝的老师，一代经学大师桓荣，父亲桓郁是章帝、和帝两任皇帝的老师。桓氏一家备受恩宠，因为父亲的缘故，桓焉年少时就被朝廷封了郎官。性格敦厚的他酷爱诗书，精于学问，传承家学，身体力行，口碑很好。永初元年（107），桓焉入宫给汉安帝讲授经书，得到提拔，被任命为中步兵校尉。永宁元年（120），安帝立刘保为太子（即后来的汉顺帝），任桓焉为太子少傅，一个多月后，就升为太子太傅。后来遭遇母亲病故，桓焉上书请求退职，回家丁忧，安帝同意他以大夫的身份回家居丧。刚过了一年，丧期还没结束，皇上就派使者带着美酒和牛肉到桓焉家里，下诏封他为光禄大夫，升为太常，当即除去丧服，夺情起复。

顺帝即位后，桓焉被封为太傅，永和五年（140）代王龚为太尉。汉安元年（142）因为出现日食这种不祥之兆被免职，第二年病死在家中。桓焉一生传承经学，弟子众多，其中不少日后成名，青史留名。

汉朝自高祖刘邦江山草创以来，虽然期间出现王莽篡国、外戚专权、宦官当道、政局动荡等混乱局面，但是以孝治国的方针从来没有改变。不管是谁执掌江山，孝始终是统治者号令天下、御民治吏的不二法宝，儒家孝道在汉代受到的礼遇可谓空前绝后，地位之尊贵在中国历史上绝无仅有。但是，有一点必须明白，不管统治者怎么抬高孝道，美化礼教，其最终目的只有一个，那就是维护其封建统治，捍卫其根本利益。不管是道德教化还是严刑酷法，手段可以千变万化，但目的永远不变。孝道的践行必须是在不影响统治者利益的前提下，一旦当彰显孝道的丁忧守制影响权力运行和国家安全时，统治者会毫不犹豫地以国为重、亏孝全忠。所以，当官员事亲尽孝与事君尽忠发生冲突的时候，统治者无一例外地剥夺了大臣为父母居丧尽孝的机会，于是就有了为人臣子自古忠孝两难全的千年一叹。

第三章 两晋南北朝——丁忧成为官员的强制性规范

自东汉以来，居丧三年渐渐形成风气。但是，总的来说，丁忧还只是诸侯王室必须遵守的强制性道德规范，对于普通的官僚士大夫阶层而言，丁忧更多地表现为一种权利，可以行使也可以放弃，并不带有强制性。法律对官员是否丁忧也没有作出明确规定，终其两汉，丁忧也只是官员的一种道德自律行为，没有形成制度层面的约束。直到魏晋时期，丁忧才成为强制性行政规范，对大小官员产生了普遍约束力。

一 司马氏以孝治天下

自从先秦儒家孝道被人为地政治化改造，成为两汉治国御民的有效手段之后，孝道在维护封建君主专制和稳定社会秩序方面的特殊作用淋漓尽致地彰显出来。以孝治国遂成为此后历代统治者沿用不变的治国之道，不管是歌舞升平、天下归一的春秋盛世还是兵荒马乱、群雄逐鹿的动荡乱世，孝始终是统治者手中挥舞不倒的一面大旗。

结束了三国鼎立，在乱世中夺得天下的司马氏非常注重孝道。他始终秉持以孝为本、以孝导民的基本治国方略，儒家孝道在两晋时期得到进一步的推广和改造。相比于汉时的忠孝合一、忠重于孝，孝的地位在两晋明显得到了提升，甚至出现了孝先于忠、弃忠尽孝的现象。

孝在两晋时如此受推崇，一方面源于统治者的大力提倡。司马氏作为大晋王朝的缔造者，本身就是儒学世家。司马懿的老家河内郡温县孝敬里盛产孝子，以孝闻名，司马氏也一直标榜孝道，以孝自居。因此，在司马炎取代曹魏，执掌江山后，弘扬孝道，倡导礼教，自然是情理之中的事情了。不过，除此之外，司马氏或许还有些难言之隐。众所周知，司马氏的江山来得并不怎么光明正大，假借禅让之名，暗行篡夺之实，做贼心虚的窃国者自然不敢也不好意思同目睹其不忠丑行的天下臣民谈什么精忠报国了。于是乎，羞于言忠的统治者只能在孝道上大做文章，尽情发挥，通过弘扬孝道为其先天就有致命缺陷的统治披上美丽的外衣。当然，孝能够如此受礼遇，除了儒学出身的统治者的大力提倡之外，还有其更深层次的社会原因，那就是魏晋门阀士族的社会性质。

士族是地主阶级中的一个特权阶层，其本义是指凭经学入仕、以诗书传家的儒生。士族习惯以礼法标榜自己的高贵，从而区别于其他操"贱业"致富的庶族地主和出身低贱的官僚。士族萌芽于东汉后期，形成于魏晋，到东晋时达到鼎盛。魏晋是典型的士族社会，在那个时局动荡、社会混乱的年代，个人的命运很大程度上取决于他的出身和门第，个人只有紧密依靠宗族才能得到更好的生存发展。宗族是衡量一个人的社会地位和政治地位的重要依据，对个人的命运具有决定性作用。门阀制度下，那些在高门大族成长起来的名门之后，完全可以通过家族获得他想要的一切，相对于并不怎么牢固和保险的朝廷恩典和皇帝赏识，还是家族的庇佑更可靠一些。皇帝姓什么不重要，家族的昌盛是根本。因为，子子孙孙的命运更多地取决于家族，个人的荣辱得失与那个生他养他的大家庭休戚相关。所以，政权更迭、江山易主这等国家大事似乎并不是士族大夫最关心的，与谁主江山比起来，他们更在乎的是家族的荣誉与利益。

在这种门阀制度下，家族成员间的联系越来越密切，俨然就是一条绳上同呼吸、共命运的蚂蚱，宗族的兴衰决定着个人的荣辱。同时，个人的成败也影响着整个家族的兴衰，为了更好地实现宗族的整体利益，维护宗族内部的等级和秩序，也为了更好地与庶族地主和寒门官吏等区别开来，"孝"这个治国治家的法宝，在高门大族中受到了前所未有的礼遇，被牢牢置于家族道德之首。但凡世家大族无一不注重孝道，把孝悌作为家族成员必须遵守的行为准则，通过孝道加强宗族的凝聚力和向心力。在统治者和世家大族的共同推动下，重孝悌、守孝道在社会上蔚然成风。

为了坐稳江山、巩固统治，司马氏对于孝的倡导可谓全力以赴、花样百出，绝不像某些虚伪的政治家一样只是拍桌子、喊号子、装样子，除了使劲吆喝、卖力宣传外，众皇帝更是亲力亲为，以身示范。其中表现之一就是对《孝经》的学习和重视。

自从汉武帝设置《孝经》博士以来，《孝经》开始受到历代帝王的重视，魏晋南北朝时期，出现了一股帝王研究《孝经》的热潮，以晋元帝为代表的多位皇帝亲自撰写有关《孝经》研究的相关文章。除了著书，有些皇帝还当起了老师，亲自开坛讲学，传经布道，比如晋穆帝、晋孝武帝等。为了基业的永久传承，皇帝还很注重对继任者的孝道教育，要求太子从小学习《孝经》，有时候也会命令太子当众讲《孝经》。晋武帝泰始七年、惠帝元康元年都有皇太子讲《孝经》的礼仪活动。在帝王的影响带动下，《孝经》受到社会各阶层的热捧，研究《孝经》成为一种社会时尚。上至高官大儒下至庶民百姓，无不以谈孝为风雅，行孝为光荣，在这种大环境下，感天动地的孝子孝行层出不穷，二十四孝中广为流传的哭竹生笋、闻雷泣墓、埋儿奉母、卧冰求鲤、恣蚊饱血、扼虎救父等都是发生在这一历史时期。与这些事迹相伴的是中国历史上首次出现了专门记载时人孝行的《孝子传》。

除了皇室热衷于对于《孝经》的学习和研究，司马氏政权以孝治天下的思想还体现在各种法律和制度上。太始四年六月丙申，晋武帝下诏，明确规定了朝廷选官用官的标准，即勤奋好学、坚守道义、孝悌忠信、为人清白，被举入仕成为对孝悌之人的最大奖赏。相应的诏书也规定，对那些不孝敬父母、不尊重乡亲长辈、不遵守公序良俗和违法乱纪的人要依法追究查处。除了对选人用人的标准作出明确规定之外，还有一项相当有力的把关措施，那就是清议。

清议是东汉末年形成的一种品评人物的社会舆论形式，最初起源于乡里，所以又称"乡邑清议"。主要是根据儒家伦理道德的标准对人物进行臧否，点评被评论者道德上的优缺点，朝廷根据清议结果决定官员的任免和升迁。士人要想入仕，首先要经过清议这一关，口碑不好的人，往往会被朝廷拒之门外，终身不得入仕，而那些已经在朝为官的人一旦遭清议，则极有可能丢官免职。西晋的阎缵，为人正直，父亲去世后，凶悍的后妈对他非常不好，甚至到官府诬告阎缵盗窃了丈夫遗留的金银珠宝，结果因为这件事，导致阎缵名誉受损，一直被贬议了十多年，白白错过了一次又一次入仕为官的机会。但孝顺的阎缵并没有怀恨在心，以德报怨，反而比以前更加恭谨，直到后来怨气消散的后妈被阎缵的孝心感动，到主管清议的中正官那里还了阎缵一个清白，迟来的真相终于使得阎缵得以迈入仕途，从太傅杨骏的舍人开始起步,后来官至汉中太守,被封平乐乡侯。清议制度作为维护封建孝道和儒家礼教的重要工具,在严格规范官僚士大夫行为举止的同时,也进一步巩固了封建统治秩序,极大地推动了孝道在官吏士人间的传播。

司马氏尊崇孝道,崇尚礼教的另一个重要举措就是首次在刑律中确立了"准五服以治罪"的刑事审判原则。他把五服制度正式纳入到法典当中,以儒家伦理规范作为定罪量刑的直接法律依据,实现了儒家礼仪制度与法律适用的第一次亲密接触,是中国法律儒家化进程中具有里程碑意义的重要一步。"准五服以治罪"的原则具体来说,就是根据当事人之间的亲疏远近关系来裁定刑罚,即五服以内,血缘关系越亲,服制越近,以尊犯卑者,处刑愈轻,反过来如果是以卑犯尊则处罚越重;血缘关系越远,服制越远,以尊犯卑,处刑相对加重,若是以卑犯尊,处罚相对减轻。也就是说同样情况下,父亲打儿子要比儿子打父亲受到的处罚要轻,显而易见,这一规定旨在维护父父子子的等级关系和亲亲尊尊的儒家伦理秩序。

二 晋武帝带头推行三年丧制

伴随着司马氏政权对孝道的尊崇和对儒家礼教的推广,原本不具有普遍约束力的官员丁忧在晋代成了官僚士大夫必须遵守的强制性道德规范。违例者将受到诸如扣工资、降级留用、被炒鱿鱼甚至终身不录等形式不等的行政处罚。

司马氏儒学传家,尊崇孝道,对表达孝心、践行孝道的居丧礼仪自是格外看重。早在魏晋时期,司马懿的长子司马师在为母亲宣穆皇后居丧时,就因其卓越的孝行赢得一片赞誉。后来,晋武帝司马炎代魏称帝,上任九天后就迫不及待地下诏,规定如果遭遇三年丧,将、吏须回家居丧三年,老百姓则可以免除徭役。与两汉时侧重文官不同,晋武帝公开鼓励武将和士兵服三年丧,诏书规定,士兵如果遭遇父母之丧,除非身在战场,否则一律回家居丧。

一般而言,我们讲丁忧是人臣为父母服丧而暂离官位。但事实上,在古代社会,至高无上的天子死了父母亲,尊崇孝道者也会遵从丁忧之制,行三年之丧。晋武帝就是一个非常典型的例子。

为了推广三年丧,晋武帝亲身实践。咸熙二年(265)八月,晋文帝司马昭中风猝死。司马炎依照汉魏以来的惯例,在安葬之后脱下了丧服,但是,他并没有换上吉服,而是继续着深衣戴素冠,停摆宴席,跟居丧时一样伤心不已。晋武帝的做法遭到大臣们的强烈反对,台臣阁老联合封疆大吏联名上书阻挠,理由也很充分,一来汉文帝的短丧诏由来已久,现在突然要改变祖宗之法,难度比较大,恐怕无法真正得以实施;二来当时天下并不太平,国家尚不统一,基业还未稳固,应该把主要精力放在平治天下、征服蛮夷上;最后一个原因最让人感动,那就是大臣们护主心切,担心皇帝以万乘之尊履布衣之礼,日理万机却粗茶淡饭,会伤及龙体,影响大业。尽管大臣们言之凿凿,情之切切,但是,晋武帝就是心如磐石,不为所动,最终在与大臣们的较量中占了上风,如愿为父服心丧三年。

泰始四年(268),司马炎的母亲皇太后王元姬去世,孝顺的武帝又居丧三年。从此以后,汉文帝以来通行数百年的帝王短丧制被打破,三年之丧逐渐恢复并被确定为国制。皇帝带头,群臣效仿,以礼服丧、丁忧三年逐渐成为官僚士大夫的强制性道德规范,一旦违反,将面临形式不等的行政处罚,严重的甚至会开除官籍,永不录用。需要注意的是,两晋时,对官员居丧行为的强制不止体现在父母之丧上,祖父母、伯叔父母、兄弟、侄子、妻子等为期一年的期亲之丧也包括在内。

三　两晋名士居丧违制遭"清议"

清议原本是一种为朝廷选人用人服务的社会舆论形式,形成于东汉末年。清议最初发端于乡里,又称"乡邑清议",与汉朝乡举里选的人才察举制度相辅相成。

东汉末年,战乱频发,百姓流离失所,察举制赖以存在的社会基础遭受严重破坏,在这种情况下曹魏设立九品中正制,即在地方各州郡选一个有声望的人担任当地的中正官,职掌举贤荐能之事。由中正官将当地州郡士人按其德才分为九品,每年每十万人中举孝廉一人,由吏部授予官职,也就是所谓的"九品官人法"。中正对士人品级的评定是建立在乡里清议即乡间舆论的基础上,根据民意调查区分人物优劣,厘定、提升或贬降某人的乡品,朝廷以此作为任免、升降官员的依据。

两晋时,清议发生重大变化,首先就内容而言,清议不再是对被评议者优点和缺点的全面点评,而是舍弃了对优点的褒奖和肯定,演化成了单一的针对某人违犯儒家名教礼法言行的揭发和批斗大会。尤其是在司马氏以孝治天下,格外注重居丧礼制的大背景下,居丧期间的行为表现尤其受关注,成为评判一个人孝顺与否的重要依据。居丧期间的违礼行为则成为评议的焦点,评议内容包括居丧嫁娶、冒哀求仕、饮酒宴乐、行服不当等。一旦遭清议,轻则降级留用,重则免官为民,甚至可能被永久开除,终身不得参政。清议的另一改变体现在主持机构和参与的人员上。为了加强对地方选举的控制,晋武帝在掌管地方选举的机构司徒府内特设了司徒左长史一职,作为州郡中正的上级和主管,与司徒一起承担主持清议，整肃吏治的重要职责。徒左长史有权对违反丧制的政府官员自行贬降其乡品。此外，御史中丞、尚书省官吏、国子学和太学博士也可以参与清议，他们往往通过上书奏请的形式对居丧违制的官员进行弹劾，慢慢的，清议由最初的乡间社会舆论变成了一种具有强大威慑力的监督制约手段，付诸清议成了处罚官吏的代名词。

（一）阮籍一家之"清议"故事

竹林七贤之首阮籍的侄孙阮简，生性豁达，不拘小节，为父居丧期间适逢大雪，天寒地冻，喝了朋友好心奉上的一小碗掺着黍米的肉羹驱寒，结果因为违反了居丧不食肉的礼制遭清议，被朝廷冷落了近30年，虽有旷世才学却因为一碗肉汤被中正卡住，空有一腔报国志却被肉汤堵住了报国门。

阮家有此遭遇的不止阮简一人，同样受此牵连的还有名气更大的阮咸。阮咸是阮籍的侄子，也是竹林七贤之一，才华横溢的阮咸和很多名士一样，风流倜傥，特立独行，在为母居丧期间上演了惊世骇俗的一幕——一骑绝尘去，抱得美人归。原来生性多情、放荡不羁的阮咸爱上了姑母家的奴婢，一位鲜卑族少女，两人私下幽会，并导致姑娘有了身孕，姑母回夫家时要将姑娘带走，正在服丧的阮咸获悉后，不顾礼法，二话不说，抛下家中的客人，骑上客人的马一路追赶，把姑娘拦了下来，如愿抱得美人归。这恋爱大过天的一幕在刻板守礼的古代上演，在今人看来真是要多浪漫有多浪漫，要多感人有多感人！物质至上的今天，人们或许只能在偶像剧里寻求点心理满足了。可是，在那个名教礼法横行天下的年代，多情的阮咸势必要为自己的逆天之举付出代价，世人的口诛笔伐让率性任情、行为乖张的阮咸失去了朝廷的宠爱，遭受清议，最终沉沦巷间。

(二) 史学名家陈寿两遭清议

同样遭受清议，仕途坎坷的还有大名鼎鼎的西晋史学家陈寿。陈寿（233～297），字承祚，巴西安汉（今四川南充）人。陈寿出生于蜀后主刘禅建兴十一年，也就是刘备在白帝城向诸葛亮托孤后的第十一年。当时三国争霸已进入尾声。陈寿的父亲是马谡的参军，街亭失守以后，马谡被诸葛亮让刀斧手杀了，这就是妇孺皆知的三国演义的经典桥段"诸葛亮挥泪斩马谡"。很多人为马谡感到惋惜，殊不知，作为马谡的参军，陈寿的父亲也受到牵连，被诸葛亮处以髡刑，剃光了头发逐出军营。

遭此奇耻大辱后，陈寿的父亲回到老家，几年之后结婚生子，得了陈寿。父亲把痛失街亭的满腔义愤和没来得及实现的凌云壮志一股脑地寄托在了儿子陈寿身上。他对陈寿的要求非常严格，这位历经坎坷的父亲无时无刻不在关注儿子的成长。陈寿也没有辜负父亲的期待，聪慧好学，博览群书，尤其对历史著作表现出了异乎寻常的兴趣。小小年纪的他便通读了最为古老的《尚书》和《春秋》，认真研究了西汉司马迁的《史记》和东汉班固的《汉书》，在阅读中逐渐掌握了撰写史书的方法。他写的文章内容生动、文采飞扬，深得长辈们的赞许。

18岁那年，陈寿进入蜀国都城成都的太学学习，在那里遇到了对他一生有重要影响的关键人物——同为巴西安汉人的儒学大师谯周。在谯周门下学习时，陈寿进一步刻苦攻读史学，为他将来撰写流传后世的史学巨著《三国志》打下了坚实的基础。在太学圆满结束学业的陈寿如父所愿步入仕途。后来，父亲去世，陈寿匆忙赶回家中为父居丧，丁忧期间忧伤成病，服药治疗，没想到，有一次奴婢奉上药丸，被到访的宾客看见了，为此遭到乡里清议，备受舆论谴责。陈寿清誉受损的同时累及仕途，多年不得升迁。蜀汉灭亡后，渐入中年的陈寿只好隐居在家里，苦读诗书，五年后（268）在司空张华的推荐下，36岁的陈寿被举孝廉，离开故乡南充赶赴晋都洛阳，担任西晋著作郎，专门负责编撰史书，人生从此步入了一个新的阶段。

天下一统、相对太平的政治环境使得陈寿编撰《三国志》的设想成为可能。于是，在先前广泛阅读、大量积累的基础上，一部凝结了陈寿半生心血，长达65卷的鸿篇史学巨著终于编撰而成。《三国志》一问世就引起巨大轰动，晋惠帝在看过《三国志》后当即下诏，命令全国百姓每家每户都要抄写《三国志》，此举使得《三国志》中的故事很快就在民间普及。陈寿也因《三国志》而备受赞誉，升任治书御史。后来母亲去世，陈寿丁忧去职，回家居丧。按照母亲遗愿，陈寿把母亲安葬在洛阳，没有按习俗迁回老家，没想到此举再遭清议。魏晋时，有归乡埋葬、叶落归根的习俗，父母死后不回老家安葬被视为大逆不道、不守孝道之举，晚年的陈寿饱受非议，第二次因居丧违礼被朝廷贬黜。

几年后，仕途几经坎坷、始终郁郁不得志的陈寿在孤寂中病死洛阳，终年65岁。仕途失意的陈寿也许不会想到，倾注其半生心血的《三国志》在他死后的一千多年里始终被奉为经典，广泛流传。如果他老人家看到今天有那么多三国迷在捧着书本或守着电视读三国、品三国、煮三国，相信他那颗被清议戳伤的心一定可以获得不小的安慰。

（三）期丧违制

除了父母丧，期丧违制也在清议的范围之内。事实上，两晋时的官员居丧违制更多的是在期亲丧内，相对来说，三年丧违例的比较少。这也从侧面反映了三年丧在两晋时已经深入人心，得到了官僚士大夫的普遍认可和一致遵循，期丧违制的主要表现是丧内嫁娶和丧中宴乐。

晋惠帝元康二年（292），针对社会上"冒丧婚娶"之风的盛行，司徒王浑亲自主持发动了一次大规模的清议活动。先由十六个州的中正推选上报居丧违礼尤其是丧内嫁娶的官吏典型，司徒王浑将众官吏的违纪行为一一列明，一并上奏朝廷，请皇上按照"大功之末可以嫁子，小功之末可以娶妇，无齐衰嫁娶之文"的礼制对上报的违制官员进行惩罚，罢免官职，以正清议。被各州中正举报的情形分别是：太子家令虞濬居弟丧嫁女、镇东司马陈湛居弟丧嫁女、上庸太守王崇居兄丧嫁女、夏侯俊居侄子丧为儿子恒娶媳妇、国子祭酒邹湛居弟媳丧为儿子蒙娶媳妇、给事中王琛居兄丧为儿子棱娶媳、并州刺史羊暨居兄丧为儿子明娶媳妇、征西长史牵昌居弟丧为儿子彦娶媳妇。晋惠帝把王浑的奏折交给国子学商议，经过一番激烈的讨论，晋惠帝下诏"下殇小功，不可嫁娶，俊等简忽丧纪，轻违礼经，皆宜如所正"。虽然上述官员在嫁女娶妇时，已经考虑到有丧在身，都刻意省去了结婚时应行的隆重而繁琐的六礼，采取了简易灵活的变通之术——拜时，即新娘子以简单的面纱蒙在头上，到夫家后由新郎官揭去面纱，跪拜公婆，就算正式结为夫妻了。但是，这样的变通仍然无法让那些捍卫名教礼制的礼法之士接受，最后，这些被清议的官员都受到了不同程度的惩罚和贬黜。

东晋元帝时，庐江太守梁龛为妻子居丧，在即将期满除服的前一天，梁龛邀请了丞相长史周频等三十余人到其家中歌舞饮宴，把酒言欢。刚直不阿的丞相司直刘隗，上书弹劾，丞相司马睿果断裁决，当事者梁龛被罢免官职、削去爵位；周顗等三十余人明知梁龛服丧未满还欣然赴约，明知不可为而为之，所有赴宴的官员都被罚扣一个月的工资以示惩戒。细细想来，这梁龛着实有点不走运，如果能多坚持一天，也不至于晚节不保，以这种悲催的方式告别官场。

两晋时除了明令禁止居丧期间饮酒作乐、嫁女娶妇外，服制不当也会遭受清议，哪怕违制者就是掌管地方清议的州郡中正。晋明帝时，淮南小中正王式为继母居丧，因服制不当，被御史中丞卞壸上书弹劾，付乡邑清议后，被免除官职，终身弃用。王式的继母在前夫去世后嫁到王家，王式的父亲去世后，继母以妻子的身份服丧三年，服除期满后，继母在征得王式同意后回到了前夫家，由前夫家的继子为其养老送终，继母死后与前夫合葬。继母如母，按照儒家礼制，在父亲已死的情况下，王式应该为继母服齐衰三年。但是，王式认为继母在得到父亲允许的情况下返回前夫家，就意味着父亲与继母离婚了，所以，王式按照继母被休成出母的标准，为继母服齐衰一年的期丧。王式的行为惹来许多非议，御史中丞卞壸上书弹劾，认为王式没有谨遵孝道，而是依据继母的居处作出父母离婚的主观臆断，导致继母在世时不能以礼侍奉，去世后不能以礼安葬，生前死后王式都没有恪守孝道，这样伤风败俗、僭越礼教的人没资格居于端正人伦的中正之位。皇帝下诏将王式之事交由乡邑清议，一番毫不留情的口诛笔伐之后，王式被永久开出了公务员队伍，终身不得为官。

耐人寻味的是，不仅服制过轻会受处罚，服制过重也是违礼之举，难逃惩戒。晋康帝时，汝南王司马统和江夏公卫崇为表孝心，为庶母服丧三年，他们的行为受到很多老百姓的赞誉。但是，此举却遭到名教礼法人士的强烈反对，因为按照嫡庶有别、尊卑不同的原则，为庶母只能服五服中最轻的缌麻之丧，司马统与卫崇显然是纵情越礼，行孝过度了。尚书令顾和上书弹劾二人，指出如果不及时纠正这种行服过重、违反礼度、放纵私情的行为，势必会造成因不守礼而有损政道、破坏纲常，最终影响国家治理。晋康帝采纳了顾和的建议，下诏对行服过重者进行贬黜，以示惩戒。

通过这个例子不难看出，统治者口口声声宣扬礼法、维护孝道，说穿了不过就是打着孝的幌子、披着孝的外衣维护嫡庶有别、贵贱有分、尊卑不同、等级森严的封建宗法制度，最终还是为巩固皇权和封建专制统治服务。孝道、礼法不过就是御民治天下的工具罢了，不管多高尚多华丽的外衣一旦被脱下，呈现于眼前不外乎就是赤裸裸的社会等级观念。皇帝的新装也许瞒得过天下人的眼睛，但任凭谎言多美丽，终究也无法将丑陋的事实掩盖。

遭谈即贬、让官员闻之色变的乡邑清议，向来被视为最公正，贯彻以孝治国最彻底、最坚决，但是，在遭遇"期丧不废乐"的权臣谢安和桓玄时，无一例外地选择了闭上双眼，视而不见。由此可见，清议的虚伪性，甚至有的时候，清议直接沦为权力倾轧、打击政敌、排除异己的坚矛利器，如前面提到的陈寿，晚年被贬，表面上看是因为未按礼制送母亲遗骨回乡安葬，但是真正的原因却是他刚直不阿，不肯曲意逢迎，秉笔直书，得罪了不少当世权贵，以致后来稍有不慎，落人口实，被人抓住居丧把柄，惨遭报复。

由此可见一朝遭清议，往往就意味着丢官降职仕途不保。清议直接决定着士人的品第升降和仕途升迁，成为当时政治生活中的重要组成部分。两晋时期，不少名仕遭清议牵累，仕途受损。

虽然清议一度被权臣和世家大族控制，成为朝廷政治斗争的工具，但是，作为维护孝道和整肃风纪的工具，清议在推行三年丧制和督促官员丁忧方面确实起到了无可替代的作用。通过清议对官员居丧行为的监督和处罚，使丁忧被官僚士大夫阶层广泛认可，成为具有普遍约束力的行为规范。由于清议对违制官员的处罚多为罚俸、降品、降职、免官和终身不录等行政性处罚，还未上升到更为严厉的法律制裁的层面,所以,两晋时,丁忧作为一种强制性规范还只是强制行政性规范,并未正式入律上升为强制性法律规范。

四 士人因孝避仕,官员拒绝夺情

司马氏以孝立国,尊崇孝道,个中原因纷繁复杂,除了祖籍孝子之乡儒学传家的三分自愿外,另有七分就是迫于政治无奈了。他一方面弘扬孝道,以儒家名教为御民工具,维护其君权统治所依赖的等级分明、贵贱有别的社会伦理秩序;另一方面的无奈,则是源于魏晋门阀士族的社会性质。魏晋士大夫只知有家,不知有国,能从家族中获得想要的一切的魏晋士人宗族本位意识很强,忠君观念相对淡漠。在他们眼里,家族比国家更重要,孝亲比忠君更实际,相比于汉代士大夫以国为重、君大于亲的群体自觉,受玄学影响,自我意识逐渐觉醒的魏晋士大夫已经从家国天下的紧张束缚中解脱出来,更倾向于关注自我和家庭。

在司马氏的宣扬号召,门阀士族的极力推荐和玄学、佛道等各种社会思潮的影响下,魏晋时期的孝道思想出现了让统治者颇为头疼却也无可奈何的一种倾向,即忠孝关系发生倒错,原本屈于下位,服务于忠的孝,渐渐占据上风,成了主导,形成了孝重于忠、孝先于忠的全新的忠孝观念。这种观念一经形成立刻反映到实践层面,在居丧方面最突出的体现就是居丧过礼,哀毁灭性现象的多发和官员因孝避仕,拒绝夺情。

(一)《陈情表》——李密孝心感天动地

千古名篇《陈情表》自问世以来,感动了无数仁人志士,苏轼曾评价说"读《陈情表》不下泪者,其人必不孝",西晋文学家李密也因此被誉为中华第一孝子。尽管李密孝行并非祖母死后丁忧期间发生,《陈情表》也并不是因为丁忧拒绝起复的宣言,但是,这个故事切切实实告诉我们,丁忧守制在这一时期是远远超越夺情起复的。

李密(224~287),名虔,字令伯,犍为武阳(今四川省彭山县东)人。李密小时候家境不好,接连遭遇不幸,出生六个月后父亲去世,四岁那年,母亲何氏被舅舅强迫改嫁,本就体弱的李密因想念母亲忧伤成病,幸亏有祖母刘氏对他关怀备至,亲自抚养他长大。李密和奶奶相依为命,结下了无比深厚的祖孙情。

知恩图报的李密长大后对奶奶非常孝顺。每次奶奶一生病,他都伤心不已,痛哭流涕,衣不解带在奶奶床前侍奉左右,奶奶的饭菜、汤药都是他亲自尝过,确保无误之后才给奶奶服用。李密对奶奶的孝心闻名乡里,远近皆知。李密不仅秉性善良而且聪明好学,酷爱读书,曾经拜一代名儒谯周为师,求学刻苦,废寝忘食,精通五经,文采出众,谯周的门生们对其赞赏有加,把他比作孔子的得意门生游夏。

像很多士人一样,李密结束学业后步入仕途。年轻时,在蜀汉任尚书郎,期间多次出使吴国。因为他的才智过人、能言善辩,深受吴国人敬重。后来,蜀汉灭亡后,魏国征西将军邓艾仰慕李密的才学,请他担任主簿,李密以奉养年迈的祖母为由,谢绝了邓艾的邀请,回老家著书立说授徒讲学。

泰始三年(267),晋武帝立了太子,因一直仰慕李密的才学,下诏征李密入朝做太子洗马(一种官职),专门辅佐太子。奇怪的是,朝廷连续下了好几道诏书,郡县的地方官也不断催促,但是,李密就是不答应。在高官厚禄面前李密不为所动,主要原因就是孝先于忠的思想在作怪,在他心里奶奶最大,皇上第二,侍奉奶奶远比伺候皇上更重要,为奶奶养老送终是比他的生命还重要的神圣使命，容不得半点商量，必须圆满完成。当时李密的奶奶已是 96 岁高龄，而且体弱多病，随时都有可能驾鹤西去，百般无奈，李密直接上书皇上，向晋武帝解释其中缘由，详细陈述家里情况，说明自己无法就诏的原因。于是，就诞生了流传后世、感人无数的《陈情事表》（简称《陈情表》）。

《陈情表》言词恳切，委婉动人，晋武帝看后，大为感动，对李密赞不绝口，感慨道"士人有名节，不是平白无故的"。为了成全李密对祖母的一片孝心，晋武帝同意他暂不赴诏，为了嘉奖他的孝行，武帝特地赐给他两个奴婢，并命令所在郡县，发给他赡养祖母的费用。

祖母去世后，李密谨守礼制，居丧如礼。期满除服后，李密应朝廷之征，赴洛阳任太子洗马，后来又任温县（今河南温县西）县令。李密在任期间，公正严明，刚直不阿，政绩卓著，深受当地老百姓的拥护和爱戴。踌躇满志的李密希望到朝廷任职，以充分施展自己的才能，实现他的满腔抱负。无奈，朝中没有靠山，没人为他举荐，最后只做了个汉中太守。心有不满的李密借写诗之际发牢骚，惹怒了晋武帝，在太守的位子上只坐了一年就被免了官，归田回乡。太康八年（287）李密在极度郁闷中病死家中，终年 64 岁。虽然踌躇满志的李密没能仕途如愿，大展宏图，但是，那篇慷慨激昂、催人泪下的《陈情事表》却让李密的名字在此后的一千多年里，始终闪耀在中华民族厚重的史册中。正所谓东方不亮西方亮，虽然李密在政治方面没能显身扬名，但是在文学领域却获得了至高无上的荣宠，在某种意义上也算得上是失之东隅，收之桑榆吧。

（二）一门忠烈——卞壸服丧拒夺情

卞壸（281～328），字望之，济阴冤句（今菏泽丹阳办事处卞庄）人。东晋著名政治家、军事家、书法家，历经元帝、明帝、成帝三朝，是典型的三朝元老。卞壶出身官宦之家，祖父卞统曾任琅琊内史，父亲卞粹，因能言善辩、世事洞察而闻名，官至右军相，后来因不畏权贵、刚直不阿，被权倾朝野的长沙王司马乂杀害。卞粹兄弟六人个个出类拔萃，全部入职宰相府，被世人誉为"卞氏六龙"，而其中尤以卞壶的父亲卞粹最为杰出。虎父无犬子，卞壶深受父亲影响，年少时就因才华出众、聪颖过人闻名乡里，不断有人慕名求贤而来，都被卞壶一一谢绝。

晋怀帝永嘉年间，卞壶承袭父亲成阳公的爵位，出任著作郎。永嘉五年（311）发生永嘉之乱，都城洛阳被匈奴人攻破。晋怀帝司马炽被掳，乱世中，卞壶投靠了自己的大舅子，当时任徐州刺史的裴盾（裴盾是卞壶妻子的哥哥），在其手下代理广陵相。西晋灭亡后，镇守江南的皇室后裔司马睿在建康（今南京市）称帝，重建晋室，史称东晋，卞壶被任命为从事中郎，负责为朝廷选拔官员。工作上尽职尽责，兢兢业业的卞壶，深得晋元帝司马睿的信任，不久后出任东中郎将司马绍（即后来的晋明帝）的长史。

后来，遭逢继母亡故，卞壶丁忧离职。继母下葬后，不等期满除服，朝廷就下诏夺情，命他即刻回朝官复原职。一向以礼法自居的卞壶不肯起复，晋元帝多次派宫中使者到他家里劝说，固执的卞壶上书皇帝，强调继母对自己恩重如山，此生无以为报，希望元帝怜惜，给他一个了结心愿的机会。司马睿见他态度坚决，用心良苦，也就不再勉强，成全了他的一片孝心。

三年服丧期满后，卞壶当了太子司马绍（即后来的晋明帝）的老师，在东宫给太子讲学。后来又先后担任太子詹事、御史中丞等职。身为太子之师，卞壶一丝不苟，忠心耿耿，深得王公大臣们的敬畏。太宁元年（323），明帝即位，卞壶升为吏部尚书。

第二年（324），权臣王导的堂兄王敦、王含兄弟二人领兵作乱，意图篡位，危急时刻，明帝加封卞壶为中军将军，率部抵御叛军。后来王敦病死，王含被灭，一众党羽均被追捕，卞壶因平叛有功，被封为建兴县公，不久升为领军将军。太宁三年（325），晋明帝司马绍病重，命卞壶为顾命大臣，兼任右将军、加给事中、尚书令等职，和王导等人一起辅佐太子司马衍。卞壶为人刚直，不畏权贵，严守礼法，以匡风正俗、维护朝廷纲纪为己任。明帝去世后，年仅5岁的成帝司马衍继位，位高权重的东晋开国元勋王导居功自傲，根本不把乳臭未干的小皇帝放在眼里，登基大典那天，王导称病没有参加，文武百官没有一个敢提出异议，唯有卞壶不畏权势，公然在朝堂上大声批评王导的不臣之举。王导听说后，匆忙带病赶来。

卞壶不惧强权，勇于直谏，引得朝野上下一致赞叹。卞壶为官清廉，两袖清风，生活朴素，庭院简陋，以致儿子结婚时经济窘迫，连皇帝都觉得看不下去了，特地下旨赏钱五十万。可是，固执的卞壶一再拒绝，最终也没接受皇上的赏赐。后来，大司农苏峻起兵作乱，卞壶率军抵抗，战场上，他身先士卒，英勇杀敌，与两个儿子卞眕、卞盱一起，战死疆场，以身殉国，时年48岁。咸和四年（329），苏峻之乱平定，经过朝中大臣商议，追赠卞壶侍中、骠骑将军、开府仪同三司（一种官号）等荣衔，谥号"忠贞"，按太牢之礼隆重祭祀，同时追赠卞壶长子卞眕为散骑侍郎，卞壶次子卞盱为奉军都尉。卞氏一门忠烈，引得时人赞叹："父死于君，子死于父，忠孝之道，萃于一门。"很多年后，明成祖朱棣也忍不住赋诗称赞："父将一死报君恩，二子临戎忍自存。慷慨相随同日尽，千古忠孝表清门。"

卞壶为官一生侍晋三朝，对司马氏忠心耿耿，最后父子三人以死报国，其忠君之心天地可鉴，日月可表。但是，为君尽忠的同时，并没有影响他为亲尽孝，为母居丧，屡召不起，足以说明，在这位忠臣心里，孝同样不可或缺，甚至在特定的情形下孝先于忠，亲大于君。

五　北魏孝文帝与丁忧入律

梳理丁忧制度的发展脉络，溯源而思，不难发现，两晋是无论如何也不能忽略的一个重要阶段。正是自晋代以来，丁忧开始对大大小小的文武官员有了普遍约束力，而不再仅仅作用于上层社会。伴随着降品、罚俸、免官、终身废除等一系列针对官员违制的行政处罚的广泛实施，丁忧由原来可以选择的自觉自律变成了一种不能放弃必须遵行的强制性行政规范。司马氏主政的晋代，也成了中国历史上第一个强制官员丁忧的封建王朝。接下来，丁忧制度又会有怎样的发展演变呢？

西晋灭亡后，匈奴、鲜卑、羯、氐、羌等少数民族纷纷逐鹿中原，北方的黄河流域进入了战火纷飞、政权交错的五胡十六国时期。期间，前秦苻坚时曾短暂统一，但好景不长，淝水之战后，前秦迅速瓦解，中原再度沦陷。直到公元439年，北魏太武帝拓跋焘统一北方，彻底结束了五胡乱华以来的群雄混战，从而与南方的刘宋政权并立，形成南北朝对峙的格局。

鲜卑族是中国历史上一个古老的北方民族，拓跋部是鲜卑族活动在大兴安岭北端东麓一带的一个分支，后来拓跋部不断南迁。在西晋时，部落首领拓跋猗卢因为帮助当时朝廷抗击刘渊、石勒有功，被皇帝封为代王，建立了代国，逐渐由原来的氏族部落联盟迈入奴隶主占有制的阶级社会，慢慢强大起来。公元376年，苻坚攻代，昭成皇帝拓跋什翼犍战死，代国被兴起的前秦所灭，拓跋部的历史也暂时地中断了。淝水之战后，前秦四分五裂，拓跋部的拓跋珪趁机复国，召开部落大会，宣布即代王位，并改国号为魏，称皇帝，史称北魏。此后几代北魏统治者都致力于统一，对外不断发动兼并战争，16岁继位的拓跋焘凭借祖父和父亲留下的基业，加上自己的雄才大略和杰出的军事指挥才能，经过近20年的南征北战争，最终于公元439年统一了北方，为中原地区的经济恢复和社会发展创造了较为安定的环境。

为了革除鲜卑落后习俗，消解民族隔阂，缓和民族矛盾，进而巩固对中原的统治，北魏历代君主都很重视对汉族先进文化的学习和借鉴，不断把鲜卑的游牧文化向中原的农耕文化推进，其中尤以孝文帝时的汉化改革最为突出。

孝文帝拓跋宏（467～499），是献文帝拓跋弘的长子。献文帝拓跋弘是中国历史上比较特别的一位君主，短暂的政治生涯充满了悲剧色彩。一方面他生性洒脱，厌恶政治，崇尚无为；另一方面，作为一国之主，他又表现出与其性格截然相反的另一面。年纪轻轻就展现出杰出政治家的风范，对内勤于政事，赏罚分明，整肃贪污，铁腕治吏，亲政以后很快使北魏的政治面貌焕然一新；对外御驾亲征，英勇善战，攻城略地，稳固边疆。但是，正是这样一位才智过人的君主却在亲政五年、事业蒸蒸日上之际，突然把皇位禅让给了5岁的儿子拓跋宏，以18岁的"高龄"成为中国历史上最年轻的太上皇。退位五年之后献文帝拓跋弘在宫中悄然离世。关于拓跋弘的突然禅位和离奇死亡，世间有多种猜测，一说是看破红尘，超然而去，也有人说是被人所迫，含冤而死，真相究竟是什么，还有待后人进一步去求证。不管怎样，献文帝去世后，中国历史上一位重量级的皇帝隆重登场了，他就是带领北魏进行大刀阔斧的汉化改革，在促进中华民族大融合方面作出积极贡献的魏孝文帝拓跋宏。

父亲禅位后，5岁的拓跋宏在祖母冯太后的辅助下登上皇位。

北魏为了避免外戚干政,在道武帝拓跋珪时开始实施一种残酷的"子贵母死"制度,即后宫妃嫔生下的男孩一旦被立为储君,其生母就得被赐死,以避免母凭子贵、外戚专权的情况发生。拓跋宏3岁的时候,母亲依例被赐死了,由祖母冯太后把他抚养成人。冯太后是汉族人,自幼聪明好学,博览群书,精通文墨,知书达理,她不仅在生活起居上关心孝文帝,还特别注重对他进行汉文化教育。在冯太后的影响下,年幼的拓跋宏对汉文化产生了浓厚的兴趣,苦读经书,手不释卷,日复一日,废寝忘食。他不仅对儒家经典的精奥谙熟于心,而且诸子百家,传记通史无不涉猎,成为一位具有很深文学造诣的皇帝。中国历代君主中能出其左右、与之比肩者寥寥无几。

在冯太后和孝文帝的共同推动下,北魏实行"太和改制",围绕政治、经济、文化、思想以及风俗习惯等各方面进行大刀阔斧的汉化改革,以丁忧守制为主要内容的丧礼改革就是其中的重要组成部分。

孝文帝拓跋宏自幼跟着冯太后长大,膝下无子的冯太后对孝文帝关怀备至,视如己出,以一个慈祥的祖母的身份培养、训导这位与自己没有血缘关系的皇孙。在孝文帝的成长过程中,冯太后倾注了大量心血,这位出身名门、饱读诗书的汉人女子非常注重孝文帝的学习,亲自撰写《劝诫歌》三百多章和《皇诰》十八篇,作为拓跋宏的学习指南和行为规范。生活中,冯太后处处以身作则,言传身教,通过各种形式潜移默化地向拓跋宏灌输治理天下的理念和原则。尤其难能可贵的是临朝听政、手握实权的冯太后并没有像某些野心家一样,表现出对权力的过度贪恋和强烈的独占欲望,进而排斥拓跋宏,阻挠他亲政。与之相反,为了把拓跋宏培养成一位出色的政治家,冯太后不遗余力,不管是平日临朝听政还是偶尔外出巡视,她都把孝文帝带在身边,以便让他随时随地地得到磨炼。

正是由于冯太后的悉心培养,孝文帝逐渐成熟起来,成为中国历史上一代颇有作为的英明君主。冯太后的用心良苦,也赢得了孝文帝拓跋宏发自内心的敬仰和感激,为了表达自己的孝谨,他甚至预先把自己的陵墓建在冯太后生前选定的墓地——方山永固陵(今山西大同北)旁边,准备死后陪伴辛苦把自己抚养成人的祖母冯太后。只不过后来迁都洛阳,这一计划没能实施。拓跋宏当年为自己挖的陵墓至今仍保存在方山,被后人称为"万年堂"。太和十四年(490)九月,49岁的冯太后在平城皇宫的太和殿去世。孝顺的拓跋宏伤心欲绝,痛不欲生,一连五天不吃不喝,滴水未进。虽然一辈子崇尚节俭的冯太后临死之前已经立下遗诏,明确要求自己的丧事一切从简,但是,孝文帝还是不顾大臣们的反对,按照一国之君的葬礼规格隆重厚葬了冯太后。下葬之后,他又一改先前既葬除服的传统,艰难地顶住了来自大臣的一波又一波的劝说游说,最终得以为冯太后服丧三年。

居丧期间,孝文帝严守礼制,起居简陋,粗茶淡饭,不食酒肉,三年内没和妃嫔同寝,哀毁过礼,几至伤身。孝文帝成为晋武帝之后又一个带头执行三年丧的帝王,也是中国历史上少有的几个能真正居丧三年的帝王之一。孝文帝有如此大孝之举,一方面源于他对祖母冯太后发自内心的敬爱,当然,除了祖孙情深,情意所致外,也不乏其他目的的驱动。当时,孝文帝的汉化改革面临重重阻力,可谓举步维艰,冯太后的丧礼成了改革突出重围的绝好契机,借为太后居丧之际,孝文帝大力推行三年丧,促进北魏礼制的汉化改革。拓跋宏的这步棋走得非常妙,一招居丧妙棋盘活了改革全局。在孝文帝的积极倡导下,大臣的三年之丧也慢慢恢复。

太和二十年(496),孝文帝下诏,严格规定如果不是因为战争,父母去世后,大臣必须居丧三年。除此之外,孝文帝还亲自给群臣讲解居丧所穿的丧服和居丧礼仪,进一步推动了三年丧礼的流行。在孝文帝的大力推行下,官员丁忧终于实现了由礼入律的历史性跨越,由原来的道德性规范上升为法律性规范,对官员居丧违制的惩罚由相对较轻的行政制裁变成了更为严厉的刑事制裁。

魏宣武帝延昌二年(513)春天,偏将军乙龙虎的父亲去世,按照规定,朝廷给了他27个月的丧假。乙龙虎乖乖在家待了27个月后,回到军府请求除服上任,没想到一回来就遭到领军元珍上书弹劾,理由是乙龙虎服丧未满,冒哀求仕。根据北魏《违制律》"居三年之丧,而冒哀求仕,五岁刑"的规定,乙龙虎在丧期未满的情况下请求复职就相当于冒哀求仕,依律应判五年有期徒刑。乙龙虎觉得很委屈,自己明明在家待了27个月,一天不落,怎么就丧期未满了呢?原来,关于三年丧期的具体时长,因为对古人"中月而禫"四个字的理解不同,出现了郑玄的27月说和王肃的25月说。两晋之前较为流行25月说,而北魏时的三年丧采用的则是郑玄的27月之说,即服丧三年其实就是服满27个月,但是闰月不能计算在内,也就是说,如果居丧期间遇到闰月的话,实际要服28个月才算服丧期满。乙龙虎居丧期间正好遇到闰月,可是他忘了扣除,把闰月也计算在里面了,这样的话,按照礼制就少服了一个月。虽然乙龙虎是无心之过,主观上并无恶意,但是,无奈元珍非常固执,力谏到底。最后,在大臣崔鸿极力为其开脱的情况下,乙龙虎还是难逃惩戒,被打了五十鞭子,小以惩戒。

由此可见,北魏时期,朝廷对官员居丧违制的处罚是非常严格的。此后,丁忧制度愈加严格。神龟元年(518)8月,魏孝明帝下诏,"自今虽金革之事,皆不得请起居丧"。一改过去金革夺情的传统，规定即使发生战争，也不能谋求起复，不论文臣还是武将，必须服满三年，方可起复。

在魏孝文帝的努力下，先秦儒家提倡的三年丧终于由礼入律，由先前的道德软约束变成了以刑事制裁为后盾的法律硬约束。丁忧对官员而言，由原来的道德义务上升为法律义务，得到了更为普遍的执行。以三年丧为主要内容的丧礼改革只是北魏汉化改革的一个组成部分，但是，它在整个改革过程中所起的作用无可替代，在改革陷入困境，踯躅不前的时候，冯太后去世，使丧礼改革成了孝文帝冲出重围的突破口，进而激活了改革全局。

北魏作为一个由游牧民族建立的少数民族政权，能够在弱肉强食的政权厮杀中存活下来并统一北方，主宰中原近百年，得益于统治者的审时度势和远见卓识。在充分意识到文化落后的弊端和潜在危险后，敢于打破陈规，革除旧俗，勇于创新，积极借鉴汉族先进文化，取长补短，正是这种"师夷长技以制夷"的治国策略，让这个来自蛮夷之地的非汉族政权统治了黄河流域一百多年。当然，北魏的汉化改革并不是一蹴而就的，期间也是阻力重重，经历了水滴石穿的漫长演进。丁忧制度在北朝的推广如同整个社会的汉化改革一样，循序渐进，逐步升级，从最初的既葬除服到鼓励三年丧，从官员的自觉居丧到强制执行，从最初的居丧违制不受处罚到后来法律规定"冒哀求仕五年刑"的刑事制裁，丁忧制度在中国历史上得到了有史以来最为严格的执行。

六 严格丁忧之南朝

（一）统治者兴儒重礼，梁武帝萧衍为父丁忧

南朝（420～589）是东晋灭亡之后相继建立于南方的四个朝

代的总称，依次是宋、齐、梁、陈。它们存在的时间都相对较短，其中疆域最大、实力最强、统治时间最长的刘宋不过59年，时间最短的南齐仅有23年，是我国历史上朝代更迭比较迅速的一个时期。纵览南朝历史，短短170年间，宋、齐、梁、陈四个王朝你方唱罢我登场，似乎正验证了古人那句话"其兴也勃焉，其亡也忽焉"。虽然，他们最终都以惊人相似的轨迹迅速衰落了，但是，并不是所有的统治者都抱着"王朝终短暂，行乐需及时"的消极心态在龙椅上醉生梦死混日子的，也有不少君主怀揣着政通人和、江山永固的美丽愿景或多或少地努力过，其中也不乏一些相同的治国之术和为政理念，比如，兴儒复礼、经学治世就是诸多君主颇为青睐的御国之策。

南朝统治者重视儒学一方面是源于现实的政治统治的需要。当年董仲舒给传统儒学做手术的目的非常明确，就是服务于封建皇权政治。儒学系统里反反复复强调的"君君臣臣父父子子"的等级观念和体现亲疏远近、尊卑有别的丧服制度，在稳固封建等级秩序和君主专制统治方面的作用无可替代。魏晋以来，玄学盛行，儒学式微，名教礼法惨遭破坏，官员士人纵情越礼，种种社会乱象给后来的统治者们留下了深刻的印象。他们从前朝的覆亡中得到了教训，为了维护社会秩序，巩固皇权统治，必须充分利用儒家思想中那些有利于强化皇权，维系统治的内容，特别是儒家的礼教规范。为了复兴儒学，弘扬礼法，南朝的历代统治者几乎每人都要发布几道兴学重教的诏书。除了广泛发动舆论宣传，帝王们还经常视察国子学，面对面地考查学生，成绩优秀、表现突出的往往得到重用。负责传道授业的老师们则经常得到皇上的赏赐。君主的一系列兴学举措，极大地激发了士人学子读经习儒，尚学守礼的热情。虽然南朝170年间，政权更迭频繁，江山几度易主，但是不管谁主天下，国子学基本上都能正常运转，乱世之中还能岿然不动，久开不败，完全得益于统治者对儒学礼教的重视。

投之以李报之以桃，国子学也没让帝王们失望，培养出一大批忠君爱国、明礼守法的才学之士，为南朝的经济社会发展作出了积极贡献。南朝普遍重礼兴儒，除了客观上的政治统治需要外，还跟帝王们自身水平很高的学术涵养不无关系，宋齐梁陈四朝的开山祖师虽然个个都是篡位夺权的谋逆之臣，但他们并非四肢发达、头脑简单的草莽之众。相反，其中不乏博学多才的饱学之士，在众多才学出众的南朝帝王当中，梁武帝萧衍绝对算得上是个文武双全、才学满腹的君中翘楚。

萧衍（464～549），字叔达，小字练儿，南兰陵中都里（今江苏省常州市新北区孟河镇万绥村）人。萧衍是兰陵萧氏的世家子弟，汉朝名相萧何的二十五世孙。萧衍和南齐皇室有着很密切的血缘关系，他的父亲萧顺之是南齐开创者齐高帝萧道成的族弟，曾经做过侍中、卫尉等高官。萧衍后来之所以能建功立业，并最终称王称帝，与他显赫的家族背景不无关系。

萧衍天资聪颖，喜欢读书，小小年纪就满腹经纶，在文学方面表现出卓越的天赋。当时他和范云、萧琛、任昉、王融、谢朓、沈约、陆倕七人一起游于竟陵王萧子良门下，被时人称为"竟陵八友"。这八个人都是南齐颇有名望的一代文人，其中以沈约与谢朓的成就最高，吴融、范云次之，不过，这八个人当中，数萧衍的胆识最高。在隋炀帝正式创立科举制度之前，中国的官吏基本上是世袭和荐举两种形式，所以，家族背景尤其重要。特别是三国、两晋、南北朝时期，更注重门第观念，若不是出身于名门世家，想做官是非常困难的。萧衍因为有先天的家族背景，再加上他个人出众的才学，所以一入仕就得以在卫将军王俭手下任职。他思维敏捷、处事果断，和同事以及上司关系融洽，深得王俭赏识，不久即被提为随王的镇西咨议参军，几年后，升任太子庶子和给事黄门侍郎。齐武帝病逝后，新君无能，沉迷酒色，不理政务，萧衍出谋划策，帮助朝中权臣、西昌侯萧鸾连续废杀萧昭业、萧昭文兄弟二人登上皇位，是为齐明帝。当了皇帝的萧鸾投桃报李，立刻提拔萧衍为中书侍郎，后来又升为黄门侍郎。从此以后，萧衍的地位开始显赫起来。

在萧衍辅佐萧鸾做皇帝的第二年，北魏的孝文帝亲自率领 30 万军队进攻南齐。大敌当前，萧衍挺身而出，主动请缨充当先锋，带领手下和北魏军队交战。在萧衍的指挥下，齐军前后夹击，魏军接连败退，溃不成军。立了大功的萧衍被任命为太子中庶子。公元 497 年秋天，不甘失败的北魏军卷土重来，萧衍没能再续辉煌，齐军惨败，死伤无数。深受齐明帝信任的萧衍并没有因吃了败仗受到责罚，反而被委以重任，做了雍州刺史，负责雍州的防务。以后，萧衍就有了属于自己的大本营和根据地，这为他以后暗中积蓄力量，一旦时机成熟就破茧而出奠定了坚实基础，成为他日后弑君篡位、夺取江山的资本。

弑君夺权的齐明帝萧鸾只做了五年皇帝就病死了，他的儿子萧宝卷即位，这就是昏庸无能的东昏侯。东昏侯治国无术，却生性残忍，登基之后便大开杀戒，很多大臣无辜被害，功臣良将也难幸免。朝中上下怨声载道，萧衍也对这位新君心生不满。哥哥萧懿被冤杀后，萧衍终于忍无可忍，起兵征讨，很快就消灭了众叛亲离、民心尽失的东昏侯，拥立齐明帝萧鸾的第八个儿子萧宝融登基，这就是南齐的最后一位君主齐和帝。这时萧衍升任大司马，掌管中外军国大事，权倾朝野。虽然齐和帝不过是傀儡一个，萧衍已经成为南齐的真正主人，但此时一人之下万人之上的萧衍已经不能容忍有人在他之上，屈为人臣了，哪怕只是名义上的君臣。于是，自曹魏以来，上演了好多次的戏剧性一幕又重新上演了，只不过主角换成了萧衍，配角变成了萧宝融。照旧是所谓的"皇帝下诏，大臣恳请，民心所向"，主角自是上承天命，下顺民意，推辞不得，一出国人早已熟悉不过的禅让大戏又被当事者认认真真、一本正经地演绎了一番。只可惜几百年来，故事的时间在变，地点在变，人物在变，但结局从未改变，大公无私主动把江山社稷拱手让人的配角最后总免不了被捡了大便宜的主角残忍诛杀。历史就是这样残酷，对于皇帝而言，皇位和性命从来是不分家的，一旦皇位没了，命也就保不住了，这是故事的一开始就被写好的结局，只不过配角谢幕的方式略有不同罢了。这次，15岁的萧宝融被迫吞金而亡。

公元502年的农历四月，萧衍在都城南郊登坛，祭告天地，正式接受文武百官跪拜朝贺，建立大梁帝国。抛开弑君篡位不说，不管是执政业绩还是个人才学，在南朝诸帝中，梁武帝萧衍都算得上出类拔萃。

自幼饱读诗书，经学造诣很深的梁武帝上任后陆续发布了很多重儒兴学的诏书，一再重申朝廷通经习礼的人才选拔标准。除此之外，梁武帝还扩招国子学，设置《五经》博士，开设士林馆，修建孔子庙，广泛发动士人、鸿儒、太子、官员开馆讲学、交流研讨，极大地促进了儒家经学的研究和传承。贵为一国之主的梁武帝还亲自撰写《周易讲疏》、《春秋答问》、《孔子正言》等经学研究专著二百多卷，以半个文人自居的他还时不时地在朝堂上给大臣们传经布道，答疑解惑。

天监十一年（512），梁武帝又命人制成吉、凶、军、宾、嘉五礼，共一千余卷，八千零十九条，颁布施行。一时间社会风气焕然一新，人人守礼，户户有节，朝廷内外，井然有序。平心而论，梁武帝的经学造诣绝对不亚于硕学大儒，古代帝王里能与之相提并论者屈指可数。在这位典型的学者型帝王的推动下，南朝的经学研究愈加繁荣，名教礼法得到广泛尊显。

梁武帝不仅学术方面造诣精深，实践中，也绝对算得上习经守礼、笃守孝道的标兵和模范带头人。6岁那年，母亲去世，孝顺的梁武帝三天三夜不吃不喝，哭泣哀伤程度远远超过了成年人，亲戚朋友无不赞叹。很多年后，父亲去世，当时任随王参军的梁武帝正随军驻守在荆州，闻讯后，梁武帝连夜递上辞呈，快马加鞭，星夜兼程，风雨无阻，滴水未进，一路长途奔袭，马不停蹄，等他赶回京城，亲友们差点没认出来，原本身强体壮的他经过一番长途跋涉早已身形消瘦，憔悴不堪。祭拜父亲时，伤心欲绝的梁武帝昏倒在地，久不醒来。居丧期间，梁武帝难抑哀伤，泪如雨下，总是哭到吐血方止。丁忧三年，不碰酒肉，每天只吃一点粗粮，几乎哀毁伤身，其孝行，感动了周围所有人。

梁武帝不仅身先士卒，克己修身，还非常重视对皇族子嗣和官员大臣们的督导教化，在他的影响带动下，梁朝的王公大臣、皇室后裔个个崇文尚礼，饱读诗书，以居丧三年为代表的名教礼法在朝野内外得到普遍遵守。

（二）对丁忧违制的清议处罚更加规范、严格

南朝是在东晋灭亡的基础上建立起来的宋齐梁陈四个政权的统称，宋朝的开国皇帝刘裕可以说是东晋的掘墓人，是他亲手断送了司马氏的江山。但是，在东晋废墟上走来的继任者，一定意义上又是东晋王朝的继承人，他们继承的不只是黄河以南的半壁江山，还有东晋时期的文学艺术、宗教伦理和风俗习惯。从某种意义上来说，是他们捍卫了汉族政权，保护了传统的华夏文明不被外族所灭。就这点而言，南朝在中国历史上的地位还是相当重要的，至少在中华文明的一脉相延方面作出了不可磨灭的贡献。

丁忧制度就是南朝对东晋继承的内容之一，宋、齐、梁、陈

四朝无一例外地沿袭了这一礼制传统，对丁忧违制者的惩罚也和东晋一样，以清议为主。只不过，与晋时相比，此时的清议相对而言更加规范，对违制行为的处罚也更为严格。

两晋时期，清议还只是一种单纯的道德惩罚手段，对违制者的处罚多为罚俸、降品、免官、废黜甚至终身不录，最严厉的处罚也不过就是剥夺被清议者今生今世入朝做官的资格罢了。就性质而言，以上处罚皆属行政性制裁，并未上升到法律层面，而且那时的清议主要靠上级官员上书奏请进行，要不要提起清议，很大程度上取决于这些上级官员的主观决断，带有一定的随意性。

南朝时，清议的性质发生改变，不再是带有很大随意性的道德制裁和行政处罚，而逐渐发展成为具有法律约束力的科条。当然，清议性质的这一转变也是一个渐进的过程，拉开南朝大幕的刘宋王朝，对居丧违礼的清议处罚和晋代相似。比如，南朝著名史学家、《后汉书》的作者范晔，曾先后两次因居丧期间的不当行为遭到清议。第一次是宋文帝元嘉九年（432）冬，扬州刺史彭城王刘义康的母亲王太妃去世。范晔作为刘义康的昔日下属和同事前往刘府帮忙料理丧事，在刘母下葬的前一天晚上，范晔和当晚值班的弟弟范广渊一块邀请了一位朋友，偷偷躲在屋里喝起酒来，几杯酒下肚，醉意蒙眬，范晔一时忘情，竟推开窗子，借着窗外的挽歌饮酒助兴。后来，事情传扬出去，刘义康大怒，范晔遭到弹劾，被贬为宣城（今安徽宣城）太守。正是这次贬官，使范晔深受打击，仕途上的坎坷勾起了他内心深处的某些隐痛。原来范晔虽然出身名门，但他本人却是个妾生的庶子，嫡庶之别是官僚世家不可逾越的鸿沟，出身就决定了子女们的社会身份。范晔的母亲把他生在厕所里，并且碰伤了他的前额，自出生之日，范晔就被家里人瞧不起。嫡母所生的哥哥范晏嫉妒他的才学，经常骂他，认为他是终家破族的祸害。父亲范泰也不喜欢范晔,早早地将他过继给了伯父范弘之。屈伸荣辱与宦海浮沉,使得范晔心情十分苦闷。到宣城任太守后,他开始从事后汉史的编纂工作,企图用这种方式排解心中的痛苦。果不其然,史事的研究,瞬间打开了他的眼界,使他的内心豁然开朗。凭着个人对历史问题的理解,范晔开始着手编纂他自己的《后汉书》,这一年,他35岁。按照地方官吏六年一任的惯例,永嘉十五年(438),范晔离开宣城,调任为长沙王镇军长史,并领衔为宁朔将军。第二年,范晔的嫡母在宜都去世。那时,范晔的哥哥范暠在宜都做太守,父亲去世后,嫡母一直跟着亲生儿子范暠生活。按照儒家礼制,嫡母去世,范晔应该即刻启程奔丧。但是他从小被家人歧视,向来对这位嫡母没什么感情,所以故意拖延,迟迟不肯上路。后来,不得不动身了,他竟不顾礼教,公然携带姬妾随行。

范晔一系列的违礼行为,受到了御史中丞的弹劾,再次遭到清议。不过,这次得益于宋文帝的庇护,范晔没有被治罪。由此可见,在刘宋时期,对官员丁忧违制的处罚并不十分严格,仍然带有很大的随意性。刘宋以后,对居丧违礼的惩罚越来越普遍,惩罚手段也越来越严格,梁、陈时期,对官员丁忧违制的清议处罚已经发展成具有法律约束力的科条。在梁律和陈律中,都有居丧违制、终身不齿的规定,伴随着清议处罚的制度化和法律化,南朝清议的威力和作用较之魏晋大为增强。魏晋时期,主持清议的中正权力较大,既可以对被清议者降品也可以自行解除禁锢,对被清议者复品,也就是说,中正即享有让被清议的官员改过自新,重新做官的权力。但是,随着皇权的加强,法律规定,犯清议者终身不齿,这样一来,中正就没有了解除清议禁锢的权力,遭清议的官员士人要想消除清议带来的不良影响,摆脱清议禁锢,重新获得入仕为官的资格,只能寄希望于最高统治者,由皇帝颁布特赦诏令,以皇权的名义洗除清议所定的罪名,给那些触犯清议的官员士人悔过自新、重新做官的机会。伴随着皇权在解除清议禁锢方面的力量加强，中正的权限相对减弱了，只有主持清议的资格而没有解除清议的能力。这是南朝清议较之魏晋的一个明显变化，同时也说明，皇权在官员管理和人事调配方面的影响在加强，皇帝的权威也在这一进一退之间进一步彰显出来。自刘宋以后，每有王朝更迭，新君上位，在即位诏书里总免不了类似"其犯乡论清议，一皆荡涤洗除"这样的内容，以显皇恩浩荡，恩宠之盛。否则，如果没有皇权的法外开恩，特别恩典，遭清议者就只能被朝廷废弃终生，永无出头之日了。很多年后，清人顾炎武针对南朝的清议曾发出这样的感叹："乡论之污，至烦诏书为之洗刷。"由此可见，清议在监督官员守制，维护名教礼法，巩固人伦秩序方面所起的作用相当重大。

第四章 隋唐时期——丁忧制度全面法律化、制度化

北周在周武帝宇文邕的带领下,消灭北齐,结束了自东西魏分裂以来,中国北方长达半个多世纪的分裂割据局面,使人民摆脱战争之苦的同时也为日后隋朝统一全国奠定了坚实的基础。公元581年,外戚杨坚取代年幼的北周静帝宇文阐称帝,建立隋朝。公元589年,隋军攻入建康,俘虏陈后主,陈亡。隋朝统一天下,结束了自西晋末年以来长达近300年的南北分裂局面,建立起统一的封建王朝。从公元581年杨坚称帝到公元619年隋哀帝被废杀,隋朝存在了短短39年,虽然国祚短暂,但是,隋朝在中国历史上的重要作用不容抹杀。

首先,结束了南北对峙,战火纷飞的分裂乱世,重建了统一的多民族国家,为接下来的大唐盛世打下了坚实的基础。建国之初,百废待兴,百乱待治,隋文帝杨坚励精图治,节俭爱民,在任期间围绕政治、经济、文化教育等进行了一系列大刀阔斧的改革,开创了一系列对后世影响深远的政治和法律制度。三省六部制奠定了自隋以后历代封建王朝的政府框架和官僚结构;制定了当时最为先进并对后世产生深远影响的《开皇律》;开设了被英美等国大为赞叹,在中国沿袭了1300多年的科举取士制度,彻底改变了魏晋以来,按门第高低选官,世家大族垄断政府职位,社会阶层、权力固化的局面,为底层的寒门之士打通了一条向上

流动的通道。自此以后,学而优则仕,科举制度成为朝廷人才济济的源头活水,为国家招揽了大量有识之士,极大地促进了经济社会的发展,巩固了封建王朝的专制统治。隋文帝在位的20多年里,创造了中国历史上最引人瞩目的成就之一——开皇盛世。在这期间,隋朝民生富庶,人民安居乐业,一派国泰民安的繁荣景象。盛世之下,丁忧制度也得到了进一步的发展。

在隋以前,丁忧制度已经明显地表现出由礼入法,逐步向法律规范过渡的倾向。对丁忧违制的处罚由前期的行政性制裁向后期的刑事制裁过渡,北魏的《违制律》里明确规定:"冒哀求仕,五岁刑。"南朝对丁忧违制的处罚也越来越严厉,一遭清议,终身不齿,除非有皇帝的恩宠特赦。总的来说,不管是南朝还是北朝,丁忧都无一例外地体现出法律化的倾向,这种倾向在隋朝得到进一步的加强。

一 隋朝——丁忧制度的法律化发展

开皇年间,应州刺史唐君明丁母忧,违反了居丧不婚娶的名教礼法,娶了雍州长史厍狄士文的堂妹,被时任治书侍御史的柳彧弹劾,结果二人双双被罚免官,终身不得为官。可怜早已经与堂妹形同路人的厍狄士文无故被牵连,最后抑郁而终。

另有一例也可以说明,隋朝对居丧规定之严。隋文帝最宠爱的女儿兰陵公主嫁给了大司徒王谊的儿子王奉孝,不料,结婚没多久,王奉孝就因病去世了。做公公的王谊不忍心看公主为自己的儿子忍受居丧之苦,同时也是为了讨好隋文帝,在公主居丧满一年之后,上书请求为公主除服。王谊原本一番好意,没想到好心办了坏事,遭到御史大夫杨素的弹劾。杨素指责王谊亵渎礼教,陷公主于不仁不义之境,请求依法严惩。经过杨素一番上纲上线的陈辞罪状之后，隋文帝虽然没有给王谊治罪，但是，从此以后，对他却没有以前那样恩宠有加了。王谊备受冷落，心有不满，时不时发发牢骚，后来被以大逆不道罪赐死。虽然兰陵公主是隋文帝的掌上明珠，但身为帝王的杨坚，在礼法面前还是不容半点私情的。杨素上书弹劾王谊，指责他有意让公主背上不义罪名，实在居心叵测。从其请求将王谊付法推科一事可知，在那时，居丧释服已经是受法律约束的违法行为了。

隋朝命短，法制尚未健全，对居丧期间的行为规定也不全面，但是，不可否认，在丁忧法制化方面，确实是向前迈进了一步。

二　缘情制礼——唐代丧服制度的三次改革

隋朝末年，急功近利的隋炀帝不断发动对外战争，大兴土木，滥用民力，征敛无度，最终把无路可走的农民逼上绝路，纷纷揭竿而起，各地起义风起云涌。天下大乱之际，唐国公李渊趁机上位，取而代之。公元618年，隋恭帝杨侑禅位，李渊称帝，国号大唐。李渊以关中为基地，逐步统一全国，一个在中国历史上留下无数辉煌的新王朝开始了。

李唐王朝从波澜壮阔的农民战争中走来，江山的开创者们亲眼目睹了隋朝由盛而衰，骤然倾覆的历史。站在昔日帝国的废墟上，统治者们并没有欣喜若狂，他们清醒地意识到，打江山容易，守江山难。经历隋末战争洗礼的新生帝国千疮百孔，纲纪败坏，要想巩固统治坐牢江山，除了政治上采取强有力的治国良策外，还必须做好思想统战工作，在全社会构筑有利于江山稳固的统一战线和思想堡垒。唐朝的统治者们认识到孝是决定家庭和谐、国家稳定的最基本的道德规范，具有广泛的群众基础，在凝聚人心方面具有得天独厚的优势。于是，唐朝君主前乘古人之教，延续了自汉以来，封建王朝以孝治国的传统，在借鉴前朝经验的基础上，进一步围绕这一至德要道大做文章。

唐朝的以孝治国举措在继承前朝经验的基础上进一步深化，体现在社会政治生活的方方面面。

首先是普及《孝经》，强化孝道教育。《孝经》作为儒家孝道理论的集大成者，有着特殊的教化功能，历来很受统治者重视。在一些重要的场合和活动中听讲《孝经》是唐代皇室的传统。

开国之初，唐高祖李渊就亲自前往国子学，听徐文远讲《孝经》，为以后的继任者树立了好榜样。贞观十四年，唐太宗在国子学听孔颖达讲《孝经》，围绕相关问题，李世民和孔颖达及一同前往的朝廷大臣展开激烈讨论，君臣面对面质疑，提出一些独到的见解；唐高宗时，令赵弘智在百福殿给文武百官讲《孝经》，听完之后，感慨万千，立誓做到"德教加于百姓，刑于四海"；太极元年，时为皇太子的李隆基在国子学听褚无量讲《孝经》，与之展开精彩的辩论，令在场围观的人惊叹不已；此后大唐历代帝王大都承袭了讲习《孝经》的传统，每逢有大型活动，都会安排朝廷要员讲解《孝经》，宣传孝道理论。此外贵为万乘之尊的唐玄宗先后两次为《孝经》作注，颁行天下，并且下令全国老百姓，要求每家每户都要收藏一本孝经，勤加学习。除了帝王们对《孝经》倍加重视，把《孝经》作为每家必备的民间读物外，唐代的各级各类学校更是把《孝经》作为学生的必修科目和基础教材。与教育制度相辅相成的是唐代的科举制度，作为士人入仕的基本途径，科举考试与学校教育保持高度一致，《孝经》等儒家经典是必考科目。在皇室的引领和制度的制约下，《孝经》在全社会得到普遍推广，儒家宣扬的孝道伦理深入人心。

其次，选人用人，注重孝德。官员是决策的真正执行者，以孝治国的方针能不能很好地贯彻执行，官员们的表现尤为重要，他们的言行举止对老百姓有很强的示范作用。所以，统治者对官员的孝德尤为重视，坚持以孝选人，以孝驭人，重视对官员孝行的考核。

以孝选官由来已久，唐代把汉代以来的举孝廉与科举制度相结合，特设了以孝悌为名的考试科目——孝悌廉让与孝悌力田科。规定凡具备突出孝悌品行的士人或学子，经地方官员察举，可以不遵照科举考试的常规程序，破格参加考试。相比于其他科目的考试，这两科更注重被考察者的孝道品行，而不需要考试词策，难度相对要小得多。通过对这类考生的特别关照体现了统治者对孝行的分外重视，除此之外，对于孝行卓著的人，也可以不经过考试直接赐官。在唐代，这种不经过考试，因孝行突出被直接赐官的比比皆是。比如，唐高宗时的元让，侍母极孝，为了照顾母亲放弃仕途，隐居乡里十几年。后来母亲去世，居丧过礼，闻名乡里。因孝行突出被武则天任命为太子司议郎，负责教授后来的唐中宗李显。这种不需要考试的孝悌选官事实上就是汉代举孝廉的延续，作为科举制度的有力补充，它为广大孝子步入仕途打开了便利之门，同时，也有利于引导更多的人向孝行孝。

孝不仅是朝廷选人的重要标准，也是官员考核的主要内容。类似于现在干部考核的德、能、勤、绩、廉，唐朝对官员的考核也是集中在德、行两个方面，以孝道为主要内容的德是决定官员升迁、去留的根本指标。即使学无所长、能力平平，也可能因为孝行卓著得到升迁。比如，唐玄宗时的宰相杜暹，腹中空空没什么学问，每次在朝堂议事的时候，和那些满腹经纶口若悬河的大臣们比起来，他的言行总是显得过于浅薄，没什么深度和内涵。因此，杜暹经常被同事们嘲笑，但是，学问不高并没有影响他的仕途。因为，杜暹为官清廉，谨守孝悌，对继母恭敬孝顺，对异母弟弟关爱有加,虽然资质平庸,但在人民群众中的口碑很好,所以,一路仕途顺畅,官至宰相,死后被赠谥号"贞孝",荣耀无比。相反,如果官员孝行有亏,即使才能出众,也会受到惩罚。比如才华出众的监察御史皇甫铸,居丧期间不守礼数,驾车出游,被降职责罚,贬为詹事府司直。朝廷通过对官员的德行考核,或褒或贬,一方面督促官员自我加压,孝德修身。同时,也通过对官员的奖惩,向社会传达一种孝悌优先的理念,导民以孝,教化社会。

唐代崇儒尊礼,以孝治国,作为儒家伦理规范的核心内容,居丧制度自然受到了统治者的高度关注。以五服划分为主要内容的居丧制度无形中为社会构建了一个君君、臣臣、父父、子子等级分明、尊卑有别的人伦关系网。这种人伦关系的稳固与否直接关系到封建社会的统治秩序,所以,自汉以来,居丧制度备受统治者青睐,逐步呈现出制度化、法律化的倾向。伴随着唐代典章制度的进一步成熟完善,居丧制度由礼入法,最终实现全面入律,形成了由礼制到律令层层制约的制度体系。

汉代以后,丧服制度一直是国家礼仪制度建设的重要内容,以《仪礼·丧服》为蓝本的基本内容世代相沿,基本上没有大的改动。李唐王朝的统治者们在继承传统丧服制度的基础上,结合实际需要,缘情制礼,对丧服制度进行了一系列补充、修改,使其能够更恰当地反映人情关系和孝道伦理。

贞观十四年,唐太宗针对根据礼经刚刚修成的《贞观礼》中存在的情礼不周,亲重服轻等问题提出意见,礼官们根据唐太宗的旨意做了六点改动,即:曾祖父母旧服齐衰三月加为齐衰五月;嫡子妇旧服大功,加为一年期丧;众子妇旧服小功,加为大功九月;嫂叔原来无服,加为小功五月;弟妻和夫兄也同样服小功五月;舅服原为缌麻,升为与姨服一样的小功五月。后来,在长孙无忌的建议下，舅舅为外甥同样也改为小功五月。这六条改动，更加符合现实的亲属关系，同时也使宗族内部五世宗亲的尊卑亲疏关系更加明确规范，为后世的丧服改革树立了榜样。

接下来的两次改革，都是围绕为母服丧展开的。唐高宗上元元年，武则天提出把《仪礼》中的"父在为母服齐衰杖期"，改为"父在为母服齐衰三年"，以报答母亲的养育之恩。高宗听后大加赞赏，下令在全国施行，后来武则天特地把这一改动编入《垂拱格》，成为正式的国家法令，强制实行。中唐以后，武则天的这一修改后来遭到反对，非议和批评不断出现，支持派和反对派争论不休。尽管士大夫们针锋相对，意见不一，但最终说了算的还是皇上。由于统治者最终倾向于提高母服待遇，开元二十年，"父在为母服齐衰三年"正式写进了《开元礼》，颁行天下。天宝六年正月，唐玄宗李隆基为了敦厚民风，再次修改丧服，下令为与父亲离婚的出母和父亲死后另嫁他人的嫁母均要服丧三年。武则天和唐玄宗的两次服制改革，得益于唐代女性地位的提升，同时也更加真实地反映了现实生活中的母子亲情关系，充分体现了统治者缘情制礼的精神理念。

开元二十年九月，包含丧服制度在内的体系庞大、内容繁杂的礼仪大典《开元礼》编纂完成，成为汉代以来国家礼仪制度建设的集大成者，标志着封建国家借以规范人伦关系，划分权利义务的身份等级制度的正式确立。其中关于居丧的具体规定，为唐代官员的丁忧行为提供了明确可行的礼制规范。

三　从礼到律——丁忧制度全面法律化、制度化

唐朝统治者主张"德礼为政教之本，刑罚为政教之用"，礼

法并用，相辅相成。唐代延续了丁忧制度法律化的倾向，礼教内容大量渗透到法律层面，丁忧制度在唐代法律中被系统、完整地加以确认，完成了丁忧制度的全面法律化，从而形成了对官员丁忧行为的礼制和法制层面的双重约束，制约机制空前完备。

父母去世，丁忧三年，是儒家孝道礼法的基本要求。作为表达孝心、弘扬孝道的一种最基本的行为方式，自汉代以来，丁忧逐渐成为官僚士大夫的普遍性行为规范，大唐礼制对此也有非常明确的要求。《大唐开元礼》规定："凡斩衰三年、齐衰三年者，并解官。"对此，唐令中也有相应的规定，如开元二十五年《假宁令》："诸丧斩衰三年、齐衰三年者，并解官。"即遭遇父母之丧，官员一律解官，不得从政，而且居丧期间要遵守一系列居丧礼仪。《开元礼》在这方面的要求基本上沿袭了《仪礼丧服》中的相关规定，没有太多改变。与之前北魏"冒哀求仕"入刑律最大的不同是，唐朝建立了一整套刑事处罚制度，对官员从闻丧举哀开始到期满除服期间的一系列守丧行为进行严密监控，甚至有些行为被归入十恶不赦的"不孝"、"不义"重罪，一旦违犯，必将受到法律严惩，即使遇有国家大赦也不能减免处罚。

唐律规定的居丧期间的违法行为主要有以下几种：

（一）匿丧

匿丧也称"闻丧不举"，就是故意隐瞒丧事不举哀，这是法律规定处罚最为严厉的居丧违法行为。《职制律》规定："凡父母丧，匿不举哀者，流二千里。"即得知了父母丧事，故意隐瞒不立即举哀的（这里的不立即举哀也包括日后另择时日举哀），流放两千里。在唐代流放是仅次于死刑的重刑，两千里是流刑的第三等，这种因匿丧而遭流放的又叫"不孝流"，即使遇到常赦也不能被赦免。根据礼制要求，官员一旦听闻父母丧，必须第一时间放声大哭，以表示听闻噩耗五雷轰顶的巨大悲痛，同时也是借此向外界宣告自己遭丧的实事。悲痛的情绪暂时宣泄完了，才可以向来报信的使者询问缘由，然后按规定向朝廷报告，由有司备案，方可解官守制。虽然法律规定相当严苛，但还是有一些贪恋权位之人，不惜铤而走险，以身试法。比如，玄宗天宝年间，温州人李鈞和李锷兄弟俩赴京赶考，后来纷纷高中，落户长安，从此，一别家乡就是20多年。后来得知母亲去世，可是，当时任殿中侍御史的哥哥李鈞和京兆府法曹参军的弟弟李锷都匿丧不报，不为母亲举哀。后来，这件事被当时的温州别驾知州事嗣曹王李皋发现，向朝廷举报了二人，结果，兄弟俩双双被罚。哥哥李鈞被流放施州，弟弟李锷被流放辰州，即使遇到天下大赦，也不能被赦免，并牵连整个家族为之蒙羞。后来唐代宗谈及此案，对这兄弟俩极为不齿，认为对于这样的不孝逆子判流刑太轻了，应该处以车裂。跟李鈞哥俩比起来，孟升就没那么幸运了，后唐天成年间，滑州掌书记孟升匿母丧不报，大理寺根据大唐律例判处流刑，但是，最高统治者觉得处罚太轻，最后改判死刑，赐孟升自尽。由此可见，匿丧不报在唐朝是很恶劣的行径，包括丁忧在内，官员生活中的一举一动都受到了极为严格的司法监控。

（二）居丧饮宴

按礼制规定，居丧期间要闭门谢客，不得参与饮宴，停止一切与居丧无关的社交活动。饮食清淡，三年内不得饮酒食肉，只吃粗粮。按照大唐律例，为父母居丧期间参加饮宴，处杖刑一百。虽然法律是这样规定的，但是居丧饮宴作为不孝重罪，一旦获罪，实际处罚往往要比法律规定严厉得多。唐宪宗时，京兆府法曹陆赓南去世，两个儿子陆博文和陆慎馀为父居丧期间，锦衣华服，饮酒食肉，驰骋街市。最终，兄弟俩为各自的不孝之举付出惨重代价，在各自被杖打四十之后，弟弟陆慎馀被流放到循州，哥哥陆博文被押送回老家。同样是宪宗年间，元和十二年，驸马都尉于季友为嫡母居丧期间，与进士刘师服喝酒作乐，于季友被削了官爵，用荆条抽打腿和屁股四十下，安置在了忠州；刘师服也被罚抽打四十下，流放连州；于季友的父亲因教子无法，连带受罚，被削去官职。

（三）诈称亲死请求丁忧或诈言余丧逃避丁忧

《诈伪律》规定，为了求得假期或逃避惩罚，诈称父母死亡的，判有期徒刑三年。因为唐时规定，居父母丧，丁忧期间可以免于追究一些民事责任和刑事责任。所以，有些官员为了逃避责任，免于受罚，甚至不惜诈称父母死亡，以求得暂时的安稳。当然也有些人因贪恋权位，不愿意解官，遭遇父母丧时谎称是其他亲属去世，对于这种偷梁换柱逃避丁忧的行为，法律规定判处有期徒刑两年半。

除了上述几种居丧违法行为外，唐律中涉及的丁忧违法情形还有以下几种：服期未满便脱下丧服换上吉服，自行提前结束丧期，判处有期徒刑三年；自己作乐或者让别人作乐，一律判处有期徒刑三年，此处的作乐主要是指演奏或欣赏音乐、唱歌跳舞一类的；如果在路上偶然遇到歌舞作乐的，也要及时回避，一旦忍不住停下来听上两耳朵，也要面临杖打一百的处罚；居丧期间从事打牌、下棋等棋盘类游戏，处罚相对作乐要轻，判处有期徒刑一年；丁忧期间自己做主结婚的，有期徒刑三年；给别人主婚的，杖刑一百；给别人当红娘做媒人的，杖刑八十；居丧期间生孩子的，有期徒刑一年；居丧期间兄弟分家的，各处有期徒刑一年；在居丧的前二十五个月内，脱下丧服进考场考试的，处有期徒刑三年；在居丧的第二十五个月到二十七个月之间素服参加科举考试的，处有期徒刑一年。

　　由此可见，唐朝法律对官员的丁忧违制作出了非常详细的规定。在唐以前，作为道德规范和行政规范出现在官员视野里的丁忧已经完全转化为明确而量化的一系列法律规范。较之以前，唐代的丁忧制度更加具体明确，有了更强的实践性和可操作性。与此同时，法律在对官员丁忧进行明确指导的同时更具有严密监督、积极保障的功效，严厉而具体的惩罚措施成为丁忧制度得以普遍执行的最有力的保障。

　　唐朝，官员丁忧全面制度化，一方面体现在丧服制度的变革和完善上，经过唐太宗、武则天和唐玄宗三代明主的探索创新，丧服制度日趋完善，为丁忧制度的实施打下了坚实的礼制基础。丁忧全面制度化的第二个表现则是丁忧制度的全面入律，针对丁忧建立了体系严密、内容明确的法律惩罚体系，使丁忧制度的施行完全在法律框架内，较之以往更加规范可行。丁忧全面制度化的第三个表现则是行政方面对丁忧守制结束后官员重新复职的相关规定。按照政府规定，官员在居丧二十七个月服除期满后，即可重新授官。官员丁忧终制后，就可以利用唐朝三年一大集、一年一小集的选官惯例由在任的官员举荐，获得朝廷的重新任命。

　　根据丁忧期间的表现，有可能官复原职，也可能得到擢升或遭到贬降。比如写下"曾经沧海难为水，除却巫山不是云"等千古名句的大诗人元稹，自幼生于乱世。8岁那年父亲去世，家境更加贫寒，母亲郑氏一个人持家。郑氏温柔贤惠，知书达理，勤劳质朴，教子有方，白居易曾称赞她"女美、妇德、母仪三者俱美，可谓名冠古今"。在母亲的悉心教诲下，元稹发奋读书，才学出众，通过科举考试入仕为官。初入官场的元稹上书直言，锋芒毕露，受到宰相的嫉妒，不久被贬为河南县尉。恰逢此时，遭遇母亲去世。长期以来元稹与母亲相依为命，感情极深，母亲辞世令他悲痛不已，居丧三年，克己守礼。服除期满后，因其丁忧期间孝行突出，被擢升为监察御史，由原来的八品地方官升级为六品京官，从此仕途又迈上了新台阶。

根据朝廷规定，对于在京城丁忧的官员，根据其丁忧前的任职情况，一般由中书省、门下省、尚书省和御史台等机构负责他除服后的安置工作，而那些在京城以外丁忧守制的官员，则由其所在地的观察使和州府长史负责上报中央。由此可见，在唐朝，不仅官员丁忧做到了有礼可循，有法可依，丁忧期满后的重新授官也有了制度性的保障，从而在根本上避免了丁忧者因暂时解官离职而陷入失去工作岗位、保不住饭碗的恐慌，彻底消除了丁忧官员的后顾之忧，有效避免了官员匿丧不报或诈言余丧等违法情形的大量发生，保障了丁忧制度的顺利实施。

四　唐朝的夺情起复制度

与丁忧相伴而生的夺情起复自汉代以来屡见不鲜，二者一直如影随形，不离不弃。唐朝在丁忧制度发展史上具有划时代意义，经过几百年的发展，丁忧全面入律，实现了由礼法到律令的华丽转身。伴随着官员丁忧的法律化、制度化，作为丁忧派生物的夺情起复也逐渐制度化，并日趋完备。唐代对官员的夺情起复虽然没有丁忧制度规定得那么详细，但是，也是有章可循的。

封建王朝，统治者提倡以孝治国，丁忧制度恰恰就是古代帝王驾驭官员、导民以孝、教化社会、弘扬孝道的有效方式。夺情起复从根本上来说是与传统的伦理孝道相抵触的，是有亏于孝的。但是，在忠君与孝亲相抵牾的时候，做忠臣还是当孝子往往不是个人可以选择的，统治者无一例外地要求臣子先君后亲，舍孝尽忠。官员夺情起复作为化解忠孝矛盾的变通方式，在统治者需要的时候频频上演。当然，这是在不动摇儒家孝道伦理作为统治根基的基础上，出于对以孝治国的基本国策的维护，统治者对夺情起复的运用进行了相关限制，防止其泛滥，最终伤及大统。

（一）夺情起复的对象

最初的夺情起复多是出于战争原因和军事需要，被夺情者多为带兵作战、征战疆场的武官，所以，夺情常被称为"金革夺情"，这个传统一直延续到清朝。

唐朝初年，国家尚未统一，正是平定天下，金革用人之际，所以，文臣武将大都夺情起复。此后天下渐趋安定，统治者意识到秩序重建的重要性，确立了文官丁忧的制度。后来随着太平盛世的到来，武将也被要求丁忧守制，夺情现象越来越少。安史之乱是大唐王朝的分水岭，在这之前，唐朝处于蓬勃发展的上升期，政局相对稳定，丁忧制度不仅在文官中得到有力执行，武官也多丁忧终制。这一时期，夺情更多地表现为一种难得的殊荣和礼遇，被起复者大多为皇上的左膀右臂和朝中的股肱要员。他们身居高位，责任重大，平日里皇帝和朝廷对他们有很强的依赖性，一旦离职，会对政务造成一定的影响。所以，这样的大臣往往居丧数月，就被皇上匆匆召回。对重臣夺情一方面昭示了朝廷的特别恩宠，让他们的虚荣心得到大大满足的同时，对皇帝更加忠心耿耿，鞠躬尽瘁；另一方面，朝廷也确实离不开他们，像房玄龄、褚遂良、长孙无忌、张九龄等宰相级高官，都是居丧未满被夺情。安史之乱爆发，大唐政权岌岌可危，为了平叛乱军，稳定局势，朝廷急需用人。文官出谋划策，运筹帷幄；武将领兵作战，征战沙场。突如其来的战争打乱了开元盛世以来的安宁，丁忧制度也遭受重创，一时间夺情成风，官员不论文武，居丧数月便被起复。比如宰相吕諲，乾元二年七月丁忧，十月就被起复，武官被夺情者更多，来瑱、段秀实皆是应战乱而起复的武官代表。

安史之乱平复后，皇帝频发诏书，试图遏制战乱以来的夺情之风。但是，由于地方藩镇势力在战乱中趁机壮大，自治程度越来越高，导致李唐中央王朝对地方的掌控越来越弱。中央政府对地方辖区内的人事任命越来越无可奈何，朝廷颁布的政策和法令在全国范围内的有效执行区域大打折扣，手握地方军政大权的节度使、州刺史匿丧不报自行起复的越来越多。与庞大的地方外官起复队伍形成鲜明对比的是，丁忧制度在任职于中央的文官中得到了很好的执行，像韦执宜、令狐楚、元稹、柳公绰等均以礼守制，期满除服。

总的来说，唐朝时，以安史之乱为分水岭，在这之前，被夺情的主要是不可或缺的朝中重臣；战乱之后，被起复者多为武将和作为地方军政首脑的节度使和州刺史。

（二）夺情起复的程序

基于政务需要或其他因素，皇帝可以对居丧未满的官员夺情，以皇权的名义终止官员丁忧。按照惯例，官员居丧百日，行完卒哭之礼以后，才能进入夺情程序。多数情况下，先由有司递交相关申请或奏章，皇帝看后命令中书省或门下省等相关部门，具体安排夺情事宜。特殊情况下，一些身居要职，能在皇上面前说上话的重量级大臣，也可以直接向朝廷举荐被夺情的官员。朝廷以皇上的名义制作诏书，然后派使者到丁忧官员家里进行慰问并宣读诏书。面对夺情，有的官员会受宠若惊，感恩戴德，迫不及待地领旨谢恩；也有很多官员，为了表示自己的一片孝心，拒绝起复，上书请求终制尽孝。面对这种情况，皇上通常会再次下诏抚慰，命其起复。如此一两个回合后，官员多半推半就地领旨起复。当然，也有个别执著于礼教，却碍于君威震慑，迫不得已夺情起复的。比如对礼法颇为精通的于志宁就是一个典型的例子。

唐太宗时，于志宁担任太子詹事，负责教导太子承乾。承乾品行不端，经常作出不轨的行为，于志宁总是直言规劝，晓之以理，劝其从善。每次唐太宗询问太子表现怎么样时，于志宁都如实汇报，从不隐瞒，他的正直与严谨深得唐太宗赏识。贞观十五年，于志宁的母亲去世，他上书辞官，准备回家服丧。可是，唐太宗爱惜人才，不想让他走，宣布对其夺情。严守礼法的于志宁再三恳请，希望皇上允许他居丧尽孝，唐太宗见他态度坚决，最后不惜以皇上的身份施压，说自古忠孝不能两全，现在皇太子需要你来辅佐，为亲人尽孝固然重要，但是现在为国家教诲太子更重要，你应该搁置私情，不要因为一己私事影响了国家大计。唐太宗居然把这件事上升到了忠孝不能两全的高度，为了不辜负皇帝的信任，也为了避免因触怒太宗而惹来杀身之祸，于志宁只得压抑内心的丧母悲痛，奉旨起复。

自古忠孝难两全，身在官场的于志宁在忠臣和孝子之间根本没有选择的权利，这真是人在江湖，身不由己啊。

（三）官员起复后的工作、生活禁忌

夺情起复是为了政务需要，不得已夺了官员孝亲之情，亏孝以全忠。被夺情的官员要脱下丧服，重新回到工作岗位上，履职办公，但是，这并不意味着被夺情的官员可以恢复正常人的生活。事实上，在讲究礼法，尊崇孝道的古代，即使官员被夺情起复，也还要遵守一系列的礼法规矩，不能任性妄为。

一般来说，官员被起复后，到三年丧期期满之前，还要遵守以下礼仪规定。

1. 不能穿丧服入朝，不能参加大朝会

按照唐朝礼制规定，被起复的官员虽然名义上要脱下丧服，但并不意味着真的彻底结束居丧。事实上，起复后的官员仍然不能像正常人一样随便穿衣服，更不能穿颜色鲜艳的锦衣华服。

虽然被起复，但毕竟丧期未满，所以，官员仍要着素服办公，而且下班回到家要立刻换上居丧应穿的丧服，只有在入宫觐见皇上时才能穿平时的官服。除此之外，丧期未满之前，不能参加朝廷一年一度的大朝会，也不能祭祀宗庙。

2. 祭日需尽哀，依礼祭奠

按照《大唐开元礼》的规定，丧期未满之前，要给被起复的官员相应的假期，也称"哭假"，以供孝子尽哀思之情。具体安排是每逢服内祭日，给假三天；大祥小祥各七天；禫五天；每月的初一和十五各一天；祥禫除服之日还可以回家祭祀。

除此以外，被起复的官员还要遵守居丧制度所要求的服丧行为规范，比如不作乐、不饮宴、不贺喜、不吊丧等。如果在此期间接受朝廷册封、升迁，相关仪式照旧，但是鼓乐队只是跟着当个摆设，不能敲鼓奏乐。

跟丁忧制度有法律护航不同，官员被夺情后的上述种种规定，更多的是源于礼法制约，没有上升到法律层面，主要靠个人自觉和社会舆论的监督来实现。在没有法律约束的情况下，夺情之后仍能自觉遵守礼法的官员确实值得世人尊敬。

著名书法家欧阳询的儿子欧阳通就是这样一位令人称颂的孝子楷模。欧阳询去世很早，欧阳通与母亲相依为命，是母亲辛辛苦苦把他抚养成人，培养成才，母子二人感情很深。在母亲的悉心教诲下，勤奋的欧阳通也练就了一手酷似父亲的好书法。仪凤年间，欧阳通的母亲去世，时任中书舍人的欧阳通很快被夺情起复，官复原职。起复后的欧阳通仍然哀戚不改，严守礼制，每次入朝，他都是光着脚从家里走到皇宫门外。上班期间，如果不是公事需要，绝不开口讲话，下班回到家，就换上丧服，开始哭泣。由于接连遇到凶年，致使母亲去世四年还没能下葬，欧阳通就在倚庐里住了四年。寒冬腊月，家里人偷偷在他睡觉的草席下面垫了一点毡絮，他发现后大发雷霆，马上叫人撤掉。在中书省值夜班时，他也是席地而卧，只在地上铺点蒿草。夺情之后，能够像欧阳通这样恪守礼教，哀戚过礼的确实不多，所以，欧阳通几乎成了官员的样板，孝子的楷模。

当然，有些人的违礼并不是因为不孝，而是出于对繁冗礼制的认识模糊。比如，唐肃宗时的宰相吕諲，丁母忧期间被夺情起复，起复后被加封为同中书门下三品（唐代一种官名），为显尊崇，皇帝还特意赏了根象征地位显赫和无上尊严的门戟。当众人热热闹闹地在门口举行树戟仪式的时候，有热心人提醒尚处丧期的吕諲，说这是大喜事，不应该穿凶服，吕諲一听，赶紧换下丧服，穿上吉服参拜，结果遭到众人非议。

五　一代名相房玄龄丁继母忧被夺情

房玄龄作为大唐开国功臣，也是"贞观之治"的主要缔造者，一直被后世奉为唐朝宰相第一人，也是中华民族历史上首屈一指的千古良相。

房玄龄（579～648），名乔，字玄龄，齐州临淄（今山东淄博市临淄区齐都镇南马坊村）人。房玄龄是一位真正出身"书香世家"的儒生，父亲房彦谦饱读诗书，精于书法，尤其擅长草书和隶书，为官一生，两袖清风，深得百姓爱戴。受家族文化的熏陶和父亲的直接影响，聪明好学的房玄龄自幼就喜欢读书，博览经史，精通草书和隶书，并写得一手好文章。房玄龄在少年时就已经显示出了不同于常人的洞察力与远见卓识,在隋文帝当国,一片歌舞升平的繁华盛世下,他已经敏锐地预见到了隋朝的潜在危机,断言大隋必不能长久于世,大厦倾覆指日可待。

18岁时,才学出众的房玄龄被推举为本州的进士,获封羽骑尉。从此步入仕途。父亲身体不好,常年卧病在床,孝顺的房玄龄一直侍奉左右,精心照料父亲的饮食和起居,一时一刻也不懈怠。父亲去世,房玄龄伤心得五天五夜不吃不喝。

隋末天下大乱,对世事洞若观火的房玄龄来到了李世民面前。一个温文尔雅、满腹经纶,一个热血方刚、踌躇满志;一个文韬武略、运筹帷幄,一个英勇善战、决胜千里;一个像山,沉稳内敛,一个似水,激情澎湃;这原本素不相识的一老一少,一见如故,引为知己,大有知音难觅,相见恨晚之势。从此,君臣二人同心合力,携手并肩,开疆扩土,共创伟业,开启了一段名垂千古的贞观佳话。

在李世民还是秦王时,房玄龄在秦王府任王府记室,掌管军政事务,跟随李世民出生入死,南征北战十几年,期间出谋划策,尽心竭力。征战之余,房玄龄四处访贤,为李世民网罗人才,招兵买马。在房玄龄的举荐下,大量谋臣猛将被招至秦王麾下,为李世民平定天下、夺取皇位、开创贞观盛世奠定了坚实的人才基础。房玄龄不愧为一代谋臣,作为李世民的心腹,在皇位之争进入白热化,诸皇子兵戎相见,危机四伏的情况下,房玄龄审时度势,建议李世民果断出击,先下手为强,接下来就上演了众所周知的玄武门之变。在这场兄弟相残的血战中,李世民依靠手下的精兵强将,将哥哥李建成和弟弟李元吉诛杀,成功夺得太子位,为日后承继大统扫清了障碍,在这次政变中立下首功的房玄龄被封为邢国公。

李世民继位后,房玄龄总领百司,殚精竭虑,夙夜在公,兢兢业业。在辅佐唐太宗的20多年里，他位居宰相15年，主持制定典章律令，编修国史，进行政府机构改革，裁撤冗员。在他的带领下，一个仅有643人的高度精简的行政机构支撑起了贞观之治的日常大局。房玄龄身为宰相，日理万机，大情小事，事必躬亲。当时尚书省下面有个部门叫"度支司"，类似于现在的财政部，专门负责管理政府的财政预算和账目支出，工作内容极其琐碎，而且劳动强度很大，很多人都不愿意干，一度职位空缺，无人任职。房玄龄见状，竟不顾自己的宰相之尊，亲自就任度支郎中，当起了掌管唐朝国库的大管家。身为宰相，房玄龄最让人称道的是他知人善任，自甘卑下，从不嫉贤妒能，竭尽全力地为每一个有识之士提供施展才华的机会，把秉性各异的文臣良将牢牢团结在以李世民为核心的最高权力中枢周围。于是李世民周围自上而下，形成了一股巨大的合力，共同服务于泽被后世的贞观大业。后来有学者咏诗歌颂房玄龄的良相风度和名臣气节，"群星捧月月隐平，治世夜空灿月明"。

房玄龄把一生的才华和心血都献给了对他有知遇之恩的李世民。在长达30多年的风雨相伴中，李世民也视房玄龄视为自己的左右手，万分倚重。贞观十七年，房玄龄的继母去世，房玄龄依例丁忧辞官，为母居丧。没有了房玄龄的唐太宗感慨，"忽然之间没有了良相，好像失去了自己的两只手"。没过多久，房玄龄就被夺情起复，官复原职，太宗还特地赐给他一块昭陵墓地。贞观十九年，唐太宗御驾亲征，讨伐高丽，命令房玄龄留在长安看护大本营，李世民在亲手写给房玄龄的诏书中称"让你来担负和当年萧何一样的重任，我就没有后顾之忧了"。李世民远征回来后，房玄龄把一个告发自己谋反的人送到了皇上面前，李世民看也没看，二话不说就把那人砍了，还不忘训斥房玄龄"这种人你应该自己砍掉，不用向我汇报"。由此可见，李世民对这位忠心耿耿的老臣是多么地信任。

贞观二十二年,房玄龄病重,唐太宗派最有名的医生为他救治,命御膳房负责他的一日三餐。政务缠身的皇帝时时刻刻牵挂着房玄龄的病情,每见病情好转就喜形于色,听闻病情恶化就愁眉不展。同样的,病榻上的房玄龄也没有忘记皇帝对自己的恩情,生命垂危之际,仍不忘上书皇上,劝他以天下苍生为重,不要再远征高丽。唐太宗感动万分,临终前,李世民亲自到病榻前与房玄龄握手诀别。为了让这位陪伴自己30多年的老臣走得了无遗憾,李世民当场册封房玄龄的二儿子房遗爱为右卫中郎将,三儿子房遗则为中散大夫。

感受着浩荡皇恩,一代良相房玄龄终于走到了生命的尽头,终年70岁。房玄龄去世后,唐太宗为他停朝三天,命人将他安葬在昭陵陪葬,这样待太宗百年之后君臣又可以在黄泉相伴了。从君臣知遇之恩到房玄龄病重去世,唐太宗一直将其引为自己的左膀右臂。房玄龄如此受皇上器重,自然不会被允许解官三年了。

六 丁忧与官员的仕途起伏

丁忧,原本是基于儒家孝道伦理和居丧礼仪形成的一种表达孝心、弘扬孝道的行为方式,后来慢慢演化成一种具有较强约束力的职官管理制度,得到普遍执行。但是,让人始料不及的是,在丁忧制度的发展过程中,计划之外却又是不可避免地派生出一些新的功能,比如利用丁忧打击政敌,清除异己,甚至成为不同的政治派别进行权力倾轧,利益角逐的有效武器。原本只是孝心表达、温情脉脉的丁忧被一些别有用心的政客演变成了残酷的政治斗争的利器,仿佛是一颗颗潜伏在那些忙于经营仕途,游走官场的大小官员身边的地雷，一不留神就有可能被引爆，轻则遍体鳞伤重则粉身碎骨，唐朝有不少名将被这颗雷炸伤。

（一）王叔文丁忧遭排挤

安史之乱以后，大唐王朝昔日的繁华盛世不复存在，慢慢走上了下坡路，越来越严重的宦官专权，藩镇割据严重影响了大唐的基业稳固。唐德宗李适性情暴躁，刚愎自用，重用宦官，纵容藩镇，横征暴敛，挥霍无度，底层的老百姓苦不堪言，怨声载道，李唐王朝危机四伏。当时还是太子的唐顺宗李诵洞察时局，心急如焚，继位之后，就开始对积弊深重的朝政进行大刀阔斧的改革，史称"永贞革新"。后人也将这次革新称为"二王八司马事件"，其中的二王之一，也是"永贞革新"的灵魂人物就是王叔文。

王叔文，唐朝中期著名的政治人物，生于公元753年，越州山阴（今浙江绍兴）人。王叔文出身庶族，家境寒微，乱世中长大，饱尝艰辛。深刻体会到民间疾苦的他踌躇满志，希望能有一番作为。王叔文最初是在苏州任司功参军，也就是苏州地区的辅佐官员，因为他特别擅长下棋，后来得到德宗的赏识，被选为太子李诵身边的侍读，专门负责教太子下棋。与他一块做太子侍读的还有一个浙江人，翰林待诏王伾。王伾是杭州人，因为写得一手好书法，被德宗委任为太子李诵的书法老师。因缘际会，同样胸怀大志又都在太子身边的二人成了好朋友，一个教太子写字，一个陪太子下棋。在与太子多年的朝夕相处中，他们经常和太子商议天下大事，讨论民间疾苦，为太子出谋划策。王伾诙谐幽默，王叔文处事沉稳，二人都深得太子信任。共同的改革愿望把三个人紧紧团结在一起，一个小小的影子内阁初具模型。

为了使李诵做皇帝后能够迅速施展抱负，按预定计划推行革新,王叔文秘密网罗人才,壮大改革力量,陆陆续续结识了许多年富力强的知名人士,其中关系比较密切的有刘禹锡、柳宗元、陆质、吕温、李景俭、韩晔、韩泰、陈谏、凌准、程异等人,他们都是当时比较有名的青年才俊,在吏治、军事、财经等方面各有所长,成为日后永贞革新的中坚力量。王叔文把这些密友推荐给李诵,说某某可做宰相,某某有将才,将来都派得上大用场。在这些人中,王叔文尤其看重刘禹锡和柳宗元,说刘禹锡有宰相之器,柳宗元可堪大用,经常与他俩共同谋议朝政,因此,后人又把永贞革新的改革集团称为"二王刘柳"。与此同时,李诵也热心地为王叔文引荐朝士。当时深受德宗宠爱的翰林学士韦执谊,经李诵牵线搭桥,与王叔文结识,二人遂成为好朋友,结下一段非同一般的友谊。

贞元二十一年(805)正月二十三日,唐德宗李适去世。三天后,45岁的唐顺宗李诵即位,王叔文被任命为翰林学士。在他的领导下,永贞革新正式拉开大幕。

王叔文处事果断,雷厉风行。在顺宗的支持下,很短的时间里,一系列顺应民心的重大改革举措陆续出台,京师老百姓无不拍手叫好。在疾风骤雨般的改革中,老百姓深恶痛绝的宫市和五坊小儿被废除(所谓宫市就是中唐以后,宦官借皇宫采购之名,在繁华的街市以低价购买所需的东西,很多时候根本不付钱而是明抢白拿,实际上就是一种对民间财富的掠夺。五坊是雕坊、鹘坊、鹞坊、鹰坊、狗坊,是宫中专门捕捉动物供皇家玩乐的处所。小儿是指在宫中服役的人。五坊小儿在长安内外各处张网捕雀,有时把网盖在百姓家门口及水井上,不让百姓出入打水,只有给了钱,才许可打水。他们到饭店吃饭,非但不付钱,还要留下一筐蛇,叫店主好好饲养。店家无奈,只得赔钱赔礼,千求万求,这批恶人才肯把蛇筐带走);宫中不再从民间征乳母,大量宫女被遣送回家；常贡以外的其他进奉被取消，老百姓的负担大大减轻。在不到两个月的时间里，王叔文集团就革除了诸多虐政、暴政，为老百姓接二连三地办好事、办实事，得到社会舆论的一致好评。

就在永贞革新初见成果，王叔文等人信心满满地准备打响改革攻坚战，啃下弊政硬骨头的时候，保守派和改革触及的利益集团的大反扑开始了。王叔文等人之前的废宫市、除进奉等只能算是改革派的牛刀小试，并不能从根本上触及黑暗、反动的旧势力，对他们而言只能算是隔靴搔痒吧，但是接下来的收回财政大权和兵权，抑制藩镇割据就是要对唐朝政治彻底做一次大手术了。这直接触动了宦官和藩镇的根本利益，他们当然不能坐视不管了，直到这时，真正的较量才刚刚开始。

事实上，以王叔文为核心的改革派有点高兴得过早了，他们过分低估了对手的实力，对改革的形势也缺乏清晰的判断。在面对敌人的反扑时，王叔文等一介儒生，有笔无剑，无法作出有效反击。

"屋漏偏逢连夜雨，破船却遇打头风"，令改革派雪上加霜的是，连老天爷也跟他们作对，站到了对手那一边。在与反对派的权力斗争进入白热化的关键时刻，王叔文的母亲居然病倒了，命悬一线。按照唐律，遭父母丧大臣要离开工作岗位，回家丁忧。身处权力斗争漩涡的王叔文深知自己的处境，如果现在离开，改革势必前功尽弃，而自己也必将遭到反对派的清算报复。眼看母亲病危，丁忧已是不可避免。心力交瘁、恐惧万分的王叔文在母亲去世的前一天，在翰林院设下盛宴，邀请包括昔日死对头、宦官头目俱文珍、刘光琦在内的朝中名士共饮。席间，王叔文卑躬屈膝，请求在座权贵手下留情，不要趁他丁忧落井下石。没想到，大太监俱文珍根本不领情，反而对他讥笑一番，王叔文颜面扫地，酒宴不欢而散。第二天，王叔文丁忧去职。昔日那些围绕在王叔文周围的改革派成员深知王叔文离职的后果，绞尽脑汁、夜以继日地为王叔文的夺情奔波。王伾一遍一遍地跑到宦官头目俱文珍那里求情，回回都吃闭门羹，一时间急火攻心，中风倒地，从此瘫痪在床失去了活动能力。

王叔文走了，王伾倒下了，改革的决策指挥中心停止运转，群龙无首，改革派内部乱作一团，改革受挫，停滞不前。以宦官集团为首的反对派趁机全面反扑，俱文珍等不断逼迫唐顺宗交权，让太子李纯监国。事实上，热衷改革的唐顺宗早在继位之前就已经重病缠身，口不能言了，做了几个月的哑巴皇帝之后被迫于贞元二十一年（805）七月二十九日把军国政事全部交给太子处理。八月初四，顺宗被迫下诏禅让，自称太上皇，并决定八月初九让太子李纯正式即位。顺宗预定改年号为永贞，所以被后人称为"永贞内禅"。还没等到李纯正式即位，宦官集团就迫不及待地对革新派进行全面清算。

八月初六，新皇帝下诏，贬王叔文为渝州司户（重庆地方辅佐官员），贬王伾为开州（今四川开县）司马，王伾到开州后没多久就病死了。八月初九，27岁的太子李纯在宣政殿登基，是为唐宪宗。同年十一月，下诏贬韦执谊为崖州（广东琼山）司马，韩泰为虔州（江西赣州）司马，韩晔为饶州（江西波阳）司马，柳宗元为永州（湖南永州）司马，刘禹锡为朗州（湖南常德）司马，陈谏为台州（浙江临海）司马，凌准为连州（广东连县）司马，程异为郴州（湖南郴州）司马，这就是历史上赫赫有名的"二王八司马"。曾经在"永贞革新"中叱咤一时、风光无限的八司马无一例外，都被贬到了边远之地。在王叔文集团中地位比较低的李谅、李位，后来也被赶出朝廷。当年被王叔文招致麾下参与改革的一众人等均遭到不同程度的报复。但是顽固的旧势力还不肯善罢甘休，唐宪宗元和元年（806）正月十九日，只当了六个月皇帝的唐顺宗李诵去世，不久以后，王叔文就被赐死，时年54岁。

至此，前后共计146天的"永贞革新"彻底失败，如流星般划过中唐的天空，留给世人无限深思。为什么一场民心所向的改革最终会失败？原因可能有很多个。但是，有一点毋庸置疑，那就是为母丁忧致使王叔文不得不在关键时刻离开权力中枢，导致革新派人心涣散，自乱阵脚，给了反对派千载难逢的反攻机会。王叔文虽然积极奔走，谋求起复，但最终没能及时重返权力中心，力挽狂澜，只能眼睁睁看着一生的心血付之东流。后人在叹息之余不免感慨，如果王叔文没有为母丁忧，也许，被改变的不只是八司马的命运，还有唐朝那前半期辉煌后半段黯淡的历史。

（二）大唐诗人白居易丁忧落话柄

回顾大唐历史，像王叔文这样因为丁忧而波及仕途的不在少数。比如中唐诗人白居易，一篇《琵琶行》洋洋洒洒，荡气回肠，末尾那句"座中泣下谁最多？江州司马青衫湿"，千百年来，不知让多少读者感动得潸然泪下。很多人都知道这是白居易被贬之后满腔忧愤的抒怀之作，殊不知，白居易被贬江州也跟丁忧有着千丝万缕的联系。

白居易，字乐天，晚年自称香山居士，是中国文学史上极负盛名且影响深远的诗人和文学家，有"诗魔"和"诗王"之称。白居易生活在繁华落尽，盛极而衰的中唐时期。这一时期宦官专权，藩镇割据，战乱不断，经济衰退，民不聊生，对民间疾苦深有体会的白居易怀揣兼济天下的梦想步入仕途。因为多次大胆直言，针砭时弊，以笔为剑写了不少反映政治黑暗和百姓疾苦的讽刺诗，得罪了掌握军政大权的朝中权贵。

元和十年六月（815），飞扬跋扈的平卢节度使李师道派刺客在长安街头刺死了宰相武元衡，刺伤了御史中丞裴度，公然向中央政府示威，引起朝野上下一片哗然。藩镇势力在中央的代言人得寸进尺，进一步提出罢免裴度的无理要求，以安抚藩镇的"反侧"之心。白居易无比愤慨，认为这是有伤尊严的重大"国耻"，激于义愤，他第一个向朝廷上疏"急请捕贼，以雪国耻"。白居易的正义之举激怒了掌权的贵族豪门，素日看他不顺眼的朝中权贵开始绞尽脑汁地给他编织罪名，于是丁忧违制、甚伤名教这种莫须有的罪名就成了整倒白居易的最佳借口。

原来，唐宪宗元和六年（811），白居易在朝中担任左拾遗（谏官）时，白母在赏花的时候不小心坠井而亡。白居易解官回家，为母丁忧三年。元和九年（814），白居易丁忧期满，重返京师官场，改任太子左赞善大夫（这是一个闲职，类似于太子府办公室主任）。为母丁忧期间，酷爱写诗的白居易写了不少抒发情感的诗作，其中有两篇，题为《新井》和《看花》。就是这两首诗，为白居易被贬埋下祸根，政敌借机攻击他不遵孝道，有伤名教。原来，在讲究孝道礼法的唐代，官员行孝是有很多讲究和避讳的，唐律规定官员任职的部门和地名等要与父母、祖父母的名字相避讳，比如，父亲的名字里有个常字，就不能担任太常一职；父亲的名字里若有卿字，就不能担任卿职；父祖等的名字里有个安字，就不能在长安任职。如此种种，都是朝廷对于官员恪守孝道的要求，在今天看来，未免有些荒唐可笑，但是在唐代，却是很严肃的事情。

按照唐律，如果官员因贪图荣耀而不避讳父祖名讳，一经发现，不仅要革职免官，还要判处一年有期徒刑。虽然当时的法律并没有关于写诗、作文等方面的规定，但是，这样的行为毕竟为名教礼法所不容。白居易一时疏忽，给敌人留下了把柄。一直苦于没有机会下手的政敌们好不容易逮到这么一个千载难逢的机会，自然不会轻易放过。一番义愤填膺的舆论讨伐之后，朝廷以不守孝道、有伤风化之名，把白居易贬为江州刺史。在皇帝的诏书发出去之后，居然还有人不甘心，中书舍人王涯趁火打劫，落井下石，在皇上面前添油加醋，说白居易为人不孝，作风浮夸，不适合治理州郡，没资格做一个地方的行政首脑。于是，在前一道诏书还未送到的情况下，朝廷又下一道诏书，把白居易由江州刺史又贬成了江州司马。江州在今天的江西省九江市，那时候的江州绝对算得上典型的荒蛮之地，司马，名义上是刺史的助手，实际上有名无实。在唐朝，司马是专门用来安置犯错后被贬的官员的，说是当官，其实就是变相的发配，官员犯错后被指派到边远贫瘠之地接受朝廷监管，历史上赫赫有名的八司马事件就是如此。

这次被贬，对素来踌躇满志的白居易而言是个莫大的讽刺，他向来以诗文自负，心高气傲，没想到也因诗文获罪，就像他自己说的一样"始得名于文章，终得罪于文章"。被贬江州不仅仕途受损，白居易的心态也随之发生巨大改变，原来充满激情、斗志昂扬的他从此日渐消沉，锐气全无。一个人身处江州，尝尽人情冷暖世态炎凉。于是，在被贬江州后的第二年，即元和十一年（816）秋，倾注了诗人满腔义愤与万般无奈的《琵琶行》诞生了，中国文学史上从此又增添了瑰丽无比的一笔。今天想来，似乎还应该感谢那些陷害打击白居易的人，要不是这些人绞尽脑汁，穷追猛打，也许就不会有流传后世以飨世人的千古名作《琵琶行》了。

在唐代，因为丁忧影响仕途的大臣还有很多。大唐名臣褚遂良在政治生涯如日中天之时遭遇父丧，当时他担任黄门侍郎，被皇帝派往全国各地，巡察四方，可以直接黜涉官吏。贞观十八年

（644）褚遂良的父亲褚亮去世，于是他辞去了黄门侍郎之职，回籍丁忧。尽管此前他已经是唐太宗面前的政治红人，颇得皇帝倚重，但是直到贞观二十二年（648）唐太宗的另一位得力助手马周死后褚遂良才又被起用为黄门侍郎。这一年的阴历九月，他就被提升为中书令，接替了马周的位置，成为继魏徵之后，与刘洎、岑文本、马周、长孙无忌一样在唐代政坛上起着举足轻重作用的大臣。如果不是丁父忧，他可能早几年就升官了，如果不是马周死亡，他可能不会这么顺利官复原职。由此可见，丁忧对于褚遂良政治生涯也有非常重大的影响。

丁忧原本只是一种爱的表达，孝心之举，因此以孔子为代表的儒家先驱们积极倡导。但是，没想到的是，在后来的发展中，由于被封建统治者过分政治化，逐渐演变成评价一个人道德优劣、人品高下的根本标准，成为士人显身扬名、仕途晋升的重要资本。丁忧离儒家的初衷越来越远，沽名钓誉之徒欺世盗名的滑稽一幕不断表演，社会虚伪之气滋生，比之更可怕的是，在权力斗争无休无止的官场，丁忧成了派系斗争、相互倾轧的利器，一不留神，就有可能阴沟里翻船，轻则贬官削爵、仕途受损，重则发配流放、家破人亡。

第五章　宋朝——文臣武将不同的丁忧规定

公元960年，后周发生陈桥兵变，大将赵匡胤被手下将士拥戴为皇帝，建立北宋。公元979年，北宋统一全国，结束了五代十国长达72年的乱世纷争。经过70多年的剧烈动荡，中华大地不仅社会经济濒临崩溃，礼制伦常也惨遭破坏，为夺九五至尊之位多少父子反目，手足相残，骄兵悍将矫诏弑君，伦理法纪荡然无存。

面对这样一个烂摊子，北宋的统治者绞尽脑汁，思考着怎样才能恢复君君臣臣父父子子这套尊卑有别、长幼有序、等级分明却又其乐融融的理想的社会人伦秩序，进而巩固其统治地位。虽然宋太祖赵匡胤的皇位来得名不正言不顺，违背君臣之义，为人诟病。但是，素来具有雄心壮志，文韬武略的赵匡胤可不想就这么籍籍无名甚至遭人唾骂。他要实现自己"普天之下莫非王土，率土之滨莫非王臣"的理想，把普天之下的臣民变成对他赵氏一门忠心耿耿的家奴。陈桥兵变把他推上了皇帝的宝座，可是，这特殊的窃国经历让他背上了沉重的思想包袱，时时刻刻都在担心历史重演，唯恐有人夺了他的江山。怎样才能让大臣们对自己鞍前马后、死心塌地呢？一番冥思苦想之后，他穿越时空从前人那里得到了提示："欲求忠臣，必于孝子"，"其为人也孝悌，而好犯上者，鲜矣；不好犯上，而好作乱者，未之有也。"向来聪明过人的宋太祖从古人的告诫中找到了破解难题的钥匙，他不仅深刻地领会了这其中的内涵，更不遗余力地把他的领悟贯彻到了实践中。于是，在最高统治者的极力推动下，孝道在宋朝得到了最大化的弘扬，地位之尊贵超过了以往任何一个标榜以孝治国的朝代，不仅前无古人，更是后无来者，真可谓盖世无双、登峰造极，让后来入主中原的蒙古人和满族人难以望其项背。

一 宋朝以孝治天下

宋朝的统治者们继承了汉代以来"以孝治国"的为政原则，并在借鉴前人经验的基础上，拓宽思路，大胆创新，把孝道伦理推上了前所未有的高度，成为治国御民最有效的武器和手段。

（一）旌表孝行，严惩不孝

上任之初，宋太祖就诏令天下，居民每五千户推选出一个孝行卓著的人，经过各级政府层层审核后，统一报送朝廷，由中央在全国范围内予以表彰奖励。当时河中府永乐县有一个叫姚栖云的村民，为人恭谨，侍母极孝。母亲去世后，在墓旁搭建了个简陋的墓庐，长时间住在里面为母守孝，哀毁过礼，得到乡里乡亲的一片赞誉。宋太祖知道后，下诏旌表，除了奖励姚栖云个人外，家乡也连带沾光，皇上亲自把他居住的地方改名为孝悌乡节义社敬爱里，真是一人笃孝，全乡荣耀。一时之间，像姚栖云这样受到嘉奖的敬老孝亲模范迅速在社会上传扬开来。宋太祖从表彰孝行开始，利用舆论大造声势，正式开启了有宋一代劝孝之风。此后，宋朝的历代统治者秉持"冠冕百行莫大于孝"的原则，在全社会大肆宣扬孝道，旌表孝行，通过这种方式对百姓施以教化，以达到淳化民风，导民以孝的政治目的。

宋朝对于孝行的奖励，除了由天子下诏赐给至高无上的荣誉外，还有一些对老百姓颇具诱惑力的物质奖励。比较常见的有免除徭役、赏赐财物，有时甚至会直接加官晋爵，这对于寒门出身的庶人而言，无异于鱼跃龙门、一步登天。另外，多数时候，孝子的事迹还会载入史册，青史留名。毫无疑问，以上种种的精神和物质奖励，必然会对普通百姓产生巨大的吸引力，以至于讲求孝悌逐渐成为一种社会风尚，人人趋之若鹜，个个争当孝子。社会上孝子辈出，行孝的方式也越来越壮烈，越来越惊人，甚至出现了割乳侍母、挖肝救父的愚孝之举。由此可以窥知，宋朝对孝道的推行力度之大，实际上也确实实现了统治者以孝御民的政治初衷。

与旌表孝行、奖励孝子相辅相成的就是法律对不孝行为的严惩不贷。宋朝法律沿袭唐律，《宋刑统》仍把不孝作为十恶不赦的重罪，对各种不孝行为和具体的量刑标准都作了明确规定。比如：祖父母、父母还健在，子孙另立门户、别籍分财的，处三年有期徒刑；如果子女在祖父母和父母被囚禁期间娶妻嫁人的，根据祖父母和父母所犯罪行对子女进行相应的惩罚，即如果父母犯的是死罪，子女处一年半有期徒刑，父母犯的是徒罪，子女则相应减为杖一百。除了依据刑法对不孝行为进行刑事制裁外，皇帝的诏令也是惩罚不孝子的有效方式，甚至有的时候，诏令比刑罚更为严厉。开宝二年（969），宋太祖下诏，"川、峡诸州，察民有父母在而别籍异财者，论死"。相比于《宋刑统》徒三年的规定，皇帝的处罚显然要重得多，这也充分体现了统治者对不孝行为的厌恶和痛恨。对于一些在社会上有较大影响的不孝案件，皇帝往往要亲自过问，并且不会严格按照法律的规定作出裁决，但是这些充分体现皇家意志的裁决一经作出，往往具有比《宋刑统》更高的法律效力。皇帝对个案的裁决与现有的法律相辅相成，共同构成了对不孝行为进行制裁的缜密体系，对不孝犯罪起到了无可替代的高压震慑作用，从而大大减少社会上不孝行为的发生。

（二）重视对官员的孝道教化

如果说对普通老百姓进行孝道教化，强调庶人之孝，更多的是为了维系骨肉亲情，缓解家庭矛盾，维护社会和谐，那对官员而言，目的就没那么简单了，正所谓醉翁之意不在酒，表面上是讲孝亲，但最终目的却是移孝作忠，以孝求忠。孝只是手段，忠才是目的。虽然孝道教化面向的是全社会，但真正的目的却是通过营造一种全员向孝的社会氛围，树立官僚士人的忠孝思想，进而为他们老赵家源源不断地培养出一批又一批死心塌地、舍身卖命的好奴才。

宋朝统治者对官员孝道意识的培养采取的是从娃娃抓起，终身学习的教育理念。根据政府规定，年满8岁的孩子可以上学，但是，调皮捣蛋、不孝不悌的不能接收，这样做是基于长远考虑，提前把对江山永固具有潜在威胁的危险分子拒之门外。除了严把入口关外，学校的教学内容也受到严格限制，各级各类学校都把《孝经》作为必学教材。《孝经》作为以孝治国的理论基础，历来备受统治者青睐，宋朝皇帝也不例外。宋太宗曾亲自写了一本《孝经》送给翰林学士李至，并一再告诫"若有资于教化，莫孝经若也"，充分肯定了《孝经》在教化方面的重要作用。《孝经》不只是学生的启蒙读本和学校的必备教材，也是科举考试的重要内容，士人要想鲤鱼跃龙门，通过科举入仕，必须要精通《孝经》。即使将来入朝当了官，也不能将它束之高阁，弃之一旁，因为跟皇上讨论孝经也是朝堂议事的重要内容。有时候皇上心血来潮，还会钦点大臣讲《孝经》，对列位官员而言，这无疑是个考验，当然也是一个表现自己的好机会。讲得好，讨皇上开心了，自然会好处多多。反之，一旦演砸了，也有可能触怒龙颜，惹祸上身。所以，不管出于何种考虑，官员都不会放松对《孝经》的学习和研究。

除了把《孝经》作为科举考试的必考科目外，宋朝还专门设立了孝悌廉让和孝悌力田两个人才选拔科目。与其他科目重视知识涵养不同，这两科更看重应试者的个人品德。程序也跟其他科目的考试有所不同。一般先由地方进行考察，举荐孝行突出、品德敦厚之人，统一参加朝廷组织的考试，通过之后即可入朝为官。当然，对于那些孝行特别突出，具有广泛影响力的孝子，也可以不经考试，直接授官。

宋太祖开宝年间，益州成都人罗居通为人孝顺，母亲去世后，他在墓旁建了个简陋的小屋，守孝三年，天天在坟前流泪，为母诵经。时间长了，墓旁竟长出了奇异的灵芝，长吏把这件事上报给了朝廷，太祖下诏，封孝子罗居通为延长县主簿。不经过考试就直接授官，充分体现了统治者以孝取人的用人原则，只要官员人品靠得住，哪怕能力低一点也无所谓。当鱼与熊掌不能兼得时，只能两害相权取其轻，有德无才固然会影响政府办公效率，但毕竟不能从根本上触及江山稳固。孝不仅是官员入仕时的一道门槛，也是决定仕途升迁的重要依据。孝悌品行突出的，往往能得到升迁，反之，则可能被罢官免职，卷铺盖走人。

宋光宗绍熙元年，张伯威参加武举考试，中了进士，被朝廷任命为神泉县尉。因为当时祖母黄氏年近百岁，健康状况很差，张伯威放心不下就没有去赴任，后来奶奶得了严重的痢疾，奄奄一息。听说人肉能治百病，张伯威不顾疼痛，割下自己左胳膊上的肉喂给奶奶吃，奶奶立刻痊愈。后来，张伯威的继母杨氏也生了病，他又从胳膊上割下肉给继母吃，继母也很快康复了。朝廷知道这件事后,在张伯威家门附近设立纯孝坊,并立刻给他升了官。这种行为虽然很愚蠢很荒唐,但是张伯威却因为他的惊人孝行获得了升迁。

与之相反,也有人因不孝被炒鱿鱼。宋太宗年间,官居五品侍卫马军都虞侯(一种官职名,从五品)的王荣,对老母亲很不孝顺,不仅不按规定把老母亲接到身边亲自奉养,而且很少给老母亲提供生活资助。太宗知道后非常生气,大声训斥,自古忠臣出自孝子之门,只有对父母孝顺的人才会对君王忠心,王荣对母亲都如此苛刻,对朝廷肯定也不会忠心。骂完之后,太宗立刻下令,把王荣撤职,贬成了普通老百姓。

除了对官员进行孝道教化,在思想上强化孝道意识和对官员的孝德和孝行进行定期考核外,法律对官员奉养父母也提出了具体要求。比如,《宋刑统》规定,官员的父母如果身患疾病或者年满80岁的,必须把父母接到身边侍奉,如果不亲自赡养,而是委托其他亲属代为奉养的,处一年有期徒刑。通过施以教化配合行政奖惩和法律制裁,宋朝围绕官员崇孝、向孝、行孝建立起了完善的整套制约保障机制,对官员无视伦理纲常、孝心泯灭、孝行缺失等现象的发生起到了很好的预防作用,有效地实现了统治者以孝驭官,移孝作忠的根本目的。

二 文武官员不同的丁忧规定

对于宋朝官员来说,除了要把《孝经》烂熟于心,精通儒家孝道伦理,按规定赡养父母外,还有一件既涉及尽孝又关乎仕途的重大事情,那就是由来已久的官员丁忧制度。宋代重孝,对待这一充分体现孝道美德的传统自是不会怠慢,在承袭前代的基础上,结合现实的社会环境,统治者对丁忧制度做了灵活变通,使其在发挥基本的彰显孝道功能的基础上更好地服务于宋朝的政治统治。

宋朝的丁忧制度基本上沿袭了唐朝的礼律规定。《宋刑统》明确记载：官员遇父母丧，匿不举哀的，流两千里；父母亲死应该解官但是诈称已服丧逃避解官的，徒两年半；居父母丧期间娶妻嫁人的，徒三年等，诸多内容基本上与唐朝没太大区别，宋朝丁忧制度最大的特色就是文臣武将不再一概而论，而是有差别地执行。

宋朝的丁忧制度经历了一个范围逐渐扩大、程序日渐完善的过程。宋初，天下未定，时局不稳，再加上五代以来伦理观念淡薄，传统礼法支离破碎，大臣能丁忧终制者非常少。尤其是领兵打仗的武官，基本上都是既葬除服，几乎没有居丧三年的，史称"国初之制沿袭五代，始时武臣皆不丧其父母"。由于宋初官员的升迁主要看资历，论资排辈，工龄长、资格老的自然优先提拔，离职三年无疑会严重影响仕途升迁。再加上夺权谋逆起家的皇帝生性多疑，恩宠并无定数，对大臣忽信忽疑，忽冷忽热，官员的命运掌握在皇上的一喜一怒之间。所以，对于那些一时蒙宠的大臣而言，自是不愿放过这难得被主上青睐有加的好机会，恨不得抓紧每分每秒的时间最大限度地为自己捞取好处，一旦恩宠不再，也好后世无忧。后来随着天下日渐太平，战事减少，再加上统治者大张旗鼓地推行孝道，民间孝义成风，丁忧守制渐渐为官僚士大夫阶层接纳，并逐渐成为他们自觉追求的价值取向和道德操守，在官场慢慢地普及开来。

(一) 文官

由于战事需要，丁忧制度最先在文官中施行，而且是级别不高的中下层文官。雍熙二年（985）十一月，宋太宗下诏，规定那些不经常上朝、职务较低的京官和地方上的州县官、幕职遇有父母丧，须解官丁忧。这些人职务较低，平时并不参与中央决策，一旦离职，也不会对政府各部门、机构的正常运行造成多大影响。但是，对于那些身居要职、责任重大的高级文官，一般不允许居丧终制，百日卒哭后即恩制起复，对于宰相等股肱之臣，甚至在卒哭之前就可起复。后来，随着儒家孝道伦理的深入人心，在官员们的强烈建议下，丁忧政策慢慢放宽，文官中的高级官员也逐渐摆脱夺情起复的限制，持服终制者越来越多，丁忧制度开始通用于所有文官。

（二）武官

宋初由于战事需要，武官不许持服。后来，随着金革之事渐少，武官人数增加，允许一部分武官离开工作岗位的客观条件已经具备，不少大臣开始对武官不能丁忧持服的规定表示不满，不断有人上书要求皇上放宽对武官丁忧的限制。在大臣们的强烈要求下，宋太宗审时度势，顺应民情，下令合门祗侯、内殿崇班以上的高级武官可以丁忧持服，但是其他的下级军官则不得离职，可以酌情给丧假。相对于中下级文官普遍丁忧不同的是，武官则恰恰相反，这样就可以确保一旦发生战事，广大中下层武官可以迅速投入战备状态，以免贻误战机，影响战局。但是，这种按级别丁忧的武官持服制度依然遭到部分大臣的反对，甚至有人公然发牢骚，"高官者得为父母服，官卑者则不为，无官者将何以处之乎？"

自古以来，权利都是为少数人而设，对武官而言，为父母居丧尽孝作为一种天子特别给予的恩惠，只属于少数高高在上的高级武将，下层军官和普通士兵只有为皇帝出生入死、战死沙场的权利。后来，鉴于形势变化和大臣的呼吁，武官丁忧政策进一步放宽。到宋徽宗政和年间，供奉官以下的武官，自愿服丧的不再被限制，也可以丁忧终制。伴随着丁忧范围的逐步扩大，中下层武官居丧终制的越来越多。

宋朝的丁忧制度充分体现了因材施教、因地制宜的原则，不仅对文武官员分别作出不同的丁忧规定，而且，针对地区间的差异，武官的居丧标准也有不同。比如在民族矛盾尖锐，战争时有发生的川峡地区、与西夏接壤的缘边地区和事关皇家命脉的京畿地区，这些都是战事的高发地区，关系到整个大宋王朝的安宁与赵氏江山的稳固。作为朝廷的重点防范地区，这些地方的防御任务很重，武官一般情况下不得离职，丁忧受到严格限制。这充分体现了宋朝丁忧制度在实际执行中机动灵活的特点。

（三）丁忧的制度保障

1. 程序严格，全程监管

在宋代，丁忧制度相较于以前，除了在执行方式上更加机动灵活外，其实施程序和制度保障也更加严格和完善。宋朝由太常礼院负责掌管丁忧的相关事宜，制定具体的丁忧政策。官员一旦遭遇父母亡故，必须先向朝廷报告，递交解官丁忧的书面申请。申请书由中书省下达到御史台，御史台负责核实申请是否属实，经御史台核实无误后，才能决定能不能奔丧持服。相比文官，武官的丁忧程序更为严格，驻守边关或军事重镇的武官，只有在和接替之人交接之后才能离职丁忧。在整个丁忧过程中，作为中央监察部门的御史台，负责对丁忧官员进行全程监督，一旦发现官员有居丧宴饮、冒哀求仕、释服从吉等居丧违制行为，御史台即有权对违制官员进行弹劾，一经弹劾，朝廷必将严惩不贷。宋神宗熙宁年间，都官员外郎施邈因为与已故左藏库使高允元的妻子林氏私通并缔结婚约，当时林氏尚在为夫居丧期间，按礼制不能嫁人。御史台发现后立刻对施邈提出弹劾，很快施邈就被朝廷罢了官。

除了在程序方面加以规范和对居丧过程严加监管外，宋朝还在经济和政治等诸多方面为官员丁忧提供了切实可行的保障措施，尽量减少官员丁忧期间的后顾之忧，使丁忧制度能够得到更广泛的执行。

2. 提供官员丁忧的生活保障

自汉代以来，官员丁忧期间一般不发俸禄，只有个别官员会得到皇帝的特别关照，俸禄照发或有其他财物赏赐，这成了一个世代相沿的传统。宋初依然沿袭旧制，只有部分高级官员丁忧期间俸禄照发，中下层官员则完全得不到庇佑，生活毫无保障。对于一些中下层官员来说，朝廷给的俸禄就是唯一的生活来源，一旦这个经济来源切断了，就意味着全家断炊，无米下锅了。也正是因为这个原因，导致部分官员匿丧不报。尽管匿丧不举会受到法律严惩，但是，还是有一些要钱不要命的官员为了生计铤而走险。后来，伴随着丁忧制度的逐渐完善，在大臣们的强烈呼吁下，针对丁忧的各项抚恤措施也陆续出台。

针对官员丁忧期间生活无保障的现状，宋仁宗下诏，规定横行使及内臣昭宣使（宋代官职，正六品）以上的，丁忧期间料钱全发；节度使发一半；正任刺史以上发三分之一。宋神宗时又规定，太中大夫以上丁忧期间料钱全发。虽然皇帝几下诏令，但是恩宠仍不能实现全员覆盖，丁忧期间能拿到全俸的还只是少数官员，绝大多数中小层官吏只能领取半俸或限量的料钱维持生计。当然，对于那些政绩突出或家庭贫困的官员，政府也会额外照顾。比如，责任重大、业绩突出的广南福建路官员就享受朝廷的特别优待，丁忧期间俸禄一分不少。另外，还有一些忠臣之后，往往成荫祖上恩泽，也会受到皇上的格外垂怜。宋真宗时，著名宰相毕世安去世后，毕世安的长子、虞部员外郎毕士长就因为父亲的缘故，得以全俸终丧，并且还得到了皇帝额外的赏赐。同样是真宗时，以敢言直谏著称的谏议大夫田锡去世后，儿子田庆远也因为皇帝对父亲的敬重，而破例享受了全俸丁忧的待遇。由此可见，虽然不是所有的官员都能居丧领俸，后顾无忧，但是，宋朝在丁忧官员的生活保障方面确实迈出了一大步，值得后世借鉴。除此之外，对于那些在异地发丧持服的官员，政府也会尽可能地为他们提供便利，比如，允许他们临时借用地方政府的官舍，根据官员的级别大小分别享有不同标准的待遇。例如曾作执政官的可以借用50间，太中大夫以上的官员可以借用40间，管军和步军副都指挥使以上的官员可以借用30间。

　　除了经济上给官员提供保障，尽量解除生活上的困难外，宋朝还明确规定，官员丁忧期满，按时回朝廷报到，或官复原职或委以他任，从而从根本上消除了官员解官后对职位不保的恐惧。

　　经过一系列的制度建设，丁忧制度在宋朝日益完善，文武官员在丁忧尽孝问题上达成共识，不仅文官普遍执行，即使那些不需要丁忧的中下层武官也会自觉离职守制。一时间，世变风移，不愿意持服终制的人越来越少，一旦有人有意或无意地违反了丁忧制度，不仅会受到朝廷惩罚，还会遭到世人谴责和同僚鄙视。

三　李定丁忧风波

　　宋朝的丁忧制度在承袭前代的基础上更趋灵活，更加完善，弥补了前朝丁忧制度存在的一些缺陷。但是，沦为官场权力倾轧、党派斗争的武器，却经常成为丁忧无法躲避的宿命。唐朝如此，宋朝依然如此。

宋神宗熙宁年间，为了改变北宋积贫积弱的社会现状，被喻为中国11世纪最伟大的改革家的王安石，在宋神宗的支持下，以富国强兵为目的，掀起了一场轰轰烈烈的政治改革，史称"熙宁变法"。

针对当时政府面临的国库空虚，财政紧张的突出问题，王安石本着"因天下之力以生天下之财，取天下之财以供天下之费"的原则，从理财入手，大刀阔斧地进行了一系列政治、经济、军事领域的改革。均输法、青苗法、农田水利法、募役法、市易法、免行法、方田均税法、将兵法、保甲法、保马法等涉及社会生活方方面面的多部法规陆续出台。新政推出大大刺激了社会生产，增加了财政收入，强化了中央集权。但是，新法施行，不可避免地触及了大地主、大官僚、豪强和高利贷者的利益，受到了以司马光为首的反对派的强烈阻挠。无奈之下，王安石只得启用一些职位较低、资历较浅的新人作为推动变法的中坚力量。王安石为人磊落，一心为国，除了具有千年不遇的盖世才华外，更具有无可挑剔的道德操守，连对手都对他的卓越品格赞赏有加。但是，由他提拔起来的那些变法新人可不都像他这样无可挑剔。他们中不乏打着改革的旗号攫取政治利益的投机分子，这些人身上的品德瑕疵或工作中的疏忽纰漏往往就成了反对派攻击改革，阻挠新政的着力点，一旦被对手抓住把柄，必将遭到猛烈炮轰。其中颇受王安石赏识的李定就曾一度成为新旧两党激烈交锋的牺牲品。

李定，字资深，江苏扬州人。年少时李定曾跟着王安石学习，后来参加科举考试中进士，被任命为秀州军事判官。熙宁二年（1069），王安石变法受阻，急需培植新的变法力量，李定被举荐给王安石。两人见面后，李定极力肯定变法的好处，对新政赞不绝口，王安石听了以后非常高兴，立即把李定介绍给宋神宗。皇帝当时正热衷变法，李定投其所好，专捡皇上爱听的讲，说老百姓如何拥护新法之类的话，神宗听后自然龙颜大悦，立刻封李定为谏官，工作地点也由秀州小县城变成了中央知谏院。但是，这一越级提拔立刻遭到了司马光等人的反对，他们一再申明，自古以来，还从来没有州县官直接升为朝廷谏官的先例，祖宗之法不能破，皇帝可不能开这个头，破了祖宗的规矩。碍于大臣的阻拦，神宗只好收回成命，改封李定为太子中允、监察御史里行，负责直接向皇上弹劾违法乱纪和不称职的官员，级别虽然没有谏官高，但是权力很大。从此以后，李定成为改革派的主力成员，一面辅助王安石积极推行变法，一面对那些阻挠变法的反对派进行打击报复，为变法清除障碍。

就在李定平步青云，大展身手之际，反对派抓住了他的把柄，开始大肆攻击。原来，围绕李定的身世一直有个疑团，在他很小的时候，母亲仇氏就和父亲离异，另嫁他人了，年幼的李定与父亲相依为命。父亲一直对他说，仇氏不是他的亲妈。按照礼制，这种情况下李定不需要为仇氏丁忧。所以，后来仇氏去世，当时还在秀州做官的李定并没有上报朝廷，解官丁忧，而是以奉养老人为名，请了三个月的假，为仇氏服了缌麻之丧。但是，关于李定是不是仇氏所生，历来说法不一，坊间传说与李定父亲告诉他的并不一致。时至今日，由于李定的父亲早已不在人世，究竟谁是谁非，已经无从查证了。反对派却牢牢抓住这一点大做文章，抨击李定不守孝道，不遵礼法，不为自己的亲生母亲服丧。

在盛行割肉侍亲、剖肝救父的宋朝，不孝可是天理不容的大罪，势必为千夫所指。一时间，舆论的矛头纷纷指向李定，王安石也被牵涉其中，反对派诋毁他用人失察，任人唯亲，不断给神宗施压，希望借此打击改革派。在新旧两党激烈的攻防转换中原本处于优势的改革派顿时陷入被动,后来仰仗宋神宗对于改革的支持和王安石的拼命力保,李定才幸运地逃过一劫,没受刑获罪。但是李定监察百官的权力被剥夺了,改任崇政殿说书,专门负责给皇帝说书讲史,解释经义。李定究竟是不是仇氏所生、需不需要为仇氏丁忧原本只是官员的家务事,但是,在新旧党派你死我活的权力斗争中,却被无限放大,成了一件影响朝廷权力分配,决定官员人事任免的政治事件。在这一回合的较量中,反对派初尝胜果,改革派暂落下风。但是不久以后,改革派卷土重来,重新发力。

元丰初年,升任为御史中丞的李定以写反诗诽谤皇上为名,上书弹劾苏轼等反对派成员,致使一代文豪苏轼被下大狱,流放黄州(黄州位于湖北省东部,长江中游北岸,大别山南麓)。此后李定一度升为翰林学士,官至户部侍郎,但是伴随着曾经支持变法的宋神宗去世,宋哲宗继位,以司马光为首的反对派重新掌握政权,不出几年,新法全部被废除。领导变法的王安石忧愤成疾在南京病逝,改革派的成员陆续受到排挤,李定丁忧的陈年旧案再度被挖出,在昔日对手一番言词激烈的舆论声讨之后,曾经风光无限、叱咤风云的李定被宋哲宗一纸诏书贬到了滁州,不久便抑郁而终。

李定表面上因为不守孝道,不为母亲丁忧而遭贬黜,根源却在于改革派在新帝继位后失势,大权旁落,李定不过是党派斗争中一个微不足道的牺牲品罢了。派系纷争、权力倾轧,这种官场特有的派生物古已有之,当然也不会因李定等人的离开而终止,只要有权力存在,就少不了为权力展开的斗争。在没完没了的权力争夺战中,丁忧时不时成为杀伤力极强的武器,被心怀鬼胎的野心家们用来打击对手,清除异己。

四　史嵩之丁忧被排挤

官场风云变幻，前一秒是丞相，下一秒就有可能成布衣，尤其是那些一人之下、万人之上，整日游走在权力巅峰的朝中大家。他们平日里权倾朝野、独断专行，势必在有意或无意间得罪了不少人，树敌不少。一旦他们离开权力中心，哪怕只是暂时的离开，那些平时与他气味不投或被他死死压在下面不得翻身的人一定会见缝插针，牢牢抓住这千载难逢的机会，兴风作浪，以绝后患。南宋宰相史嵩之就是一个丁忧期间被排挤，从此彻底远离权力舞台的典型代表。

史嵩之，南宋时期的名相之一，字子由，生于公元1189年，卒于公元1257年，庆元府鄞县（今浙江宁波）人。史嵩之出生于官宦世家，爷爷史浩是南宋的三朝元老，历高宗、孝宗、光宗三代，曾两度登上相位，功绩卓著。父亲史弥忠官居资政殿大学士，叔父史弥远做了20多年的宰相，史家盛极一时。

史嵩之风流倜傥，聪明好学，小小年纪就胸怀大志，一直梦想着建功立业。嘉定十三年（1220），史嵩之考中进士，被任命为光化军司户参军。史嵩之为人机敏，行事果断，扎实肯干，一步一个脚印地经营着自己的仕途。南宋朝廷偏安一隅，四周强敌环伺，虎视眈眈。史嵩之独具慧眼，一眼看出湖北襄阳作为战略要塞，直接关系到南宋的存亡，立志干一番大事业的史嵩之，主动请缨调任襄阳，在那里开荒屯田，修筑工事，努力把襄阳城打造成风进不去雨进不去敌人更进不去的坚固堡垒。此后的十几年里，深谋远虑的史嵩之把自己的全部精力投入到襄阳城的经营和布防上，踏踏实实地作出了不少具有战略意义的成绩，为南宋政权的江山稳固立下了汗马功劳。

绍定六年，在史嵩之的建议下，南宋与蒙古结盟，两国同时出兵夹击金国，金国灭亡。南宋终于报了靖康之仇，史嵩之也因此一战成名，从此备受宋理宗赏识，不断被委以重任。

蒙古灭金以后，大举出兵南下，南宋政权岌岌可危。史嵩之临危受命，担任大宋三军统帅，全线指挥作战，在他的带领下，将士们浴血奋战、力挽狂澜，成功击退了彪悍的蒙古人发起的一次又一次的疯狂进攻，力保南宋大厦不倾。久攻不下的蒙古人只好撤军北还，转而派使者与南宋议和，战争终于告一段落。

在保家卫国的战争中立下赫赫战功的史嵩之被炒得火热，一次次的战役为史嵩之积累了很高的人气，也为他日后封侯拜相打下了坚实基础。嘉熙四年（1240）三月，史嵩之被皇上召回临安，拜为右丞相，从此挂衔宰相，封公赏爵，实现了他多年振兴史氏、光耀门楣的愿望。史嵩之行事果断，敢作敢为，这是他的优点，但是，一旦大权在握，这样的优点往往又不可避免地成为独断专行、刚愎自用的执政缺陷。急于大展身手、有所建树的史嵩之一旦发现有人对自己的事业形成阻碍，就会当机立断，毫不留情地加以清理，有时甚至不惜用一些下三烂的卑鄙手段。

史嵩之拜相之后，第一个被清算的就是在对蒙古和谈上跟他意见不一致的淮西制置使杜杲。杜杲曾经征战沙场，屡建战功，为史嵩之最后得以封侯拜相立下汗马功劳。可是在对蒙古问题上两个人意见相左，史嵩之主和，杜杲却主战，他对宋理宗说和谈不过是蒙古人的缓兵之计，是蒙古人耍的障眼法，这让避战求和的史嵩之非常尴尬，在理宗面前下不来台。掌权后，史嵩之第一个要除去的就是这个一度让他难堪，心结难解的杜杲。在史嵩之的精心安排下，杜杲被削去兵权，归老田园。大臣师雍一直看不惯史家人，在史嵩之的叔叔史弥远做宰相时，他就不肯与之合作。史嵩之上任后，对师雍再三拉拢，百般示好，但倔强的师雍就是不领情，恼羞成怒的史嵩之指使御史梅杞攻击师雍，师雍被贬知邵武军。史嵩之的专横独裁，唯我独尊引来一片非议，朝中不少大臣元老冒死弹劾，但仰仗宋理宗的器重，史嵩之始终岿然不动、屹立不倒，而那些弹劾他的大臣则多被贬官或解甲归田。

平心而论，史嵩之身居相位，还是很有作为的。在他主政期间为朝廷发掘了大量可用之才，史嵩之用人，不问出身，唯才是举，经他举荐的人中有很多日后成为忠臣贤相，国之栋梁。史嵩之对食盐、茶叶等特殊物资实行政府专卖，有效地增加了国家财政收入，稳定了市场经济秩序。史嵩之最为人称道的政绩应该是他为南宋的国防事业作出的特殊贡献，早在他刚刚步入仕途的时候，对时事有着敏锐洞察力的史嵩之就充分预见到了国防事业的重要性，所以，他扎根襄阳十几年，把素有"南宋咽喉"之称的襄阳城打造得牢不可破。在他的苦心经营下，南宋的边防事业得到了迅速发展，牢固的边防成功抵御了蒙古铁骑一次又一次的冲击，一定程度上延缓了南宋政权的灭亡速度。

尽管史嵩之很努力，但是这诸多成绩仍然无法掩盖他性格上的致命缺陷，过分的专横与独裁让史嵩之众叛亲离，更多时候他不是靠自己的人格魅力施加影响而是靠挥舞手中的权力棒，通过高压震慑强制下属执行他的命令。可想而知，这种情况下，有朝一日，一旦大权从他手中旁落，后果会是怎样，史嵩之也明白，这一天迟早会来的，只不过来得要比他自己预期的早一些。

淳祐四年（1244）九月，长久以来被独断专行的史嵩之压抑得喘不过气来的大臣们终于看到了一丝曙光。史嵩之的父亲因病去世，依例史嵩之应解官丁忧，持服三年。接下来围绕史嵩之的丁忧与夺情，几股势力展开了激烈较量。首先是当事人史嵩之，心比天高、壮志未酬的他自然不愿意就此放权，一开始便着手谋求起复，不断宣传历史上大臣夺情起复的例子进行舆论造势，为自己的起复铺平道路。皇帝宋理宗一直以来对史嵩之非常赏识，把他视为自己的左膀右臂，但凡军国大事一律交给宰相史嵩之处理。长期以来，理宗已经习惯了依赖这个兢兢业业、能力不俗、办事干脆利落的助手了，所以，理宗打心眼里不愿史嵩之解官丁忧。但是朝中素日与史嵩之貌合神离的大臣们可坐不住了，好不容易逮到一个翻身的机会，他们可不想轻易错过，但是，由于担心被史嵩之打击报复，也没有哪个人敢站出来明着叫板。于是便有人想到了借刀杀人，暗中鼓动京师的学生们走上街头，起来示威游行。学生们联名写请愿书，反对史嵩之起复，强烈要求皇上任杜范为相，取代史嵩之之位。学生虽然手无寸铁，无权无势，但是知识分子向来不缺热血，自诩以救国救民为己任。回顾中华民族的历史发展，学生们在关键时刻确实能左右乾坤，更何况如今只是区区一个史嵩之呢。鉴于复杂的形势，为了平息公众舆论，史嵩之决定曲线迂回，以退为进，欲擒故纵。表面上顺应民意，主动递交辞呈，宋理宗当然不肯答应，这一点史嵩之心知肚明，非常笃定。不过他的苦情戏有点演过头了，一次两次也就算了，他居然六上辞呈，这下可让支持杜范的大臣逮着了机会，他们顺水推舟，借力打力，户部侍郎刘汉弼秘密上书，劝说皇上应该为史嵩之着想，成全他的拳拳孝心。这下，皇上也有点动摇了，终于招架不住众人的轮番游说，同意史嵩之辞职。不过没过几天，皇上又后悔了，他发现自己真的不能没有史嵩之，缓过神来的理宗决定起复史嵩之。消息一传出，朝野上下一片哗然，工部侍郎徐元杰认为理宗这是拿着国事当儿戏，出尔反尔，不惜以辞职相要挟。学生们也配合造势，甚至连史嵩之18岁的亲侄子史璟卿也认为伯父辞职是家族之万幸、江山社稷之万幸,理宗万般无奈,只好把起复一事暂时搁置一边。

淳祐四年(1244)十二月,宋理宗正式任命杜范为相,史嵩之处心积虑的起复一事经杜范、刘汉弼、徐元杰这么一搅,终于暂告一段落。可是,事情并未就此打住,不久以后,在宰相位子上只待了70多天的杜范在家中突然死亡,不到一个月,徐元杰又中毒身亡。两人接连离世引发朝野震惊,理宗下令彻查此事。不料,一波未平一波又起,正在舆论议论纷纷之时,刘汉弼和史璟卿又相继暴病而亡。一时间,矛头全部指向了史嵩之,几乎所有人都认定了史嵩之报复杀人,朝中人人自危,人心惶惶。但所有的议论都只是人们的无端猜测,没有人能提供任何有力的证据,最后,只能不了了之。

此后,宋理宗还是对史嵩之念念不忘,几度想让他回朝继续上班,淳祐六年(1246),史嵩之服丧期满。理宗让秘书少监刘克庄草拟诰命,诏史嵩之回朝,刘克庄就是不肯,理宗再三规劝,刘克庄陈辞激烈,历数史嵩之为相以来,媚上压下,专权误国的种种罪行,无奈,宋理宗只好放弃。后来又有几次,都因遭到大臣的强烈反对而流产。

史嵩之为起复绞尽脑汁,心思用尽,却无奈他的人缘太差,这些年来横行官场,一手遮天,导致众叛亲离,人心尽失。虽然有皇上坚定不移的宠爱,但却无法绕开公众,君臣二人每一次的起复努力都被民意瓦解。史嵩之被迫闲居老家13年,宝祐四年春,带着遗憾告别人世。人都没了可大臣们仍不肯罢休,连皇上赐给他谥号都要阻拦,无奈,生命中的最后一次赏赐也被无情地剥夺了。

可怜史嵩之一生抱负,却没机会施展,丁忧终断了他的仕途,也影响了历史,假如他没有离开政治舞台,也许……

五　高宗三下诏书，岳飞含泪起复

说到宋朝的历史，有一个人是无法忽略不提的，那就是民族英雄岳飞。岳飞的故事在中国称得上是家喻户晓，妇孺皆知。从小时候争相传阅的连环画，到反复播放的电影、电视，几百年来，岳飞的名字早已深入人心。2009年年初，一条新闻播出后，岳飞再次成为人们街头巷尾热议的对象，在杭州的拍卖会上，流失海外多年的《起复诏》时隔两百多年后再次公开亮相，以830万元的价格被来自杭州的买家拍得。伴随着各路媒体对这条新闻的热炒，一段尘封已久、鲜为人知的历史渐渐进入公众视野。

岳飞，字鹏举，据说岳飞出生时，有一只大鸟在屋顶上盘旋，所以，父母给他取名飞。相州汤阴县永和乡孝悌里（今河南安阳市汤阴县程岗村）人，南宋最杰出的军事家、战略家，家喻户晓的抗金英雄。岳飞出生于普通农民家庭，祖祖辈辈靠种地为生，父亲岳和勤劳朴实，常常用节省下来的粮食接济穷人，借钱给别人的时候从不主动要求偿还。岳飞的母亲姚氏虽然是位农家妇女，但是为人豁达，知书达理。受父母的影响，小小年纪的岳飞沉稳敦厚，志向高远。虽然家境贫寒，但是这一点也不影响他求知上进的热情，酷爱读书的岳飞尤其喜欢研究兵法，一边手捧兵书，如痴如醉；一边拜师学艺，苦练骑射。年少时的勤奋为日后岳飞成长为一代杰出将领打下了坚实的基础。

长大后，岳飞亲眼目睹金人入侵荼毒百姓的情景，心中无比愤慨，决心从戎报国。但是，父亲早已去世，母亲年迈，妻儿弱小，战乱中家人肯定不能自保，岳飞思前想后，犹豫不决。正所谓知儿莫若母，细心的母亲一眼看穿了儿子的心事，自古忠孝难两全，国难当头，深明大义的姚氏毅然决定舍小家顾大家，她劝说岳飞不要有思想负担，好男儿志在四方，大丈夫当参军报国。为了勉励儿子积极进取，姚氏亲自在岳飞的后背上刻下了"尽忠报国"四个大字，带着母亲的嘱托和期盼，岳飞毅然离家，投身到了抵抗侵略、保家卫国的滚滚洪流中。

岳飞英勇善战，文韬武略，在战场上屡建奇功，不断得到领导赏识，经过大大小小 200 多场战争的洗礼后，岳飞已经从一个普通士兵成长为可以独当一面的杰出将领了。绍兴二年（1132），年仅 30 岁的岳飞，成为守卫长江中游的主帅。这一年，岳飞历尽千辛万苦把远在河南的母亲接到江州（今九江）随军奉养，后来又移居鄂州（今湖北武昌）。岳飞对母亲非常孝顺，只要有时间他就待在母亲身边全天候的伺候，嘘寒问暖，无微不至。

绍兴四年（1134）春，岳飞率领岳家军自鄂州北上，进行第一次北伐，仅用两三个月的时间就成功收复被金人占领的襄阳六郡。这是南宋政权建立后第一次大规模的收复失地，年仅 32 岁的岳飞战功卓越，被封为清远军节度使，成为南宋大将中最年轻有为的一个，与戎马一生、屡立战功的韩世忠、张俊以及出身将相世家、久历战阵的刘光世并称为南宋的四大将帅。由岳飞一手打造的"岳家军"因纪律严明、作战勇敢，深受老百姓爱戴，逐渐成为南宋抗金斗争的中流砥柱。

绍兴六年（1136）初，南宋朝廷在平江府（今江苏苏州）召开了研究北伐的军事会议，详细部署各项军事分工。会上岳飞被任命为湖北、京西路宣抚副使（不设正使，用现在的话来讲就是副职主持常务工作），负责进军襄阳，直捣中原。会后岳飞带兵在鄂州操练，积极准备渡江北伐，试图一举收复中原。不料，世事多变，就在这个节骨眼上，三月二十六日岳飞年逾古稀的母亲姚氏生病去世，岳飞悲痛不已，宋高宗下旨赐葬风景秀丽的庐山。痛失慈母的岳飞伤心难抑，三天三夜滴水不进，长时间的流泪导致患上眼疾，到最后也没有痊愈。四月，岳飞和岳云等人护送母亲灵柩由鄂州抵江州，一路跋山涉水，岳飞光着脚一步一步把母亲的灵柩抬上了庐山，安葬在株岭一个被风水先生称为"卧虎舔尾"的山冈上。四月初七，岳飞按照惯例向朝廷递交辞呈，随即入住庐山的东林寺，准备在那里为母亲守孝三年。

宰相赵鼎深知岳飞至孝，接到岳飞的辞职报告后，立即按例通过枢密院于四月初七与初九接连发文让他起复，同时请高宗下《起复诏》。四月初九，宋高宗命宦官邓琮前往庐山慰问，除了按常规行祭奠礼外，又额外赏赐白银一千两，绢一千匹，同时下达了第一道《起复诏》，令岳飞"即日降制起复"。岳飞不肯起复，想穿着孝服谢恩，可是邓琮坚决不同意。其实，早在岳飞接到枢密院第一次的发文后，就已经向朝廷提交了《乞终制札子》，希望皇帝"矜怜余生，许终服制"。使者走后，岳飞立刻写下《乞终制第二札子》，二度上书，请求皇上允许他解官，丁忧终制。

高宗见岳飞一诏不起，只好二下《起复诏》，为了成功打动岳飞，他干脆没用锁院的词臣，而是御笔亲挥，破天荒地由皇上自己动手写完了起复大臣的诏书，而且诏书极尽煽情之能事，可谓动之以情，晓之以理，家国大义娓娓道来，一般人着实招架不住。开头就说"倚注之深，良用震怛"，结尾强调"故兹亲笔，谅悉至怀"，意思是说，为了表达对爱卿的倚重与关心，我都亲笔写诏书了，你也该体谅我的深情厚谊吧。宋高宗要岳飞"国耳忘家，移孝为忠"，"体几事之重，略常礼之烦"，希望他起复后"趁吏士锐气，念家国世仇，建立殊勋，以遂扬名显亲之美"。这道诏书，无论从语气还是到内容，都充分体现了高宗极力笼络岳飞的良苦用心，也从侧面验证了岳飞对于岌岌可危的南宋政权具有无可替代的重要作用。第二道《起复诏》于四月二十七日发出，从临安府（今浙江杭州）到庐山用了四天，五月初一岳飞接到诏书。侍母极孝、固守礼法的岳飞再次恳请终制，在呈送皇上的《乞终制第三札子》里说："老母沦亡，忧苦号泣，两目遂昏。"正因为岳飞如此一而再、再而三要求守制，才有了拍卖会上价值800多万的宋高宗第三道《起复诏》。诏书全文如下："卿□终天年，连请守制者，经也。然国事多艰之秋，正人臣干蛊之日，反经行权，以墨縗视事，古人亦尝行之，不独卿始，何必过奏之耶？□□练兵襄阳，以窥中原，乃卿素志。诸将正在矢师效力，卿不可一日离军。当以恢复为□，尽孝于忠，更为所难。卿其勉之。绍兴六年五月二十八日，（皇）帝书赐岳飞。"伴随着第三道诏书一同而来的还有宋高宗和南宋朝廷针对岳飞一再拒绝起复而下达的最后通牒：一是命令岳飞"日下主管军马，措置调发，不得再有陈请"；二是命令岳飞的部将敦请岳飞"依旧治事，如依前迁延，致再有辞免，其属官等并当远窜"。正是后者，对岳飞造成巨大压力，倘若他固执己见，仍不起复，将连累旗下部将因"不体国敦请"而获罪流放，向来体恤部下的岳飞怎么可能因一己私事而牵连大家呢。与此同时，边疆传来消息，敌人乘机攻占了唐州（今河南唐河县）。南宋抗金元老李纲单独写信给岳飞，"宣抚少保以天性过人，孝思罔极，衔哀抱恤"，恳切希望他不要"以私恩而废公义"、"幡然而起，总戎就道，建不世之勋，助成中兴之业"。在朝野上下的一片反对声中，岳飞终于下定决心放弃礼法，终止居丧，重返鄂州奔赴前线。为了寄托对母亲的孝心与哀思，岳飞将姚氏刻木为像，每天一早一晚给母亲请安问候就像母亲活着的时候一样。

岳飞的故事正应了古人那句话，自古忠臣必出于孝子之门。向来秉持"若内不能克事亲之道，外岂复有爱主之忠？"的岳飞在家是无可挑剔的孝子，在外是赤胆忠心的忠臣。起复之后的岳飞牢记母亲"尽忠报国"的教诲，把对母亲的爱全都化为了为国为民为了南宋江山社稷的一腔热血，在他生命中的最后一个五年里，书写了人生最辉煌的篇章。

绍兴六年（1136）七月，岳飞正式誓师北伐，英勇善战的岳家军战无不胜，攻无不克，不久即收复大片失地，北伐大获全胜。此后几年，岳家军南征北战，所向披靡。金军遭受重创，已经无力对南宋构成威胁，眼看胜利在望，中原光复指日可待，无奈苟且偷安的宋高宗赵构根本无心复国，只想守着自己那点地盘得过且过，当金人的威胁逐渐消退，手握重兵且威望颇高的岳飞就成了赵构的眼中钉。接下来的故事大家都知道，卸磨杀驴，兔死狗烹，这似乎是中国历史无法避免的悲剧，自西汉以来，不管哪个王朝，总有那么几个让人唏嘘不已的悲情角色，而岳飞，似乎是最让人纠结的一个，一生戎马，满门忠烈，却无奈于莫须有。

每每想到宋高宗连下十二道金牌，总忍不住感慨，一个文韬武略、足智多谋的帅才怎么就不懂得将在外，君命有所不受的道理呢？感慨之余，有些人还忍不住貌似公正地总结一番，"爱国可嘉，忠君可厌"，殊不知，在那样一个标榜天是爹，地是娘，皇帝是宗子，文武百官则是宗子选出来的家丁和管家的宗法社会，臣子对君主只有效忠这一条路，维护皇权天经地义。所以，《水浒传》里的宋江放着逍遥的山大王不当，一门心思地想招安。岳飞也好，宋江也罢，他们从小读着《孝经》等儒家经典长大，思想早已被儒家的宗法伦理浸润了。儒家治国也并不是一无是处，在面临外族入侵，江山社稷风雨飘摇的时候，这种忠义思想一旦激烈迸发，就升华为宁死不屈的民族气节和忠贞不渝的爱国情操，这是一个民族不可缺少的精神财富。

第六章　元朝——二元政治体制下的丁忧制度

中国人的智慧可谓无处不在，比如对于文字的运用，一个三笔就能完成的"大"字，最大限度地承载了人们对于美好事物的赞美，比如：大人有大量、大富大贵、大红大紫。中国人对于民族历史的自信也通过一个大字淋漓尽致地展现出来，比如：大汉、大唐、大宋、大明、大清。但是，纵览五千年泱泱华夏，真正称得上"大"的王朝，却非来自草原上的蒙古人建立的大元莫属。也许是汉族作为中华正统由来已久的自尊心在作怪，对异族统治的这段历史多有贬斥，甚至不少史学家将其视为中国历史上的插曲或匆匆过客。但是，不管就疆域辽阔还是文化多元，元朝绝对是中国历史上值得大书特书的一段。元朝的大脱胎于它的前身蒙古帝国，骁勇善战的蒙古骑兵在"像海洋一般广阔的大汗"成吉思汗的带领下，开疆扩土，攻城略地，发誓要把青草覆盖的每一个地方都变成蒙古人的牧马之地。经过铁木真、窝阔台、贵由、蒙哥祖孙几代人马不停蹄的东征西讨，蒙古帝国的触角已经遍及欧亚大陆。公元1259年，眼看南宋灭亡在即，蒙哥却不幸在攻打四川钓鱼城时被炮石击伤殒命，这是蒙哥作为蒙古大汗的第一次御驾亲征，不幸却成了最后一次。蒙哥死后，他的两个亲弟弟，四弟忽必烈和受漠北蒙古贵族拥护的七弟阿里不哥相继宣布继承汗位。为了争夺汗位，一母同胞的兄弟俩不惜兵戎相见，手足相残。经过历时四年的激烈厮杀，忽必烈凭借着汉族地主阶级和一部分蒙古贵族的支持，最终胜出，成功登顶。

公元1271年，忽必烈改国号为大元，建立元朝。公元1272年，正式迁都大都（今北京），忽必烈就是元世祖。元朝建立后，野心勃勃的忽必烈第一时间将灭亡南宋提上了议事日程。忽必烈吸取哥哥蒙哥南征的教训，改变以往主攻川蜀的作战策略，转而集中火力攻打襄阳和樊城两座重镇。襄樊陷落后，南宋的防御体系名存实亡。经过几年的垂死挣扎后，气数已尽的临安小朝廷缴械投降。不甘失败的皇室成员又建立起流亡政权，东躲西藏。公元1279年，经过惨烈崖山一战，南宋最后还在苦苦支撑的抵抗势力被元军彻底肃清，对南宋忠心耿耿的丞相陆秀夫背着年仅8岁的幼主赵昺投海，偏安江南苟且偷生153年的南宋政权彻底灭亡。从此，蒙古人彻底结束了自唐末以来长达300多年的国内分裂和几个民族政权并存的政治局面，使中国再一次实现了大统一，奠定了中国疆域的基本雏形，同时也为之后明清时期的长期统一奠定了坚实的基础。

如何主宰泱泱中华，对于骑马南来的毫无历史经验可以借鉴的元朝统治者来说确实是个大问题。元朝一方面要维护本民族的特殊地位，捍卫游牧民族独特的风俗习惯和文化传统，防止被先进的汉民族文化同化。同时，作为大国的主宰，又不得不从具体国情出发，毕竟汉族是这个统一多民族政权下的主体，为了维护国家政权，统治者必须从政治需要和民族情感出发，在大力维护自身民族文化属性的同时，尊重汉族的文化传统和生活方式，尽可能地保留中原的一些封建制度，重用汉族知识分子，以汉法治汉地。在这种特殊的国情背景下，元朝的统治者们一方面采取民族歧视、民族压迫政策，最大限度的削弱异族人民的反抗，维护蒙古贵族的特权。同时，又不断拉拢、联合异族尤其是汉族上层人士，通过他们实施汉化改革，推行汉法，以稳固其在中原的统治基础。这种典型的双重民族政策反映在政治领域就是蒙汉双重政治体制并行，中国传统的儒家治国伦理并没有被全盘否定，虽然常年生活在马背上的蒙古人重武轻文，儒学根底很浅，但是，由于儒家伦理思想在治国御民方面有着无与伦比的特殊功效，所以，马背上驰骋天下的蒙古人并没有将它彻底放弃。其中，一个重要的表现就是蒙古人继承了自汉以来，封建帝王以孝治国的衣钵，继续高举孝字大旗，用儒家孝道伦理维护社会秩序，巩固人伦关系。

一 元朝以孝治国

生活在大草原上的蒙古人素以游牧为生，逐水草而居，相对于中原地区建立在农耕文明基础之上的家庭关系而言，分散的、流动的游牧经济基础之上的家庭关系比较松散。父子之间的依存关系相对较弱，没有像汉族那样产生建立在家庭成员密切联系基础之上的孝道伦理。蒙古统治者入主中原后，一方面出于政治统治的现实需要，另一方面由于受中原文明的影响，统治者也开始注重孝道，儒家孝道伦理渗透到治国理政和社会生活的方方面面。

元朝统治者重视孝道的一个重要表现就是帝王们的谥号中有了孝字。元世祖忽必烈本身就是个大孝子，对母亲孝顺至极，为了彰显元帝国对于孝道的重视，忽必烈给自己定的尊号就是"宪天述道仁文义武大光孝皇帝"。自忽必烈以后，几乎每位继任者的谥号中都有孝字，不仅包括正式登记的皇帝，还包括后来被追封为皇帝的裕宗真金、顺宗答剌麻八剌、显宗甘麻剌。尤其是明宗和世㻋，他有两个谥号，里面都有孝字。元朝诸帝中唯一没有谥号的是泰定帝也孙铁木儿，他自幼生长在漠北，对汉文化几乎一无所知，而且他的皇帝位是靠流血政变抢来的，后来的文宗图帖睦尔为了表明其帝位来源的不合法，干脆就没给泰定帝追封谥号。

元朝对于孝道的重视除了体现在皇帝的谥号上，还表现在皇帝的诏书中。在诸位皇帝的诏书中经常可以看见类似"每念治必本于尽孝"、"帝王之道，德莫大于克孝"之类的话语，字里行间体现出蒙古帝王对于孝道的推崇与重视。

元朝统治者以孝治国的另一个重要表现就是重视皇位继承人的孝道教育，在选择由谁做帝国的储君时，尤其看重候选人的孝德。忽必烈按照汉制确立真金为太子后，对真金的教育非常重视。忽必烈亲自挑选学识渊博的正统儒士教授真金儒家孝道伦理。元朝儒士教育皇太子时，往往把《孝经》作为儒家经典之首，并时常结合一些贤君明主的孝亲故事对皇太子动之以情，晓之以理。

除了重视对帝国未来掌舵人的孝道培养，元朝还把孝道作为选拔官吏的重要标准。元朝前期，由于蒙古人尚武轻文传统的影响，没有实行科举制度，儒家伦理孝道就成为官员选拔的首要标准，规定"孝子顺孙堪从政者，量才任之"。元仁宗以后开始实行科举制度，地方官员推举举人的标准仍然是"乡党称其孝悌"，即在街坊邻里中要有比较好的孝道口碑。为了方便官员尽孝，元朝规定如果父母年逾七十，而身边没有别的子女侍奉的，官员可以就近任职，方便照顾父母。由此可见，元朝政府在尽可能地创造一切条件，鼓励官员尽孝。

旌表孝行、舆论教化一直是历代统治者惯用的有效手段，元朝也不例外。礼部的职能之一就是褒奖"忠孝贞义"，除了礼部，各地的地方官也负有褒奖孝悌、严惩不孝的职责，一些儒士出身的地方官本身就非常注重对老百姓的孝道教化。元世祖忽必烈在位时的太原路总管李德辉上任后办的第一件事情就是兴办学校,表彰孝行,像李德辉这样重视学校教育,大力弘扬孝道的地方官员不在少数,他们成为元朝以孝治国决策最有力的执行者。除了对于孝行的嘉奖,与之相呼应的就是法律对于不孝行为的严惩。元朝继承了唐、宋的法律传统,仍然把不孝列为十恶不赦的重罪,一经发现,严惩不贷。

事实上,入主中原以前,生活在大草原上的人们并没有像中原地区的汉人那样形成一套严谨又繁琐的孝道礼仪。蒙古统治者最后能接受儒家的孝道伦理,采取以孝治国的汉人传统,是汉族儒生和被汉化的蒙古人、色目人不断努力的结果。

二 丁忧制度遵等级

元朝消灭南宋流亡政府,实现中华民族历史上前所未有的大一统后,为了加强中央集权,巩固中央政府对风俗各异、信仰不同的多个民族的有效统治,特别是对文化上处于绝对优势的汉族的管控,政府一方面采用极其严厉的民族压迫政策,把反抗意识较强的汉人和南人牢牢压在社会的最底层,使占人口绝大多数的汉族老百姓失去抵抗能力。另一方面,统治者因地制宜,入乡随俗,借鉴汉族一千多年来先进的治国经验,高举孝旗,积极推行儒家伦理道德,以此稳固家庭关系,调节家庭矛盾,进而移孝作忠,维护元朝统治下的社会秩序。

为了最大限度地消除汉族人对外来异族的抵触,统治者尽量借鉴和沿袭中原地区的传统,以汉法治汉地,大量任用汉人儒士入朝为官,极力拉拢汉族地主阶级,尽可能地减少因文化差异产生的民族摩擦,以实现其统治的长治久安。比起那些自以为是、顽固不化的蒙古旧贵族，元朝的开拓者忽必烈确实是高瞻远瞩，具有一般人无法比拟的雄才伟略和远见卓识。从某种意义上讲，他的历史功绩绝对不逊于只识弯弓射大雕的一代天骄成吉思汗。忽必烈力排众议，沿用了许多汉族传统的封建管理制度。其中，作为以孝治天下的重要措施，官员的丁忧制度就被很好地保留下来了。

不过必须承认，对于常年生活在马背上，习惯了自由驰骋、无拘无束，性格豪爽、快意恩仇，向往自然、崇尚简单的蒙古人而言，要他们接受汉族的那套亲疏有别、贵贱有分的伦理观念和复杂到极致的繁文缛节，并不是一件容易的事情。况且攻城略地、所向披靡的成吉思汗的子孙们向来对祖父流传下来的蒙古传统有着与生俱来的强烈的自豪感，从来不肯接受被征服地区的文化影响，标榜所谓的"自谓遵祖宗之法，不蹈袭他国所为"。所以，丁忧制度被接受并逐步推广，势必要经历一个漫长的发展过程，同时受到蒙汉二元政治体制的影响，不可避免地会被打上深深的二元政治烙印，呈现出不一样的丁忧特色。

（一）丁忧人员的逐步扩大

胜利者向失败者学习，本身就是一件需要很大魄力的事情，何况是要以勇猛著称、几乎打遍天下无敌手的蒙古人向节节败退、几度屈膝求和的汉人学习呢？

虽然忽必烈早在公元1260年自立为汗时就已经在诏书中公告天下："稽列圣之洪规，讲前代之定制。建元表岁，示人君万世之传，纪时书王，见天下一家之义。法《春秋》之正始，体大《易》之乾元。"郑重地向世人宣告了自己要做新王朝的皇帝，改行汉法，实施文治。但是，帝国的运行往往不是一个人的力量就可以主宰的，尽管忽必烈态度坚决，信心满满，但是蒙古守旧贵族向来势力强大，他们的阻挠和反对势必会影响决策的执行，例如西北的蒙古藩王就曾在朝堂上毫不留情地指责忽必烈背弃祖宗，数典忘祖。所以，汉法在实际执行过程中势必会有妥协，甚至出现反复，丁忧作为封建社会最大礼制丧葬的重要内容，自然也不例外，在决策层面就曾几度反复。

元初，虽然官方文件中就有了"父母之丧三年，天下之通丧"的记载。但是，三年丧并未全面推行，丁忧制度也没有付诸实施。官员遇丧，政府一般都是给假处理，并且假期内工资照发，但是如果超过期限不及时重新上岗，就会遭到罚俸的处罚。

大德元年（1297），规定那些远在云南任职，而家在中原的官员，遇到父母或祖父母丧事，可解官奔丧。大德二年又补充规定，凡是遇到父母丧事，除了蒙古人和色目人各从本俗，另外在朝廷中身居要职，不可或缺的重臣和管军官可以不丁忧外，其余人等（主要是汉族官员）要依例服丧。六年之后，丁忧的范围进一步扩大，皇帝下诏，三年之丧，古今通制，今后除怯薛人员（怯薛为蒙古语的音译，即元朝时负责保护皇上的禁卫军，平时负责守卫皇宫，督导宫廷执事、照顾马匹及维护辎重。怯薛起源于草原部落贵族亲兵，带有浓厚的父权制色彩，后来发展成为封建制的宫廷军事官僚集团，元代官僚阶层的核心部分）、戍边的军官外，其余官员，一律准许丁忧守制。自此，蒙古人和色目人也加入了丁忧守制的范围了。

为了强化丁忧制度的执行，至大四年（1311），元武帝海山下诏，"官吏并许终制，以厚风俗。朝廷夺情起复，蒙古、色目人、管军官不拘此例"。可见这时元朝统治者已经非常重视通过官员丁忧以厚风俗了。不过，管军官、蒙古人和色目人依然不受强制约束。此后十几年，丁忧政策基本上没什么大的改动，直到公元1323年泰定帝也孙铁木儿继位，泰定帝自幼生长在漠北，对汉文化知之甚少，他继位后积极推行蒙古化，反对汉化。公元1328年，泰定帝下诏，如果蒙古人、色目人效仿汉人丁忧，一律被除名。自此，以往的丁忧制度被全盘否定。好在泰定帝在皇位上待的时间不长，并未在根本上动摇已经建立了广泛群众基础的丁忧制度。文宗图帖睦尔继位后，立即否定了也孙铁木儿对蒙古人、色目人丁忧的限制，重新规定"蒙古人、色目人愿丁父母忧者，听如旧制"。重新恢复了蒙古人和色目人丁忧的自由。到元顺帝时，诏书规定，所有的蒙古人和色目人都要效仿汉人为父母行丧，至此，丁忧成为老百姓广泛认可的一种社会常态，在各族民众中得到很好的执行。

丁忧制度的普及一方面得益于开明统治者的推动和倡导，另一方面也源于汉族文化的熏陶。蒙古人、色目人长期在中原居住，与汉人杂居，久浴华风，耳濡目染，自然就会受汉族人生活习惯的影响，渐渐接受中原的道德理念，自觉按照汉族人的行为规则办事。

由此不难看出，丁忧在元朝经历了一个逐步推广的过程。元世祖忽必烈虽然力主汉化，但是，政权初建，作为蒙古族的总代表，他在实行汉化，进行文治的同时又必须照顾到蒙古贵族的利益，改革的步子不可迈得太大，所以在元世祖时期，丁忧制度并未付诸实施，只是在诏令中规定了官员遇丧可以请假。元代中期，统治者继续实行忽必烈的汉化政策，政治上重用汉族儒生，恢复科举。在汉族官员和汉化较深的蒙古族、色目上层人士的共同推动下，统治者进一步接受了儒家的伦理道德观念，汉化改革成了大势所趋，不可逆转。与此同时，民间的交流也如火如荼，生活在一起的汉族人、蒙古人、色目人等逐渐打破民族隔阂，频繁交往，风俗习惯相互影响，民族融合日益加深。民间的交流和融合进一步推动了政策的改变。大德八年，政府放宽了对蒙古人和色目人的丁忧限制，明确表示，除了负责保护皇上、守卫皇宫的禁卫军和守卫边疆的军人，其他的官员都得丁忧终制后才能重新起用。

相比于以前各朝，丁忧只限于汉族人的现象，在元朝丁忧的范围确实是前所未有地扩大了。大量移居中原的蒙古人、色目人和其他少数民族纷纷自愿加入到为父母丁忧尽孝的队伍中来，成为中华民族大融合的有力佐证。

（二）丁忧违制的法律惩罚

需要说明的是，虽然蒙古人和色目人被政府纳入了丁忧的行列，扩大了丁忧人员的范围，但是，在实际执行中，对蒙古人和色目人并不做强行要求，更多地体现为一种自愿原则。听之任之，顺其自然。元律对丁忧违制的处罚实际上只限于汉族官员。同唐宋律一样，元朝也明令禁止居丧作乐、匿丧不报等居丧不孝行为，只不过，元律对这类行为的惩罚要比唐宋律轻得多。元律规定，官员遇父母丧，匿而不报，不及时奔丧的，杖六十七，并在原先职务的基础上降两等，留作品官以外的办事人员任用。如果丧期未满，冒哀求仕，笞四十七，在原先职位的基础上降级一等，并且要等到丧期期满之日才能重新上班。如果父母早就死了，诈称新丧请求丁忧的，笞五十七，罢免现有官职改任普通办事人员。如果官员犯了罪为了逃避惩罚而诈称亲丧，杖八十七，予以除名，不再叙用。另外对于居丧期间饮酒作乐的，一律免职，永不叙用。

由此不难看出，元代对丁忧违制官员的处罚多为降职和笞、杖，最严厉的处罚也不过就是摘了乌纱帽，做回普通老百姓，相对于以往唐宋律动不动就流放、徒刑，元律的量刑幅度明显要轻得多。这也从一个侧面反映了游牧民族对于孝道有着与汉族不一样的解读，除了对丁忧处罚力度减轻外，元律还有一个非常明显的改变。原先在唐宋，被人顶礼膜拜的最高孝行，割肉侍亲、剖肝救父等愚蠢行为不再被统治者接纳，反而成了法律明令禁止的恶行。

由于元律本身对丁忧违制的惩罚力度不大，再加上它仅仅适用于汉族官吏，所以，在整个元朝，丁忧制度的执行度并不高，除了有相当一部分蒙古和色目官员不愿丁忧外，汉族官员丁忧违制的也不在少数。比如，江西道州路知事苤荣，父母病故后，匿丧不报，依旧照常上班。事情败露之后，苤荣被笞四十七下，然后回家居丧，待期满除服后，降职一等继续任用；还有黄州录事司判官靳克忠，接到父亲去世的消息后，不立即奔丧，反而撒谎掩饰，不肯解官，被打了四十七下，罢免了现有官职，待服丧期满后，降一级留用；相比于保住了铁饭碗的这二位而言，淮东宣慰使汪元昌就没那么幸运了。父亲去世，不立即奔丧；皇上升天，他照旧饮酒作乐。被人告发后，两罪并罚，汪元昌被撸了官职，永不叙用。

（三）丁忧请假的程序规定

为了防止官员擅自离职造成人员短缺，元政府对官员离职丁忧进行了严格的程序限制，并根据官员的任职情况区别对待。对于那些尚未得到正式任命的预备官员，一旦遭遇父母丧事，要在第一时间让跟自己关系密切的儿子、孙子、弟弟或侄子报告所在官府，如果没有上述近亲属则依次在其他亲属中指派一人，再由所在官府层层上报到行省，最后还要由监察御史和肃政廉访司等监察部门进行核查。现任官员的请假程序与之类似，但要比未任官员的稍微严格一些，即必须要有书面的请假报告，元代称之为曹状。除此之外，在离任前还要进行交接手续，待所有事宜一一交接完毕后才能离职丁忧。

虽然元代官员的丁忧执行度不高，但是政府对官员丁忧的程序要求非常严格，实行层层把关，责任落实到人，如果有一层传达不够准确，出现纰漏，相关人员就要受到惩罚。

(四) 丁忧期间官员的待遇和保障

元代官员遭遇父母之丧，一般都可以丁忧终制，但是对于那些守卫皇宫的禁卫军和戍守边疆的边关将士，往往没有丁忧的权利。但是，对于这些人，朝廷也会给予丧假已尽人子之孝。对于那些不能解官丁忧的官员，若遭遇父母丧，一般给假三十天；若遭遇祖父母丧，给假二十天，来回的路程耽搁并不包含在内。假期内官员的俸禄照发。但是，如果不能按时返回工作岗位则要受到扣发工资的惩罚。同样的，为了保障丁忧制度的有效执行，以达到重人伦、厚风俗的目的，官员丁忧期间也是保留俸禄，工资照发，从而确保了丁忧官员生活上没有后顾之忧。

除了经济上的保障外，元朝法律还规定，官员在任期间违法，若此时遭遇父母之丧，允许官员先为父母尽孝，待其丁忧期满后再追问治罪。对于那些因犯私罪已经被捕入狱正在审理的官员，不管其招供与否，一律先行释放，允许他回家居丧，待服除期满后，再继续审理。若是因公事获罪，同样允许奔丧而且不再追究其所犯公罪的法律责任。不过有一种情况除外，那就是侵吞公款的官员，即使遭遇父母丧，也不能停止对其罪行的追究。由此可见，元政府为了更好地鼓励官员丁忧，无论是在经济还是法律方面都为官员丁忧提供了非常有力的保障措施，给予了丁忧官员很多照顾。

三 元代丁忧制度的特点和地位

元代，作为统治者的蒙古人一方面想加强本民族的思想意识，把游牧民族的传统保持下去并发扬光大。但是同时，作为多民族国家的大家长，元朝统治者又不得不照顾其他民族的民族习惯和民族情感，尤其是人数占优，文化先进的汉族。于是，蒙古人在治理天下的时候，"国俗"与"汉化"并举，形成了典型的二元政治体制。这既体现在元朝皇帝既有汉族庙号又有蒙古庙号上，也体现在国家机构的设置和政治班底的组成上，而在这一特殊的二元政治体制下，元朝的丁忧制度也呈现出不同以往的特殊之处。

  首先在多民族混杂而居、交流频繁，民族融合不断加剧的情况下，外来民族受到汉文化的濡染，不知不觉地接受了汉族的伦理观念和行为习惯。在这种特殊历史背景下，丁忧的范围不可避免地出现扩大趋势，不单纯地局限于汉人，一些汉化较深的蒙古人、色目人也纷纷加入进来，丁忧的队伍进一步发展壮大了。其次，与人员范围扩大形成鲜明对比的是，法律对丁忧的惩罚却仅限于汉族官吏，而且，惩罚力度较之以往明显轻了很多，从而造成不少官员敢于冒险，逃避丁忧。所以，终元一代，丁忧的实际执行度不但没有明显提高，反而比唐宋时略有下降。最后，元朝的法律与唐宋律相比，还有一个明显变化，那就是它惩罚的对象仅限于汉族官吏，并没有把普通老百姓包括在内，也就是说老百姓是不是按传统礼制居丧守制并不在法律的关注范围之内，这与唐宋时期的礼法下移，法律明确要求全体社会成员按照礼法居丧守制有明显不同。没有了法律的约束，再加上外来文化的影响，老百姓的居丧情况可想而知。没有了浓郁的社会氛围和强有力的民间舆论监督，丁忧在全国的执行情况应该不会很理想。还有一点值得注意的是，元朝大大缩小了官员丁忧的丧服范围，按照唐朝法律，凡是在九族五服范围内的，官员一概要居丧，即只要是五服范围内的亲属去世都要居丧，而元朝则大大压缩了居丧范围，官员丁忧仅针对父母丧，祖父母丧已不再是强制丁忧的内容。

虽然元代的丁忧制度较之以前，在某些方面似乎呈现出程度不同的式微态势，但是，考虑到当时的复合型政权模式，出现上述变化似乎也在情理之中。游牧民族以独特的视角审视中原文明，对儒家伦理规范适当调整，使其更能适应时代潮流，符合现实需要，应该说是一种历史的进步。生性豁达的蒙古人对多民族文化采取了极为包容的态度，允许百花齐放，各从本俗，这确实是一种难能可贵的政治大度，对实现民族文化的多样性具有重要意义。丁忧制度虽然发生了一些改变，但也不能完全视之为历史的倒退。元朝统治者一方面鼓励丁忧，弘扬孝道，淳化民风，同时又站在旁观者的角度深刻意识到有着千年历史的儒家传统礼教的某些不合理处，并从政策上加以引导。对那些哀毁灭性、毫无人道的愚孝行为明令禁止，从而使传统礼教对人们思想上的禁锢有所松动，一定程度上起到了思想解放的作用。总而言之，元代的丁忧制度是丁忧制度历史发展链条当中不可或缺的一环，为后来明、清两朝丁忧制度的调整奠定了坚实基础，具有不容抹杀的承继作用。

第七章　明朝——丁忧制度大改革

盛极一时的大元王朝终究还是没能摆脱短命而亡的命运。元朝末年，不堪忍受的老百姓终于被逼上梁山，揭竿而起。短时间内，各地起义如星星之火，很快形成燎原之势，早已腐朽不堪的元政权顿时陷入风雨飘摇之中。帝国大厦倾覆在即，似乎就等着上天派某位强人来收拾残局了。然而，任谁也没想到的是，这个肩负重任的元朝终结者，此刻正在一个名不见经传的破庙里做着和尚撞着钟。这个人，不用说大家也知道，就是对珍珠翡翠白玉汤情有独钟的草莽皇帝朱元璋。

在元末混乱不堪的农民起义和军阀厮杀中，草根出身的朱元璋力挫群雄，脱颖而出。这个历经劫难，差点无数次被饿死的讨饭和尚最终夺得上天眷顾，成了大元王朝最后的掘墓人。

公元1367年，朱元璋高举"驱逐胡虏，恢复中华"的民族大旗，兴兵北上，势不可挡。公元1368年正月，41岁的朱元璋在应天（南京古称）举行登基大典，正式登上帝位，国号大明，年号洪武，定都应天，后改称南京。如同当年的汉高祖刘邦一样，祖宗八代都是农民，一辈子没喝过多少墨水的朱元璋再一次书写了麻雀枝头变凤凰的历史神话，成为中国历史上极富传奇色彩的农民皇帝。同年七月，朱元璋攻克德州、通州，兵临大都。元顺帝妥欢帖睦尔见大势已去，深夜带着后妃、太子仓皇北逃。自此，统治中国近百年的元王朝被推翻了。

一　重孝道、兴教化、制礼律

作为元朝的掘墓人，朱元璋不断总结元朝灭亡的教训。在他看来，风俗关乎治乱，元朝社会混乱、最终短命而亡的一个重要原因就是圣贤之道的缺失。自西汉以来用于维护封建社会秩序的传统礼制惨遭破坏，儒家伦理规范不复存在，即"华风沦没，夷道倾颓"。因此，朱元璋做了皇帝之后的一个重要任务就是恢复和振兴支离破碎的封建礼制，用传统礼法文化重建封建统治秩序。

自朱元璋以后，明朝历代统治者都很重视礼制在稳定社会秩序方面的特殊作用，把礼仪的制度化建设作为治国理政的重中之重，可以说明朝的礼法在唐宋的基础上走向了大备。像之前的很多封建君主一样，朱元璋把弘扬孝道，以孝治国作为礼法重建，构建理想的封建伦理秩序的着眼点和突破口，以教化为手段，以刑罚为补充，努力打造一个长幼有序、邻里友爱、亲戚和睦、互帮互助的理想社会。

（一）身体力行倡孝道

朱元璋认为孝是治理国家的根本所在，是自古至今亘古不变的治世宝典。首先身为一国之君，皇帝本人就很好地起到了模范带头作用。

有一次朱元璋在后花园里散步，看见一只喜鹊在哺育幼雏，朱元璋触景生情，想到辛苦哺育自己长大却没来得及看见他飞黄腾达的母亲，不禁潸然泪下，满含深情地对身边随行的大臣们说，连鸟都能为后代如此勤劳付出，何况是母亲对孩子呢？感慨之余，朱元璋立即下诏，公告天下，今后凡是家中有老人需要赡养的,官员均可辞官,回家奉养,以尽人子之义,回报父母哺育之恩。放牛娃出身的朱元璋虽然没读过多少圣贤书,可是对圣贤之道却是了然于心,运用得恰到好处。

洪武二十四年(1391)七月,龙江卫一个小吏员因为犯了错被罚抄书。后来遭遇母亲去世,小吏员请求为母守制,待丧期结束了再接受处罚。礼部尚书詹徽不同意,朱元璋知道后,把詹徽叫来狠狠地批评了一顿,他认为小吏员的请求合情合理,天经地义,朝廷不能因为处罚官员而丧失天伦。接着他又给詹徽好好地上了一课,劝他多行善事。一番深明大义、软中带硬的教训下来,饱读诗书的礼部尚书惭愧万分,无地自容。

平心而论,抛开学历不谈,朱元璋绝对算得上是个优秀的导师,他总能利用任何细微的机会,动之以情,晓之以理。相比于严刑酷法,我们这位草莽出身的皇帝更喜欢用道德感化的方式,教人向善。

(二) 大刀阔斧办教育

除了以身示范,言传身教外,朱元璋还特别重视发挥学校教育在弘扬孝道、厚化风俗方面的作用。没读过几天书的朱元璋却深刻领会了"百年大计,教育为本"这八个字的重要意义。在他看来,教化几乎是万能的,无论中夏蛮夷,天下之人没有不可以教化的。即使是尚未开化的蛮夷地区,虽然生活习惯和社会风俗差别很大,但只要"抚之以安静,谕之以道理",照样可以使其移风易俗,向我看齐。在朱元璋的这种教育理念下,明朝的学校教育得到了极大发展,其普遍和完善程度超过了以往历代。

明朝建国的第二年即洪武二年(1369),朱元璋下令在全国所有郡县设立学校,招生授课,并把办学成绩作为地方官考核的首要内容。

对于那些地处偏远,经济落后,办学条件较差的郡县,朱元璋命令国史台官在太学生中选择品学兼优的,赐给他们粮食和衣服,送到边远郡县教书授徒。仅在洪武八年(1375)三月,一次就选派了国子生366人。除了向外选派优秀教员,朱元璋还经常把边远落后地区的土官子弟接到太学接受教育。在他眼里,教化百姓是帝王义不容辞的责任,在他的天朝上国里,人无不可教,地无不可化。

除了注重教育的普及性,朱元璋对教学内容和教师素质也有严格要求。以《孝经》为代表的儒家经典是他心目中的教化之本,儒学就是至高无上的圣贤之道。洪武元年(1368)二月,刚刚即位的朱元璋下诏在国子学以大牢之礼祭祀先师孔子,大张旗鼓地崇儒尊孔。与独尊儒术相辅相成的则是朱元璋对儒学以外其他学说的抨击和排斥,虽然朱元璋当过几年和尚,念过几年经,但是他对佛学和道教并不感兴趣,斥之为蛊惑人心、悦人耳目的邪说歪道。

(三)制礼定律明赏罚

1. 制礼

朱元璋认为礼法是国之纲纪,理想的社会秩序的形成离不开礼仪规范,所以,在办教育、兴教化的同时,朱元璋始终把制定和完善典章制度作为要务来抓。

建国之初,百废待举,朱元璋把其他政务放在一边,先开设了礼乐二局,在全国范围内征召名儒,研究礼仪典章。在朱元璋的推动下,一系列的礼书乐典纷纷出炉,在元末军阀混战中被破坏殆尽的传统的礼乐制度在很短的时间内便得以恢复,并日趋完善。据明史记载,明朝的绝大部分礼仪典制都是在朱元璋在位的32年间制定完成的。其中,洪武三年(1370)九月制成的《大明集礼》是有明一代的礼典规章的集大成之作。

翻开历史,不得不承认,不管是庙堂之高还是江湖之远,明朝的礼仪制度果真如朱元璋期望的那样,延伸到了皇权所及的每一个地方。

2. 定律

明刑所以弼教,与系统而严密的礼仪制度相辅相成的就是明朝的法律规范。朱元璋主张"明礼以导民",教化天下,但是,对于那些不守礼教、视礼法为儿戏,破坏社会秩序的顽民,朱元璋也是毫不留情的。正如他对孙子朱允炆说的,"吾治乱世,刑不得不重"。

出礼则入刑,明朝统治者依据礼制制定法律,几乎把所有违背礼制的行为都纳入法律惩罚的体系内,用严刑酷法保障礼制得到更好的遵守和执行。与之前的唐宋律相比,大明律典更加规范和系统,立法结构也发生了较大改变。礼仪犯罪不再散见于各个篇章,而是完整地成为律典中一个独立的单元,自成体系。

朱元璋高举孝旗,以身示范,兴学办校,制礼定律,多管齐下,恩威并重,这位平民皇帝多年的苦心孤诣终于扭转了元末以来道德沦丧、法纪败坏的乱象,重新确立了传统儒家伦理规范,恢复了社会秩序,整个中国呈现出一种前所未有的平静之象。

二 丁忧制度大改革

朱元璋特别注重发挥礼法在维护社会秩序方面的作用,在他的强力推行下,明朝的礼仪法典在唐宋礼律的基础上有了质的飞跃。其中,承载孝道、体现人伦的丁忧制度更是得到了历任统治者的高度重视。在明朝的礼仪制度日趋完善的同时,丁忧制度也在沿袭前朝的基础上走向了大备。

明朝的丁忧制度以唐宋礼制为基础，同时基于明朝皇权的空前加强，"礼乐自天子出"，大到国家制度，小到乡间习俗，无一例外不体现着皇帝的意志。在皇权至上的影响下，丁忧制度自然不可避免地受到学历不高却极具个性的朱元璋的个人影响，从而呈现出讨饭出身的皇帝与众不同的思维方式和伦理观念，形成了极具朱氏个性色彩和时代特征的明朝丁忧制度。

与中国的绝大多数皇帝不一样，朱元璋是典型的贫农出身。没读过几年书，腹中墨水太少，自然就少了文人附庸风雅的穷酸气质，做起事情来干脆果断，雷厉风行，重实效、讲效率是朱元璋办事的基本原则。他不会、也确实没有文辞矫饰、曲意迂回的能力，有的只是埋头苦干，踏踏实实的韧劲。

在中国历史上，朱元璋绝对称得上是皇帝中的劳模。据史书记载，从洪武十七年（1384）九月十四日到二十一日，仅仅八天内，朱元璋收到1666件公文，要处理的事情共计3391件，平均每天至少要审阅200份文件，处理400件事情。由此不难想象，这个事必躬亲的皇帝，办事效率有多高了。

朱元璋自己雷厉风行，讲求效率，同样，对手下跟他干活的人也是如此要求，那些磨磨唧唧、拖泥带水的官员自然不招他待见。有一次户部尚书茹太素洋洋洒洒写了篇上万字的奏章呈给朱元璋看，朱元璋命侍臣读给他听。结果近三个钟头只读了奏折的一半，内容多是吹捧三皇五帝、仁义道德之类的。朱元璋越听越生气，命人清点了一下字数，发现这篇两万多字的奏章其实就讲了五件芝麻绿豆的小事。朱元璋一气之下，命人把茹太素叫来痛打一顿，以示惩戒。

朱元璋务实高效的作风自然也反映到国家规章制度的制定上，确保国家机器的高效运转是他设计任何制度始终不变的原则。直接牵涉到机构运行和政务处理的官员丁忧制度自然更不例外。围绕务实高效的原则，明朝的丁忧制度与之前的相比，有了较大规模的调整。

（一）丁忧范围压缩

中国古代宗族发达，根据儒家礼制，九族内的亲属皆得服丧，且根据亲疏远近之不同，丧服分成五种，从重到轻依次是斩衰、齐衰、大功、小功和缌麻。最初的时候，古人奔丧范围很广，几乎遇丧就奔，后来基本上限制在期亲以内，即丧期为一年的亲属丧，如祖父母丧、伯叔父母丧、兄弟丧等。在古代那样的大家族内，一个人遭遇期亲之丧的机会很多，如果官员都得一一奔丧的话，势必会造成频繁旷工，耽误工作，从而影响政府机构的日常运行。这可是国事为大的朱元璋万万不能接受的。于是，洪武二十三年（1390）四月，朱元璋下令废除期亲奔丧制度，规定今后除父母及祖父母承重者丁忧外，其余期年丧不得奔赴，只能派人代为祭拜。也就是说官员只有在遭遇父母死亡或作为承重孙遭遇祖父母死亡时才能离职丁忧。此规定大大缩减了官员奔丧的范围，自此以后，相沿成习。

还有一点需要注意，朱元璋在压缩奔丧范围的同时提高了母服待遇。我们知道，自唐以后，母服待遇有所提高，无论父在父亡，一律齐衰三年。虽然与父亲的丧期同为三年，但是，齐衰毕竟不同于斩衰，母亲的地位与父亲仍有区别。洪武七年（1374），朱元璋进一步改革丧服，规定无论父在父亡，一旦母亲去世，儿子和未出嫁的女儿都要为母服斩衰三年。自此，母亲与父亲在丧服上不再有尊卑区别，母服地位得到了最彻底的提升。

除了承重孙要为祖父母丁忧外，嫡孙在特定情况下也得为祖父母丁忧，即嫡孙如果是"承荫入仕"，也就是说如果是沾爷爷的光，靠接爷爷的班而做官的话，在爷爷奶奶去世后，不管其父是否健在，占了便宜的嫡孙都得丁忧解官，守制三年。

（二）丁忧对象和期限

朱元璋把蒙古贵族赶出了中原，结束了蒙古人在中原地区的统治。但是，蒙古政权并未就此消亡，退回漠北的残余势力一直与明王朝长期对峙。尤其是明中叶以后，游牧于北方的兀良哈、鞑靼、瓦剌等蒙古部落相继兴起，不断侵扰边境，对明朝安全构成严重威胁。由于边患长期存在，明朝始终高度警惕，加强戒备，在这种情况下，明朝政府规定，武官不准离职丁忧，只有文职官员才能居丧守制，这里面也包括作为官员后备力量的秀才、举人等各类生员。明时科举制发展完备，生员乃是进入仕途的普遍身份。根据《明史·选举志》记载"京官六部主事、中书、行人、评事、博士，外官知州、推官、知县，由进士选。外官推官、知县及学官，由举人、贡生选。京官五府、六部首领官，通政司、太常、光禄寺、詹事府属官，由官廕生选。州、县佐贰，都、布、按三司首领官，由监生选"。这些不仅要回籍守制，而且居丧期间不得参加任何形式的选拔考试。

明律除了规定武官不准丁忧外，对于某些担负特殊使命的官员也加以限制。比如，负责察看天象、制定历法的钦天监官，由于古人相信天象改变和社稷安危有直接关系，所以，统治者很重视钦天监的工作。明初，规定钦天监官遇丧不许离职丁忧。洪武十九年（1386），朱元璋下令钦天监官若遭遇父母丧，可以享有三个月的奔丧假期。除此之外，其他专业性很强的太医院官、太常寺官和匠官等都不得丁忧离职，一旦有人违反，将送法严办。

明朝的文官丁忧都是服斩衰之丧，即从闻丧之日起，满27个月，期间不计闰月，官员多守一个月可以不予追究，但是如果少守一个月则要送交官府依法审问。

（三）报丧程序

为了防止官员诈丧，明朝对丁忧的报丧程序做了严格限制，并且经历了一个由严到宽，又从宽到严，逐步完善的演变过程。

1. 从"原籍审核，还报奔丧"到"闻讣即奔"

明初大业初建，百废待兴，大小衙门都有一大摊子事要处理，公务繁重使得官员不得随意离岗。一旦听闻父母丧事，需要先制作文书发回原籍，由当地衙门对丧事真伪进行核实，待核实无误，并将核实情况反馈回报之后，官员才能动身回家，离职丁忧。

虽然这种先核实后奔丧的做法基本上制止了官员诈丧投机的可能，但是，鉴于回避制度，古代官员都不在原籍任职，距离遥远再加上交通不便，可想而知，这文书一来一回得耽误多少时间。所以，严格的审核程序使得很多官员根本不能及时为父母送终，等他们赶回原籍，父母多半已经入土，连亲人的最后一面都没来得及见，很多人因未能送忠尽孝而抱憾终生。鉴于这种情况，朱元璋在洪武八年（1375）调整了报丧程序，改为先奔丧后核实，即官员父母亡故，可由待在原籍的家中亲属报告当地衙门，由当地衙门制作文书发往官员任所，官员接到文书后，即可离职奔丧。这样就省去了文书一来一回浪费时间，从而保证官员能在最短的时间内赶回家中，处理父母丧事。

2. "京官勘合，外官有引"

伴随着明朝各项制度的落实，官员的任免、管理、监督体系也日趋完善，针对丁忧报丧，最终于洪武二十六年（1393）形成了"京官有歇合，在外官有引"的监管机制。

所谓"京官有歇合"，就是指那些在南京应天府和北京顺天府工作的官员，必须要通过吏部领取内府开具的孝字号勘合文件，作为丧事核实的文件和将来服阕起复的身份证明；外官是与京官相对而言的地方官，外官遇到父母丧，应首先向其所在的部门递交书面报告，然后由吏部下属的相关管理机构开具离职丁忧的"引文"（相当于通行证），该引文既是官员丁忧的勘验证明，同时也是将来服除期满后，官员重新任职必不可少的人事档案。

3. 京官出差遇丧

京官大多在天子脚下办公，但是由于职责需要，有些京官可能会公差外出。如果在出差期间遭遇父母丧，按照明朝初期的规定，官员必须先在出差地把公事办完，然后回京复命，再到吏部报丧，领取了丧事核实文件后才能离职奔丧。但这样的规定显然耗时过久，不近人情。后来明世宗下诏修改此制，若京官出差期间遇父母丧，接到消息后即可赶回原籍奔丧，同时派人到吏部报告，领取勘合文件，等期满除服时再由原籍所在地衙门查勘，并把相关情况做成文书上报吏部即可。

4. 赴任途中遇丧

为官一生，升迁、调动是常有之事，如果升迁官员和那些初入仕途的新手在赴任途中遭遇丧事，需要奔丧守制，须由闻丧时所在地的衙门开具"奔丧守制"的证明文书，予以备案，作为日后该官员服阕起复时进行勘验的证明材料。按照规定，负责为赴任官员开具奔丧证明的所在地衙门需要承担连带责任，类似于现在的担保人，一旦发现该官员居丧不实，担保人也要连带受罚。这样就从根本上杜绝了官官勾结，合谋诈丧的投机行为。

由此可见，明朝已经形成了非常严密的丁忧报丧机制，对官员遇丧的真伪核查和服阕起复后的身份验证进行了严格规定，层层把关，步步设防，从而极大减少了官员诈丧和冒名起复、骗取官职等违法行为的发生，保障了丁忧制度的有效实行。

（四）丁忧期间的禁止行为及相关惩罚

针对元末世风败坏，市民居丧饮宴、娱尸作乐等礼制败坏等乱象，朱元璋深为忧虑，建国伊始，就下令礼官制定服丧礼仪，对居丧期间的行为作出严格限制。考虑到时代和民俗的发展演变，统治者在唐宋礼制的基础上，结合明初的实际情况，缘情制礼，对原有礼制进行了诸多调整，从而使丁忧制度更符合社会民情，实践中更方便于操作执行。

1. 删除"居丧生子"罪

根据儒家礼制，居丧期间夫妻不能同床，因此，唐宋律中都明令禁止居丧期间生孩子，违者不仅被免官还要处有期徒刑一年。朱元璋认为这样的规定有违生理，不近人情，于是，明律中删除了居丧生子这一条。那时候礼律皆出自天子，法律体现的是皇帝的意志，不像现在，法律的细微修改也要广泛征求民意。再加上当时法律制定出来后的普法工作做得不到位，导致有些老百姓根本不知道什么行为违法，什么行为不违法。在这种对法律无知的状态下，难免会发生一些没必要的悲剧。比如，江东有个官员，居丧期间与妻子行房，致使妻子怀孕生子。该官员胆小怕事，敢做却不敢当，为了逃避惩罚，反而诬陷妻子与别的男人私通，妻子不堪凌辱，自缢身亡。无独有偶，湖南有个儒生，服内生子，担心被惩处，偷偷将孩子扔进江中溺死。这些人的荒唐之举都是因为禁止居丧生子由来已久，早已深入人心，而朱元璋打破常规，一反传统，很多人并不知情。

不管怎么说，删除居丧生子这一条罪状，的确体现了农民皇帝朱元璋的思想上之开明，有利于促进人口增长，维护家庭和睦，是历史的进步之举。

2. 压缩处罚范围,减轻处罚力度

效仿唐宋,明朝仍然坚持丁忧入律,从法律层面对官员居丧期间的行为作出严格限制,并伴有相应的刑罚制裁。但是,与唐宋不同,明朝对丁忧违制行为的处罚显然要比之前轻得多,处罚的范围和力度都大为压缩,一向冷面示人的法律此时此刻居然呈现出难得一见的温情。

(1) 匿丧

《大明律·礼律》规定,官员遇父母丧或承重孙遇祖父母丧,匿不举哀者,杖六十,徒一年。由此可见,明律对于匿父母丧行为的处罚,相较于唐宋的"流两千里",最少减轻了五等。虽然这种情况在明朝中后期有所变化,弘治十三年(1500),明朝颁布了刑事单行法《问刑条例》。本着"依律以定例,定例以辅律"的原则,《问刑条例》诞生在原有《大明律》的基础上,其主要作用是对《大明律》中的过时条款进行修正,并根据社会的发展,对一些新问题、新情况进行适时补充。作为对《大明律》的补充,《问刑条例》进一步细化了匿不举哀的具体情形,并加重了对匿丧行为的处罚力度,由《大明律》的杖六十,徒一年,改为"发口外为民"(口指长城关口,口外泛指长城以北贫瘠荒凉之地)。同时,《问刑条例》还详细规定了官员遇丧后的举丧期限,逾期则视为"匿不举哀"。具体计算办法是,根据原籍到官员任所的实际路程,每行一千里按五十天计算,超过期限不离职奔丧的,一概罢官为民,发配关外。举例来说,如果官员的老家距他上班的地方正好是一千里地,那从他父亲或母亲去世的那天起算,官员在五十天内没有离职,起程奔丧,就视为匿不举哀。这样的话不仅脑袋上的乌纱帽保不住,还要去荒凉之地接受艰苦生活条件的考验。对于那些平日锦衣玉食、养尊处优、身子骨不怎么抗打击的人来说,发配口外无异于被逼上绝路,很可能因无法忍受关外恶劣的生存条件而殒命他乡。

（2）诈丧

《大明律》规定，官员若有诈丧行为的，"杖一百，罢职役不叙"，乌纱帽不保的同时还要被棍子打一百下。诈丧有好几种情形，比如"无丧诈称有丧"，即父母明明活得好好的，却诈称父母死亡，要求离职丁忧。这种放着好好的官不做，不惜以父母之名谋求离任的，多半是出于逃避责任。对于一般人而言，都希望父母好好活着，活得越久越好，即使父母真的没了，内心也很是避讳，不会轻易将此事说出口。不管出于何种目的，诈称父母死亡都是一种对人伦情感的极大伤害，于天理所不容，为人神所共愤。对于这种上不忠于朝廷，下不孝于父母的卑劣行径，统治者往往不遵法律，酌情处之，实际受到的处罚往往要比法律规定严厉得多。比如，明英宗时，福建长泰县学吏为了逃避"照刷文卷"的艰苦差役，宰杀了一只狗放在棺材里，谎称是母亲去世，请求丁忧。后来事情败露，法司准备依法对其施以杖刑。但是，英宗知道后，怒不可遏，认为对于这种天良丧尽的人，不能按常规施以杖刑，只有重罚才能上慰天颜，下顺民意。最后英宗亲自下令，将其发往边疆苦寒之地，做了一名终生戍边的小卒子。正是基于"无丧诈称有丧"的行为特别恶劣，后来的《问刑条例》加重了对此类行为的处罚，由原先的"杖一百，罢职役不叙"改为发往口外独石（独石是古代长城要隘之一，在今天的河北沽源县）等边塞地区充军。

常见的诈丧情形还有"旧丧诈称新丧"和把应该丁忧的父母之丧谎称为不需要解官离职的其他期亲如祖父母、伯叔父母、兄弟姐妹等人之丧，从而逃避丁忧。对于前一种"旧丧诈称新丧"，即官员父母本已早逝，却向朝廷谎报为新丧，要求丁忧的，《问刑条例》也加重了处罚力度，由原来的"杖一百，罢职役不叙"

改为"问发为民"（古代指发配充军）。

(3) 居丧作乐、参与筵席、释服从吉等忘哀行为

儒家礼制讲究居丧期间要尽哀，衣食住行、言谈举止等方方面面都要体现出痛失尊亲的哀戚之情。所以，自汉以来，历朝都对官员丁忧期间的饮食起居、言谈举止有严格规定。

《大明律》规定，官员居父母丧期间，忘哀作乐、参与筵席、释服从吉的一律杖八十。官员自接到父母去世的消息后，要停止一切娱乐社交活动，居丧期间既不能出席筵席也不可自饮自酌、奏乐遣怀。直到丧期结束，才能除下丧服，恢复平时装扮，当然，最好也不要过于浓妆艳抹，锦衣华服，还是相对朴素点好一些。对于大多数人来说，虽然丧期结束了，但心中的哀戚之情却不可能伴随着丧期的结束戛然而止。对于上述三种忘哀行为，唐宋律的处罚分别是徒三年、杖一百和徒三年。不难看出，明律对于居丧期间种种忘哀行为的处罚力度比唐宋时减轻了很多，而且处罚的范围也大大压缩了。唐宋时，居丧期间"杂戏"（古代的一种娱乐形式，包括百戏、杂乐、歌舞戏、傀儡戏等，又称"杂伎"）者徒刑一年，而这一规定到了明朝就被取消了。不过，自唐宋以来，佛教和道教日益流行，民间办丧事请和尚和道士做佛事做道场的越来越多，儒学家们认为这直接与丧事主哀、居丧废乐的礼教精神相违背，因此，《大明律·礼律》在律文中正式增加了一条："其居丧之家修斋、设醮，……家长杖八十，僧道同罪还俗。"明令禁止办丧事时做道场、佛场等活动。

(4) 居丧嫁娶、别籍异财

大明律对居丧嫁娶的处罚主要针对两类情形，一是居丧期间自身嫁娶，若官员丁忧期间自身嫁娶，杖一百，如果不是娶妻而是纳妾则减两等，杖八十。这也是古代社会妾不如妻的等级观念的一种具体体现。唐宋律对官员丁忧期间娶妻和纳妾的处罚分别

是徒三年和徒一年半。居丧嫁娶的另外一种情形是为人主婚,如果丁忧官员居丧期间给别人当主婚人,按明律杖八十,比唐宋律的杖一百减轻了两等。

除了不能娶妻纳妾、为人主婚外,丁忧期间也不能和兄弟分家分财,自立门户。对于这种行为,明律规定杖八十,而唐宋时要徒一年,并且明律规定,对于官员丁忧别籍异财行为的处罚实行不告不理的原则,而且告诉人必须是该官员期亲以上的尊长,若其他人告诉,衙门也不会受理。这样的规定也充分体现了立法者顺应民意,缘情制律的开放态度,毕竟分家分财这种事情纯属家庭内部事务,不会危及江山社稷。只要家里人没意见,不影响家庭和睦、社会和谐就好,政府实在没必要强行干涉。

(5) 冒哀求仕

按《大明律·礼律》规定,丁忧官员如果未能坚持到期满除服,居丧期间冒哀求仕的,一律免官,杖八十。冒哀求仕的被处罚者既包括已任职官员也包括有待任命的准官员。对于那些在职的官员,如果遭遇父母丧,必须回籍守制27个月,才能重返工作岗位,等待朝廷重新任命。或升或贬,或官复原职或另作他用,这一切都是不可预料的。另一种情况是针对官员的后备力量,也就是大量准备入仕的各类生员,虽然他们还没有被朝廷正式授予官职,但是,对他们的要求如正式官员一样,并无差等。在为父母丁忧期间,各类生员均不得参加任何形式的选拔考试,违者取消入仕资格,杖八十。

总的来说,明朝延续了儒家关于官员丁忧尽孝的基本伦理精神和礼仪原则,但是,在对具体行为的处理上又比之唐宋的刻板严苛相对灵活宽泛了许多,对丁忧违制的处罚范围做了大幅度压缩,处罚力度也有了不同程度的减轻。由唐宋到大明,居丧制度之所以能有这么大幅度的改变,既有时代变迁、人心思变的社会因素影响，也得益于明朝统治者尤其是开国皇帝朱元璋教化恤民、务实高效的执政风格。当然除此之外，也不能忽视执掌江山近百年的蒙古人的贡献，虽然元末礼法败坏，风气大乱，但是蒙古人提倡孝道却不恪守教条，讲究尊卑但不愚忠愚孝。粗犷豁达的游牧民族特有的价值理念和行为方式，深深地影响了明清礼律的创设，这一点是毋庸置疑的。

三　服阕起复

按照规定，文官遇父母丧或承重孙遇祖父母丧依律回籍丁忧，居丧满 27 个月后，就应该脱下丧服，并在规定时间内回官府报到，等待朝廷的二次任命，重新开启因丁忧暂时中断的仕途生涯。对于大多数文官而言，一般都会经历丁忧离职、服阕起复的过程，所以，政府在严格执行官员丁忧制度的同时，也对服除期满后的官员起复作了详细规定。既明确限定了服阕起复的相关程序，又主旨鲜明地明确了重新任职的原则，为官员丁忧后的二度入仕提供了完善的制度保障。

（一）限时报到，逾期受罚

《大明会典》作为一部官修的行政法典，对官员的选拔、考核、升迁和贬黜等都作了详细规定，其中也包括官员丁忧后的重新任命。按照《明会典》要求，官员在丁忧期满后应立即起程到京师吏部报到，等待朝廷重新任命。不得无故在家拖延，一旦超过规定期限，相关部门就会介入调查。一般是先由吏部发文到地方，催促其尽快动身，同时查明是否存在导致他拖延起复的客观原因，如身染疾病或侍奉尊亲等。如果发现该官员确实是故意拖延的话，将依法送问。

官员起程之后，得在多少天之内赶到京师报到呢？关于具体的行程期限，《明会典》中根据路途的远近和具体的交通状况，以省级行政区域为单位分别作了详细规定。即"凡官吏丁忧服满，定限赴部。在京北直隶四个月；河南山东六个月；山西、陕西、浙江、江西、湖广、南直隶八个月；福建、两广、贵州、四川十个月；云南一年"。可见，《明会典》在制定丁忧官员的起复程限时充分考虑到了各地区之间的客观差异，没有搞一刀切，从而使该规定在实践中更合乎人情，具有可操作性。

对于超期未能按时报到的官员，根据超期时间的长短，朝廷会给予程度不同的处罚。嘉靖二十六年规定，对超期一年以上的官员追究责任，不到一年者不予追究。若超过两年以上，即使可能存在令官员身不由己的某些隐情，也不能直接起复，要发回原籍，重新审理，是否重新任命再待定夺。若超期三年以上，虽然确有证明该官员不能及时报到的官方证明文件，也不能直接起复，要经过司法部门的详细调查，待真相查明之后，如果该官员确实还有资格重新任职，则进入候选程序，与其他等待任命的官员一起，竞争重新上岗的资格。

处于生计和仕途考虑，大部分丁忧官员在居丧期满后会迫不及待地赶赴京城报到，积极谋求重返职场。但是，确实也存在因为各种各样的原因而拖延起复的，一旦被发现，往往逃脱不了官方的制裁。比如明宣宗时，汉王朱高煦叛乱被俘，与之有过交往的汉府教授曹彦昌担心被牵连，丁忧除服后，迟迟不肯回京报到。直到吏部发文催促，才被迫起程，一路忐忑回到京师。不过明朝为数不多的仁主之一明宣宗，并没有就叔父造反一事大开杀戒。他没有追究曹彦昌与朱高煦的过往关系，但是却对曹彦昌服阙不起一事进行了惩罚，将曹彦昌贬官一等，由汉府教授降为广东高安县典史，后来曹彦昌死在高安。无独有偶，明英宗时，伊府长吏徐铎想借服阙起复之际，谋个更好的差事，服满后不及时到吏部报到，上蹿下跳地疏通打点找关系。事情败露后，依照当时法律，本应交钱后免于杖刑，并继续留任改作他用。但是英宗知道后非常生气，亲自下旨将徐铎罢黜为民，以示惩戒。事实上，像徐铎这样利用丁忧起复投机钻营的人不在少数，英宗此举更有杀鸡儆猴、震慑百官的意思。

（二）填补空缺，竞争上岗

除了少数官员为了避祸或另有他图推迟起复外，绝大部分丁忧官员都能在规定时间内赴京报到。但是，到吏部报到，并不意味着立马就可以上岗工作。实际上，大部分官员从到吏部报到备案到被正式任命，都得眼巴巴地等上一段时间，幸运的话也许三五个月，运气不好的话可能是一两年。除了忍受时间上的煎熬外，更可怕的是还要经过残酷的竞争上岗。之所以出现这种情况，皆因为明朝的官员管理非常严格，从中央到地方，基本上每个行政部门的职位都是固定的，政府给的编制有限，不能随便安插人员或另设岗位。在这种编制固定的情况下，等待二度任命的丁忧官员和那些准备入仕的儒学生员一样，他们都是坐在板凳席上等待机会的替补队员，只有在主力下场休息的时候，他们才有机会上场，而且上场前先要与同为替补的队友进行一番激烈厮杀，只有在竞争中胜出的那一位才能得到最后替补登场的机会。而其他在厮杀中败下阵来的替补队员，就只能默默祈祷下一个主力因故暂时或永别赛场，留出一个位子来，继续引得这帮同为板凳球员的队友们厮杀。至于能不能冲出重围，击败其他竞争对手，估计每一个板凳球员心里都没有绝对的把握。可以想象，丁忧期满后等待重新任命的官员，在坐冷板凳的这段时间里，内心承受着怎样的煎熬。

当然能成为坐在板凳上候选的替补队员也是有一些条件限制的，对于丁忧期满等待重新任命的官员而言，首先他们得有申请丁忧的勘合文件，即丁忧离职的证明材料，也算是官员的身份证明，没有政府开具的正规勘合文件，官员是没机会进入候选人行列的。这样做的目的是防止有些投机分子冒名求仕，趁机混进官场。一般情况下，只要出具勘合文件到吏部备案后，就进入了竞争空缺岗位的替补行列。但是，对于等待重新任命的原地方首脑官员，还需要进行一项额外的资格审查，即对他们丁忧之前在原职位上的工作业绩进行考核，主要针对人口增加量、税收和办学这几个方面。考核成绩作为是否对其进行重新任命，升职还是降职的主要依据。当然，如果执政业绩太糟的话，也有可能在这一轮就被淘汰，直接被踢出公务员队伍，罢黜为民，彻底失去角逐新岗位的机会。当然这种业绩考核往往只针对地方官员，京官则因在天子脚下而受到特别照顾，不需要过考核这一关就可以直接进入候补行列的。

（三）特殊职位，官复原职

大部分丁忧官员守制结束后，要进入新一轮选官程序，等待机会，竞争上岗。但是，也有一些人是比较幸运的，他们无需等待，也用不着厮杀，就可以直接官复原职，甚至被提拔擢升。能够如此幸运的，一般是以下几种人：一是稀缺人才，专业特殊。如职业外交官，能成为外交官一般得具备至少两个条件，一要熟悉他国事务，二要精通他国语言。在外语教学很不发达的古代，这样的人才数量并不多，属限量生产的稀缺商品，自然很难替代。除此之外，还有其他专门人才，如专门治理漕运的水利专家、专门负责皇室成员医疗保健工作的皇家御医等；二是身居要职，位高权重。如内阁大学士们，尤其是堪比宰相的首辅大臣。

作为百官统领,一人之下万人之上,是皇帝的主要谋臣和得力助手,这种人也是无人可以取代的。另外还有作为国家高官储备的翰林院官,他们虽然品级不高,但身份特殊,所以基本上都是官复原职,留待日后朝廷重用;第三种就是之前在地方上业绩突出,深受当地老百姓爱戴的。一般情况下,群众会自发地联名上书,请求该官员留任,皇帝自然会顺应民意,以遂众愿。如明英宗正统十年,河南开封府鄢陵县知县谭敬宗,爱民如子,为官清廉,治县有方,成绩斐然,深受当地老百姓爱戴。在其丁忧服阕起复吏部时,鄢陵县民众自发地联名上书,请求谭敬宗连任。皇上知道后很是高兴,答应了老百姓的请求。要知道明朝官员任职坚持严格的回避原则,一般是不能在同一个地方连任的。英宗如此开恩破例,一方面是民心所向,民意所指;同时,也是对谭敬宗治县有方的嘉奖,鼓励他复职之后再接再厉。

除了官复原职的以外,还有极少数幸运儿能得到提拔,擢升任用,这些人往往就是考核成绩特别优秀的地方官。如前所述,地方官员在服阕起复时还要经过一道资格审查关,即对其丁忧之前的业绩进行全方位的考核,厘定优劣,作为晋升或贬谪的依据。官员的或升或贬充分表明了考核的重要性,同时也是朝廷赏罚分明的态度展示,以此告诫官吏,扎实肯干才能获得赏识,一路高升。反之,则有可能官位不保,仕途断送。仔细想想明朝时的官还真不是那么好做的呢,时时刻刻都要提醒自己,得好好干,否则饭碗不保。

(四)回避原籍,同品对调

明朝对服阕起复官员的重新任命,坚持"回避原籍,同品对调"的根本原则。所谓回避原籍,就是不允许官复原职,又回到丁忧前的岗位上去。之所以要回避原籍,一来是为了防止官员间相互勾结，拉帮结派，形成顽固的利益集团，不便于朝廷对官员实施有效的监管；二来是因为官员一旦丁忧离职，形成的岗位空缺一个月内就会有人填补，这种填补并不是临时代班，而是正式任命。所以，官员丁忧回来，很难有机会再回到原职。

这样的规定有利有弊，虽然有效防止了官员结党，但是，再任新职，官员势必需要一段时间去适应新环境，熟悉新业务，肯定不利于职能部门的高效运转，而且之前工作多年积累的业务经验也可能就此荒废，造成资源浪费。讲究务实、高效是平民皇帝朱元璋最大的施政特色之一，所以，明朝在任命官员考虑回避的同时，也从确保国家机器始终高效运转的角度出发，坚持"同品对调"。

所谓"同品对调"包含两个方面，一是前后职务的品级相同，丁忧之前是几品，起复之后品级不变，这样做是对官员自身利益的一种维护；"同品对调"的第二层含义是指，前后职务在工作性质和业务内容上应该保持一致或非常相似。比如原来是京官，起复后仍为京官；原来负责财务，起复后仍负责管账理财。官员可以在不同的部门间对调，如六部之间，但工作性质和工作内容尽量保持一致。比如中央派往各地代天子巡视的 110 位监察御史，他们可以在不同的地区间流动对调，既坚持了回避原则，又保持了同品对调，于国于己都有利。

四　是是非非话夺情

明初，朱元璋重建礼法，丁忧制度得到了很好的执行，大大小小的文官基本上都能遇丧解官，守制三年。但是，好景不长，明成祖朱棣夺位登基后，官员夺情现象开始显露苗头。此后，愈演愈烈，相沿成风，到明宣宗和明英宗时，夺情已成泛滥之势。

上至朝廷股肱要员，下到地方九品小吏，无不积极运作，谋求起复，夺情之人数不胜数。鉴于此种情况，朝中不少大臣纷纷上书，陈述夺情之弊，多次要求皇上下诏禁止官员夺情。在这些人的努力下，明朝后期，夺情之风有所收敛，除战事需要外，很难夺情，丁忧终制者越来越多。

(一) 官员谋求夺情的原因

明朝中后期，夺情成风，其中自然不乏被皇上强行起复之人，但是也有很多是积极谋求"被夺情"，其中尤以中下级文官居多。官员如此费尽心机，逃避丁忧，主要是基于以下几种原因：

1. 俸禄减少，生计难保障

明朝实行丁忧期间俸禄减半的政策，该规定始于洪武十二年（1379）正月，朱元璋下令，任职三年以上且无不良记录的官员丁忧期间发原来俸禄的一半，直到居丧终制；任职不满三年的则只发三个月的全俸，作为政府提供给官员丁忧期间的全部生活保障。洪武十七年（1384），朱元璋又提高了官员领半俸的门槛，把原来的任职满三年改成了任职满五年。工作五年以上的才有资格领取半俸，这样就大大压缩了领俸官员的范围，为朝廷节省了开支。但是，久居深宫且崇尚节俭的朱元璋并不知道，他或许是中国历史上最小气的皇帝了，而他手下的大小官员，则不幸成为历朝历代中最倒霉的臣子。

明朝的官员到底有多惨呢？我们来看看海瑞就知道了。海瑞以清廉闻名于世，这位不贪不敛、不义之财分文不取的明朝二品大员，领着文官中的最高俸禄。自从朱元璋罢了宰相之后，一品文官在明朝基本上成了传说，虽然也设有几个一品职位，但都是太师、太保、太傅一类的虚职，正二品的六部首脑成了真正握有实权的文官首领。仅靠俸禄生活的海瑞一家穷得叮当响,没钱请仆人,大小事情都得自己动手,但仍不足以丰衣足食,由于营养不良导致身体长期处于亚健康状态。更可悲的是海瑞死后,家里没钱下葬,连棺材钱都是好心人集资凑起来的。他的同事金都御史王用汲前来协助处理丧事,看到海瑞家如此凄惨,忍不住失声痛哭。贪官污吏或许可以绞尽脑汁地搜刮一点用来贴补家用,但对于海瑞这样的正人君子,恐怕就只能守着那点可怜巴巴的俸禄节衣缩食了。像海瑞这样为官清廉,甘于清贫的还有朱元璋时期的吏部尚书吴琳。吏部尚书相当于今天的国家人力资源和社会保障部部长,地位之显赫可见一斑。可是,就是这样一位中央部长级高官,在退休之后还得亲自下地插秧,干农活养家糊口。可以想象,其他中下级文官的生活也不会好到哪里去。一旦丁忧,俸禄减半,甚至很多官员连一半工资都没的领,不谋求起复,就只能活活饿死了。仓廪实而知礼节,衣食足方知荣辱。肚子都填不饱的情况下,谁还会在乎什么礼义廉耻和道德操守呢?谋求夺情自然就是情理之中的事情了。

2. 影响升迁,蹉跎仕途

除此之外,丁忧还关系到官员升迁的资历累积。自古以来,论资排辈是中国官场亘古不变的传统。一朝天子一朝臣,江山代有明主出,皇帝走了一个又来一个,朝臣还了一代又一代,但是,这个铁打的规矩却始终未曾改变。要想升迁,必须要有一定的资历积累,资格越老越吃香,升迁的机会就越大。丁忧一次,就意味着工龄至少减少三年,更何况一生中可能要丁忧好几次,若每次都坚持居丧终制,势必会影响升迁,累及仕途。

3. 复职困难,前途渺茫

另外一个让官员逃避丁忧的原因就是服阙之后何时能二次上岗还是个未知数,前面已经提到过,明代的编制固定,只有前任把位子腾出来，才有机会安排新人来填空。明朝中期以后，各级政府部门的官员队伍基本稳定，官缺难觅。一旦有空缺出现，丁忧后的官员还要与其他待授官的儒学生员和其他伺机升官的在职官员一起竞争，结果如何，无法预料。对于那些朝中无人可依，只有背影没有背景的中下层文官来说，服阙后无疑要经过漫长的等待。这对于本来薪水就不高的丁忧官员而言，不仅是精神上的折磨，也是生活上的巨大考验。所以，无论从何种角度来分析，明朝官员逃避丁忧，谋求夺情都是无法避免的必然趋势。

(二) 夺情的几种情形

明朝的夺情现象呈现出两头较少，中期泛滥的态势，明初由于朱元璋的崇儒尊礼，丁忧制度得到了很好的执行，夺情很少；明末针对中期以来的夺情泛滥，采取了较为严格的监管措施，情况有所好转。总的来说，有明一代的夺情集中表现为以下几种情形：

1. 金革夺情

自丁忧制度诞生以来，金革夺情就作为常典，历代相沿，从未改变。明朝对于金革夺情的沿用体现在两个方面：一是明确规定武官无论职务大小，一概不许丁忧。明朝作为中国历史上最后一个由汉族建立的大一统封建政权，国祚276年，虽然疆域依旧辽阔，但自始至终，大明王朝也没能摆脱外族的边患困扰。前期，有北撤的蒙古人威胁，甚至发生了土木堡之变、英宗被俘等历史闹剧；中期倭寇为害，沿海不得安宁；后期，满洲人虎视眈眈，并最终大举入关。可以说明朝的边境就从来没有消停过，除了外患，国内也不太平。中期以后，少有明君，政治腐败导致各地民变频发。内忧外患迫使明王朝自始至终都处于高度戒备状态，半点也松懈不得。所以，为国夺情，武官被剥夺了丁忧尽孝的权利。嘉靖十六年（1537），四川道试御史苏术上书，要求改革武官不丁忧的旧制，明世宗朱厚熜大怒，以"变更祖宗成宪"之罪，将苏术降职一等，贬为滦州判官。可见统治者对武官丁忧的忌惮之深，已将其作为不可更改的祖宗之宪。武官不丁忧的制度一直延续到清朝康熙前期。

除了武官不允许丁忧守制外，文官在军务需要时也必须夺情起复。他们既是地方上的最高行政首脑知州、知府、知县又负责户籍管理、人口普查、催粮交税和案件审理。而且在出现居民暴动、农民起义等地方治安问题时，他们又必须组织官兵和民兵剿匪除暴、镇压起义。明中期以后，政治腐败，官逼民反的事情时有发生，地方文官被夺情也成了经常之举。比如，景泰二年（1451），荆襄之地的流民起义，时任湖广荆州府同知（同知，明清官名，即知府的副职，正五品）的陈禧遇母丧，本应丁忧守制。素来以国为重的皇上考虑到战时用人，便果断下诏夺情，令陈禧带领官兵剿杀流民。

明朝一直被边患困扰，危机不断，尤其是土木堡事变之后，统治者心有余悸，如履薄冰。为保险起见，经常派一些得力的高级文官协助武官，一起处理边疆事务。形势吃紧时，文官也不能丁忧守制。如负责镇守居庸关的右佥都御史萧启，作为文官，遇父丧按例应丁忧守制，但皇上以边疆防御事关重大，下诏夺情。萧启再三上书，请求终制，最后被皇上训了一顿，说他为臣不思尽忠，责任重大却老想着往后退，实为不忠不义之举。见皇上真的发火了，萧启再也不敢提丁忧之事。

2. 稀缺人才

前面我们说到过，因为专业吃香，那些掌握专业技能的官员，丁忧服阕后一般都能官复原职，不必经历漫长的缺位候选。事实上，在人手紧缺时，这些专门人才经常被剥夺丁忧守制的权利。比如，正统十年（1445），担任两淮都转运盐使司同知的耿九畴，遇丧丁忧，期间因为两淮盐运使缺位，精通盐务的耿九畴被皇上夺情，并且由原来的同知擢升为盐运使，由副转正，官升一品。正统十三年（1448），精通外文的翰林院修撰许彬，遇父丧，本应守制，但是当时明朝外交事务繁忙，前来天朝朝贡的外来使节络绎不绝，翻译工作非常繁重，皇上特地下诏令许彬处理完丧事后即可起复。还有明朝规定掌管天象观测的钦天监官员，奔丧三个月后一律夺情视事，皆是因为其专业特殊，无可替代。

3. 股肱之臣

作为明朝中央行政中枢的内阁重臣、六部尚书等高级文官，位高权重，如同皇上的左膀右臂，不可或缺，一旦丁忧，也多被夺情起事。根据学者统计，明朝丁忧的19位阁臣中，有11位被下诏夺情，41位丁忧尚书中，有15人被夺情。这些股肱之臣被夺情，一来是因为身居要职，作为皇帝的智囊团，他们的意见左右着国家走向，职责重大，不可替代；二来则是皇帝的个人情感在作怪，有些辅臣，皇帝自幼就与之朝夕相伴，如同家人和朋友一样亲密无间，没有了他们在身边，皇帝自然会不习惯。所以，这样的人一般会被夺情，即使阻力很大，皇上也会一意为之。明朝历史上最为精彩的一幕反映皇帝和辅臣之间君臣情深的夺情大戏，就是明神宗万历五年（1577）张居正的夺情风波，整个过程跌宕起伏，结局耐人寻味。

4. 官民奏保

明朝还有一种由普通老百姓和中下层官吏启动的夺情之制，即奏保夺情。夺情对象主要是布政使、知府、知州和知县等各级地方官员。这些人往往主政地方期间治政有方，功绩卓著，深受老百姓爱戴。一旦丁忧，多数会被老百姓联名上书挽留。当然民间的呼声要想顺利传达到皇帝耳朵里，还需要经过中央设置在地方上的按察司、监察御史等做传声筒。如果只有百姓上书，而无中间传达的话，皇上是无法了解民意的。奏保夺情既需要有老百姓和下级官吏的联名上书，又需要中央驻地方的上层官员把百姓的心声上奏给皇上，二者缺一不可。奏保夺情之成例首开先河于以守制严格著称的明太祖朱元璋时期。洪武二十七年（1394），凤阳府泗州盱眙县（今江苏省盱眙县）知县方素易，在任期间，为官清廉，兢兢业业，做了很多造福百姓的事，深得百姓喜爱。后来，方素易遭遇母丧，应解官守制。当地老百姓在德高望重的刘本的带领下，联名上书，请求方素易留任。历来视民意大如天的朱元璋知道后，立刻下诏对方素易夺情，并把他的事迹讲给百官听，意在鼓励官员为官一任，造福一方，要真心实意为老百姓办实事。本来朱元璋此举是为了顺乎民情，嘉奖官吏，但是后来，奏保夺情却被贪恋权位之人利用，成为逃避丁忧，谋求起复的常用手段。比如，明英宗时，顺天府尹王福（顺天府尹是掌管北京的治安与政务的最高行政长官，为正三品）遇父丧当守制，但一向善于巴结逢迎的王福买通了朝中官员为他说情，又要挟当地老百姓联名上书，最后蒙混过关，被皇上夺情。终明一代，在夺情泛滥的明中期，官员奏保夺情的现象非常普遍。

五 一代名臣张居正，为君夺情惹是非

要说夺情，就不得不提这一段令人唏嘘的历史了。史学家曾说明朝实际亡于万历，而张居正的夺情风波正是煽起明末大风暴的那对蝴蝶翅膀，这样的评价或许不够客观，但是足以想见，张居正当年的夺情闹剧对明朝历史造成了多么严重的影响，以至于很多年后，后人对这段历史仍耿耿于怀，唏嘘不已。

张居正，中国历史上一个饱受争议的政治人物，人们对他的

评价毁誉参半，呈现出南北不同的两个极端。崇拜者把他捧上了天，说他文韬武略无人能及，是明朝唯一的大政治家；而否定者对其嗤之以鼻，说他玩弄权术、道貌岸然，是个不折不扣的大阴谋家；当然也有学者看似客观公正，给出功过对半的评价，说他"功在社稷，过在身家"、"工于谋国，拙于谋身"，虽有治国之雄才，但无君子之雅量。斯人已逝，但凭后人评说。可是，张居正究竟是个什么样的人？似乎没有人能给出绝对准确的答案，我们只能尽量在翻阅历史档案的过程中由着个人的喜好去解读，去想象。

张居正，字叔大，号太岳，生于明世宗嘉靖四年（1525）五月二十四日，卒于万历十年（1582）六月二十日，享年58岁。湖广江陵（今属湖北省荆州市）人，因此又被后人称为张江陵。

张居正幼时家境并不好，父亲张文明是个一辈子没太大建树的穷秀才，他最大的贡献就是生了个盖世无双的好儿子。张居正自幼天资过人，5岁上学，7岁就已掌握六经大义，12岁考中了秀才，13岁就参加乡试，初出茅庐的张居正在一群比自己年长很多的考生中脱颖而出。当时的湖广巡抚顾璘一眼就看出此非凡人，将来必成大器。考虑到他年少成名，不免心高气傲，爱才心切的顾璘有意让他多受点挫折，多一些磨砺，所以，故意阻挠，没让张居正中举人。蛰伏三年后，16岁的张居正卷土重来，更加意气风发，顺利通过考试，成为远远皆知的少年举人。当年阻挠他的顾璘亲自解下自己的犀带赠与张居正，并勉励他立志报国，不要只满足于做一个年少成名的举人。

嘉靖二十六年（1547），23岁的张居正中进士，开始在翰林院做见习官。在翰林院，他遇到了对自己的一生产生重要影响的老师，当时的内阁重臣徐阶。在徐阶的引导下，张居正努力钻研朝章国故，冷眼旁观朝廷内外的政治斗争，暗自积累自己济世经邦的学问，为日后在政坛大展身手打下了坚实的基础。嘉靖二十八年（1549），踌躇满志的张居正上奏《论时政疏》，系统阐述自己的改革主张和施政理念。此前的张居正一直韬光养晦，不显山不露水，自然没有多少人会在意他的想法，寄托了他满腔抱负的奏疏石沉大海。张居正的从政热情深受打击。从此，除了例行奏章应付公事外，再也没有主动上书。嘉靖二十九年（1550），仕途失意的张居正随便找了个身体不适、回家养病的理由，离开了让他心灰意冷的京师，回到了故乡江陵。

在家乡休假的三年中，张居正年少时就埋在心里的建功立业、救国救民的小火苗并没有彻底熄灭。他仍然时刻关心国事，并且广泛接触下层老百姓，本就家境贫寒的张居正在乡野间深刻体会到了劳动人民的艰辛、饥寒和痛苦，强烈的责任心驱使他再度踏上仕途。这一次，他抱着壮士断腕的决心，暗暗发誓，宁可赴死也要干出一番大事业。

嘉靖四十三年（1564），在老师徐阶深谋远虑的运作下，张居正成为裕王朱载垕的陪读老师，这个职位看似不高，但是前景无限。一旦裕王登基，作为裕王的老师，地位自然不可同日而语。幸运的是徐阶的一番良苦用心终没有白费，没等太多时间，机会就来了。嘉靖四十五年（1566）十二月十四日，明世宗朱厚熜不负众望，规规矩矩地在乾清宫龙驭殡天了，他的三儿子裕王朱载垕即位，是为明穆宗。一个属于张居正的辉煌时代慢慢走来了。

隆庆元年（1567），张居正以裕王旧臣的身份，被穆宗擢升为吏部左侍郎兼文渊阁大学士，正式进入了明朝的最高决策层，参与朝政。同年四月，又改任礼部尚书、武英殿大学士。这一年，张居正43岁，经历多年官场磨砺，已经相当有城府的他，终于迎来了一个男人建功立业的最佳时机。

此时的张居正并没有忘记自己13岁时写下的诗句"凤毛丛

劲节,直上尽头竿",他终于在腥风血雨的官场厮杀中有机会"直上尽头竿"了。入阁之后的张居正并没有得意忘形,这时的明王朝内忧外患,外有强敌环伺,危机四伏;内部流民四散,民不聊生。以拯救苍生为己任的张居正丝毫没有半点轻松。然而,除了外患和内忧,当下最让他头疼的还是永不止息的内阁斗争。原本穆宗即位后,张居正与首辅大臣,也就是一手把他提拔起来的恩师徐阶师徒同心,其利断金。他们联手,共同纠正了一些世宗时遗留下来的弊政,使原本暮气沉沉的明朝政坛渐有复苏之象。可惜,好景不长,隆庆二年(1568)七月,年迈多病的徐阶告老还乡,之前被他排挤出内阁的老对手高拱又趁机控制了朝中大权。在高拱一手遮天,权倾朝野的情况下,张居正只能见机行事,明哲保身。不过,老天爷并没有让张居正等太久,很快,"直上尽头竿"的机会就降临到他眼前了。

隆庆六年(1572)四月二十五日,病榻上的明穆宗任命内阁大学士高拱、张居正、高仪三人为顾命大臣。第二天,仅当了6年皇帝的穆宗在乾清宫驾崩。五月二十五日上午,举行新帝登基大典,年仅10岁的明神宗继位,这就是明朝十六帝当中在位时间最长,也是中国历史上唯一一位长达20多年不上朝的荒唐皇帝——万历。

按照穆宗临终前的布置,高拱是顾命大臣中排在第一位的,即首席辅臣。可是,小皇帝登基之后很快就在母亲李太后的授意下连续走马换将,彻底改变了穆宗生前的人事安排。先是在举行登基大典的当天下午,小皇帝绕过内阁直接下发了一道圣旨,将原来掌管司礼监的掌印太监孟冲换成了素来与高拱不和的冯保。接到圣旨的高拱怒不可遏,当即将它扔到了地上,并大声斥责:"什么圣旨,10岁孩子懂得什么,还不是你们这帮太监鼓捣出来的,迟早要把你们都赶走!"传旨太监吓得慌忙逃走。一场政治斗争不可避免地上演了，并且很快就有了结果，多少有点出人意料，让人猝不及防。十天后，高拱接到了小皇帝的第二道圣旨，勒令其退休，迅速离开北京，一刻也不许停留，空出来的内阁首辅之位由张居正代替。一位纵横官场几十年，经历过无数风风雨雨的老政治家，就这样结束了自己的政治生涯，多少有些让人感慨。不管怎样，挡在张居正前面的所有障碍终于被清除了，"直上尽头竿"的梦想变成了现实。

在神宗皇帝和李太后的大力支持下，张居正与冯保联袂登场，正式拉开了万历新政的历史大幕。作为一位雄才大略的政治家，张居正早就意识到，要想使国家真正走出困境，必须要动大手术，进行大刀阔斧的全面改革，小修小补已经无法挽救病入膏肓的大明王朝了。接下来的几年里，张居正围绕整顿吏治、巩固国防、改革赋税、改善民生等几个方面，相继推出一系列具有划时代意义的重大变革举措。在新政的牵引下，明朝的国家机器得以前所未有的高效运转，使得暮霭中的帝国呈现出最后一抹辉煌。

然而，正当改革渐入佳境，信心满满的张居正准备全面打响攻坚战的时候，一件意想不到的事情发生了。万历五年（1577）九月十三日，张居正19年没见面的父亲张文明去世了，二十五日噩耗传到北京。按照规定，张居正当放下手头的所有工作，立刻回家奔丧，并为父守制三年。但是，当时的改革正处关键时期，朝中又找不出可以替代张居正的有力人选，再加上15岁的万历皇帝对身为老师又是首辅的张居正百般依赖，国家大事和御前教育都离不了他。一旦张居正离开，朝政就可能停止运转，之前好不容易取得的改革成果也很可能毁于一旦。在连续三次申请解官都被拒绝的情况下，张居正从改革大局出发，答应了明神宗和两位太后的挽留，亏孝全忠，以在职居丧的方式为父守孝。

为了减轻内心的愧疚感，张居正强烈要求居丧期间的俸禄分文不取，并脱下锦衣换上布袍，以牛角带代替了腰间的玉带，素服出入文渊阁，边办公边居丧，尽忠行孝两不误。张居正如此舍家为国，用心良苦，按理说他应该作为文武百官的楷模，被万人敬仰。但是，现实和想象从来都是有差距的，有时候甚至是天壤之别。张居正此举不但没有赢得同僚们的掌声，反而招来骂声一片。成为众矢之的的张居正，被舆论推上了风口浪尖，并最终在明末政坛掀起一股轩然大波。

讨伐张居正的阵营里有两类人，一类与张居正并无仇怨，甚至有些是张居正昔日的学生和政治盟友，在张居正夺情之前，他们是一个战壕里的战友，立场一致，没什么分歧。他们阻止张居正夺情，一来是出于对封建伦理纲常的维护，读书人饱受四书五经的浸润，重礼法，张居正作为内阁首辅，万民表率，自应该带头丁忧守制，父死不奔丧的悖礼之举他们断然无法接受；二来是出于对张居正的维护，张居正出身寒微，学识过人，锐意改革，力挽狂澜，历来为广大寒门学子所仰慕。他们心目中的张居正简直就是一个圣人，出于对偶像完美形象的维护，他们绝不允许张居正身上出现任何的道德瑕疵和人格污点。所以，这些人明知有杀身之祸，也要冒着生命危险阻止张居正夺情。与第一类情形不同，另外一些讨伐张居正的人就没有这么光明磊落了，甚至可以说是用心险恶。张居正的改革虽然成绩卓著，受到老百姓的拥护，但是，他力惩贪污，铁腕治吏，改革赋税，势必会损害到一部分官员和地主的既得利益，他们对张居正恨之入骨。但是，碍于张居正的权势，一直没能成功的阻挠改革，现在，好不容易机会来了，他们岂能轻易放过？面对来势汹汹的反对声浪，年幼的万历皇帝表现出他果敢强硬的一面，对所有反对张居正夺情的人一律严惩。十二月二十二日，四个带头上书的官员，翰林院编修吴中行、翰林院检讨赵用贤、刑部员外郎艾穆、刑部主事沈思孝被锦衣卫拖到午门前"廷杖"。吴中行、赵用贤被打六十大板,发回原籍为民,永不叙用;艾穆和沈思孝则因为言词孟浪,被罚八十大板,发配边远苦寒之地充军,遇赦不宥。万历皇帝杀一儆百,并严厉告诫百官,谁再阻止张居正夺情,就是欺负朕年幼,对朕不忠,企图赶走朕的辅臣,使朕躬孤立无援,以便图谋不轨。此令一出,百官噤若寒蝉,没人再敢提夺情之事。一场政治风暴就这样被万历皇帝高压平息了,一切仿佛又回到了原点。但是,风平浪静的背后,其实暗流涌动,一切还远远没有结束。这一次,小皇帝完全站在了张居正这一边,对整件事情的处理体现出这对君臣之间、师生之间的浓浓情意,可是,谁又能保证此情常在呢?人心易变,更何况是君临天下,唯我独尊的皇上呢?自古帝王多薄情,鸟尽良弓藏,兔死狗被烹,君王的薄情不只对女人,对大臣尤其是有功之臣更是如此。功劳越大结局越惨,这是被历史反复证明了的真理,区区一个张居正,又怎么能绕开历史的魔咒呢?

夺情之后的张居正,继续不遗余力地推行他的改革。但是,经此风波,张居正的个人形象大受影响。万历皇帝对大臣不分青红皂白的一番严惩,面对前来求情的官员,张居正又表现得过于冷酷无情,让那些原本支持他的士人大夫大失所望。张居正的人气剧烈下滑,威望大不如前,一些原本站在他这一边的大臣要么告老还乡,找借口辞职,要么改变立场,站到了敌人那一边。虽然他一直视"爱憎毁誉等于浮名",他人也就罢了,但是昔日一手栽培起来的爱徒和老乡故旧居然也站出来公然指责自己,张居正还是忍不住万分失落。深受打击的张居正由此开始改变,一改往日谦和形象,逐渐成了一架独断专行、暴力独裁的权力机器。而他的一系列改变不仅为以后的改革留下隐患,也为日后自己惨遭清算,几乎灭门的悲剧埋下了伏笔。

万历十年(1582)六月二十日,终年夜以继日,为国事操劳的张居正积劳成疾，因病去世。这个为挽救大明王朝殚精竭虑一辈子的人，带着自己壮志未酬的遗憾被埋进了江陵的墓地，在外漂泊多年以后，这个让江陵为之骄傲的游子终于回到了故乡。

张居正死后的第四天，对手的反扑就开始了。不久以后，万历皇帝下令抄家，张居正生前皇帝亲自赏赐给他的各种诏书和荣誉一概被夺回，张家人流放的流放，饿死的饿死，连躺在棺材里的张居正也差点被开棺鞭尸。后来，万历皇帝迫于舆论压力才就此收手。可怜一代名臣，终究也逃不过历史那只看不见的手，帝王的薄情和善变被明神宗朱翊钧演绎得出神入化。

人亡政息，伴随着万历皇帝对张居正冷酷无情的秋后算账，已经进行了十年的新政也就此止步。出于对张居正的怨恨，之前他制定的一系列改革举措陆续被废止，十年努力换来的改革成果最终化为灰烬，荡然无存。

张居正执政的十年，称得上是明朝"海清河晏，歌舞升平"的十年，只可惜，那是明朝暮霭中的最后一抹辉煌，是奄奄一息的大明帝国最后一刻的回光返照，如烟花般绚烂，如流星般短暂。张居正的改革是大明王朝穷全身之力所做的最后一次挣扎。之后，帝王罢朝，辅臣平庸，王朝颓废之势已不可阻挡，直至最终灭亡，也没能出现一个像张居正这样力挽狂澜的能人志士。就像黄仁宇先生在《万历十五年》一书中说的那样："张居正的不在人间，使我们这个庞大的帝国失去重心，步伐不稳，最终失足而坠入深渊。"

尘烟散去，水落石出，几百年前的是是非非，后人自有评说，不管夺情风波是不是引起大明朝颠覆的那对蝴蝶翅膀，张居正的人生因此而改变却是毋庸置疑的。

第八章 清朝——满人统治下的丁忧制度

伴随着万历皇帝对一代名臣张居正的清算，大明王朝穷尽全身力气为救亡图存所做的最后一次努力最终付诸流水。暮霭中，帝国的最后一丝希望在昙花一现之后彻底毁灭。继创下20多年不上朝世界纪录的神宗万历之后，穷途末路的明王朝，在一个个奇葩皇帝的胡作非为之下，江河日下，最终被风起云涌的农民起义吞噬，以一种近乎悲情的方式结束了他的谢幕演出。

在万历皇帝整日幽居深宫，饮酒作乐之际，东北的建州女真在努尔哈赤的带领下迅速发展壮大。公元1616年，努尔哈赤在赫图阿拉（今辽宁省抚顺市新宾满族自治县）自立为汗，建立大金政权，公开叫板大明王朝。此后的十几年间，努尔哈赤南征北战，开疆扩土，明军丢城弃甲，疲于应付。公元1626年，努尔哈赤在进攻宁远时受到明朝大将袁崇焕的顽强抵抗，无奈退兵。同年八月，于瑷福陵隆恩门鸡堡（今沈阳市于洪区翟家乡大挨金堡村）与世长辞，终年68岁。努尔哈赤死后，第八子皇太极继承汗位。皇太极继位后积极联合蒙古各部，继续围攻明朝，势力越发强大。公元1636年，皇太极称帝，改国号为清，定都沈阳。

公元1644年，李自成率领农民起义军攻陷北京，心灰意冷的崇祯帝于景山自缢，明朝灭亡。清军瞅准时机，大举入关，赶走了李自成的农民军，迁都北京，从此开启了中国历史上最后一个封建王朝——大清,在全国的统治。定鼎北京后,清军继续南下,剿杀各地的反抗势力,北方的地主、官僚纷纷迎降,公元 1664 年,经历入关后长达 20 多年的清剿,大清基本上统一了全国。

一 满人治国,教育为本

清军入关以前,与蒙古人一样,满人也是常年生活在马背上,粗犷豪放,精于骑射,以狩猎为生,自由驰骋在白山黑水间,形成了独特的民族传统和风俗文化。不过,与蒙古人实行民族隔离和民族压迫,敌视、轻贱汉民族文化,从而捍卫本民族独立性不同的是,清朝统治者很早就认识到了学习先进的汉文化的重要性,早在入主中原之前,他们就广泛地接受汉文化的浸润和滋养。

无论是八旗制度的奠基人努尔哈赤还是大清的开创者皇太极,他们都早早认识到了学习汉文化的重要性,不仅他们本人善于学习,而且,他们非常注重八旗子弟的教育问题。

努尔哈赤野心勃勃,一心想征服天下,他深知要统治人数比自己多、文化水平比自己高的民族,必须吸收中原文化,加强弟子教育。所以,在常年征战的同时,努尔哈赤非常重视对汉族文化的学习,力所能及地开设学校。他本人精通汉语,汉文化水平很高,经常引经据典,用汉族典故来教育臣下,告诫下属对汉族老百姓要恩养和抚恤,对于那些前来归附的明朝旧臣和汉族士人尤为礼遇。他曾以万金之资的优厚待遇供养他的首席汉人顾问、号称"文学外郎"的龚正陆给自己的儿子们当老师。努尔哈赤的长子褚英、五子莽古尔泰、八子皇太极等,都是龚正陆门下的学生。

皇太极继位后,更是大力倡导"满汉一体"。经常训诫臣下在处理满汉民族事务时不要有民族歧视,对满洲人、蒙古人和汉人要一视同仁，绝无差等。除了积极推行满汉一体的民族融合政策，皇太极还特别重视对八旗子弟汉文化教育。天聪五年(1631)，针对贵族子弟的教育问题，皇太极特意下了一道谕旨，通过对战场失利的原因分析，详细阐明了读书明理对于国家建设的重要作用，命令"自今，凡子弟十五岁以下，八岁以上者，俱令读书"。满人崇尚骑马射箭，以征战沙场、流血牺牲为荣，对于那些溺爱孩子，不让孩子读书的大臣贝勒，皇太极以取消他们随军出征的资格为要挟，逼着他们让孩子读书学习。当时的满人正忙着开疆扩土，四处攻伐，整日忙于战事的皇太极深谋远虑，早早预见到皇子教育与国运兴衰的重大关系，不惜以取消随军资格为要挟，逼迫大臣们转变观念，重视文化知识的学习。在全年多是金革马上行的征战岁月里，在族人普遍尚武轻文，重骑射贱文墨的历史氛围中，皇太极能突破传统禁锢，深刻认识到文治的重要性，把文治与武功并举，充分说明了他作为一名政治家的远见卓识。在皇太极的积极影响和带动下，整个爱新觉罗家族乃至很多八旗子弟，个个表现出对汉文化的浓厚兴趣，掀起了一股学习汉文化的热潮。

皇太极的哥哥，努尔哈赤的第七子爱新觉罗·阿巴泰，本是典型的武夫，最喜欢刀枪剑戟，阵前厮杀，尤其讨厌舞文弄墨，瞧不起穷酸文人。可是，就是这样一位拙于文采的悍将，居然在行军打仗的过程中，放着金银财宝不抢，专抢当地有名的文人书生，把他们请到自己府上教弟子们读书。由此可见，在努尔哈赤和皇太极的影响下，满人已经形成了重视孩子教育，热衷学习汉文化的优良传统。

清军入关后，随着战事减少，政局日趋平稳，八旗子弟的教育制度更加规范、严格。康熙在位时，诸皇子们还是各处居所，分散读书。到了雍正初年，为了便于更好地教育皇子，在宫中设立了上书房，皇子们开始集中上课。雍正亲自为其题写了"立身以至诚为本，读书以名理为先"的楹联，在全国范围内挑选最顶尖的学者担任皇子们的老师，教他们四书五经等儒家经典。

据史书记载，上书房的管理非常严格。皇子们从5岁开始到书房读书，直到15岁封爵建府。每天早晨五点进书房，下午三点放学，累计每天要学习十个小时。午饭也不能出去吃，由侍卫统一送到书房。为了保证取得良好的教学效果，皇上给每位皇子配备了人数不等的汉人老师，他们都是经过精挑细选，颇具声望的饱学之士。清朝皇室深知知识改变命运，决定国运兴衰，因此，上自皇帝，下到皇子对上书房的老师们都非常尊重。皇子们虽然是万金之躯，但是，用餐时必须在老师先动了筷子之后，才能开饭。上课期间，必须正襟危坐，不能趴在桌子上，更不许交头接耳。夏天不管天气多热，都不能扇扇子。据道光皇帝的第七子、醇亲王爱新觉罗·奕譞回忆说，他们在上书房的十个小时里，只能在老师允许的情况下，到旁边的小屋里休息一两次，而且每次不能超过一刻钟。在读书的间隙，皇子们可以讨论一下书中的内容或讲点历史典故，但不能随便走动，更不能在教室里追逐打闹。一旦违反，就可能被罚站读书，不会因为是皇子而有半点通融。

皇子们一般在15岁时封爵建府，但是如果朝廷没给他指派差事的话，仍然要到上书房来学习，只不过待遇比封爵之前要好些，类似于现在的在职进修，要求没全日制学生那么严格罢了。根据清宫档案记载，一年365天，皇子们只有5天可以放假休息，分别是元旦、端阳、中秋、万寿（皇上的生日）和自寿（自己的生日），除夕那天可以提前放学。除此之外，无论寒冬酷暑，再无假期。

除了严格的作息时间外，上书房的教学内容也非常丰富。为了维护满族个性，避免被彻底汉化以及巩固满蒙同盟的政治需要，皇子们在学习了解汉文化，每日诵读传统儒家经典的同时，还要学习满文、蒙古语、满蒙历史等。除了专门的汉语老师外，每位皇子还配有三名负责教他们满文和蒙古语的老师。满人马背上得天下，尚武是他们的传统，所以，除了要精通经史，诗词书画外，骑马射箭也是大清继承者们的必修课。每天下午三点多，结束了上书房的功课之后，皇子们还要上一节军事体育课，由专门从满蒙贵族中挑选出来的强悍勇武之人，教他们骑马射箭、摔跤格斗等。

由此可见，生于帝王之家，尊贵无比的大清皇子们并没有常人想象中的养尊处优，相反，他们的童年甚至比普通百姓家的孩子过得还要辛苦，甚至称得上凄惨。康熙皇帝6岁时，在三个月的时间里就将四书的内容全部背熟，同样一段话每天至少要念120遍，期间几度累到咯血，但是，他仍坚持不懈。皇子的勤奋可见一斑。

清朝皇子的学习动力一则源于良好的教育传统和严格的制度约束，二来也跟"立贤不立长"的储君选拔标准有关。满人一改汉族立嫡不立庶、立长不立幼的皇位继承办法，唯才是举，打破长幼界限，这样，就让每一位皇子都有了当皇帝的可能。为了能在竞争中脱颖而出，博得父皇及众人好评，刻苦学习、拼命读书自是情理之中的了。在这样的双重约束和激励下，大清的皇子们表现出了前所未有的学习热情。当然，辛勤的付出也换来了丰硕的回报，纵观中国几千年历史，清朝的皇帝绝对是各朝皇帝当中整体素质最高的。或精通经史，或擅长辞赋，博古通今，不输文采，其中尤以康熙、雍正、乾隆最为杰出，称得上是文能治国、武能安邦、文武兼备的全能君主。有学者曾说，清朝是中国历史上唯一没有出现暴君、昏君的朝代，即使个别皇帝天资不那么出众,学识没那么渊博,但也绝对算得上是勤政爱民的仁君,想想这应该与满人重视对皇子的教育不无关系吧。事实上,除了皇子皇孙,其他八旗子弟也分别被安排在八旗官学、左右翼宗学、八旗觉罗学、八旗义学等各类学校中学习。

二 借鉴汉法,孝御天下

清朝在入关之前,只是称霸关东一隅,入关之后,角色发生转变,伴随着疆域的空前辽阔,如何驾驭人口占绝大多数且文化远远优于自己的汉族、做好一个泱泱大国的皇帝,成了摆在统治者面前最大的难题。

征服一个民族,统治一个国家,武力震慑必不可少,这一点对于从战争中成长起来的八旗子弟来说并不难。征服是他们的信仰,他们生下来就是战士,命中注定要为主子戎马一生。但是,元朝的灭亡告诉世界,仅靠暴力镇压是不行的,必须取得汉族人尤其是上层士人的认可,江山方可永固。

创造了灿烂农耕文明的汉族一直是中原大地的主体,长期以来的文化优势和地缘优势让他们形成了根深蒂固的华夷思想。与生俱来的大汉族主义民族观,使他们向来瞧不起地处偏远的游牧民族。不能从根本上获得汉族人的认可和信服,就无法保证政权的稳固。聪明的清朝统治者在总结蒙古人失败教训的基础上,从传统的华夏文明中汲取智慧,借鉴汉族政权千年以来的统治经验,以汉法治汉地。他们选择了自西汉以来被历代封建王朝奉为治国宝典的儒家伦理纲常和典章制度,通过儒家伦理,加强对人民的思想控制,稳固其对全国的政治统治。

为了缓和民族之间紧张对立的情绪,获得汉族士人的文化认同,拉近与汉族百姓的距离,大清朝的统治者们再次扛起了在治国方面具有特殊功效的"孝"字大旗,以一种温情脉脉的姿态出现在世人面前。

早在入关之前,善于学习汉文化的满族人就已经意识到了"自古平治天下,莫大乎孝"的道理。天命十年(1625)三月,努尔哈赤在一次宴会上告诫诸王,"吾后代子孙,当世守孝悌之道,不可违也"。入关之后,为了让自己的代明而治、革故鼎新看上去名正言顺,尽量减少汉族民众的敌视情绪,弥合民族矛盾,清朝统治者高举儒家孝字大旗,标榜以儒治世,极力让自己成为推尊服膺儒家文化的正统王朝。

(一)帝王重孝,教化百姓

公元1644年,定鼎北京的第一年,政局尚不稳定,年幼的顺治皇帝就下令在全国范围内寻找孝子顺孙,由各地的巡按御史对其孝行进行核实后,设立孝子坊予以嘉奖,由此拉开了大清帝国旌表孝子的历史大幕。

顺治八年(1651),皇帝下诏,向全国百姓和文武百官郑重表明旗人以孝治国的决心,宣称"君德莫大于克孝,礼制莫重乎尊亲",把孝亲作为君主必备的第一美德。第二年(1652),顺治帝颁布了与明朝开国皇帝朱元璋制定的"六条圣谕"内容相同的《顺治六谕》,即"孝敬父母,尊敬长上,和睦乡里,教训子弟,各安生理,无做非为"。为了更好地传播圣谕,教化乡民,顺治帝下令以乡里为单位,公开推选一名60岁以上德高望重的长者,在每个月的初一和十五,召集乡民,公开宣讲六条圣谕,对乡野村民进行知荣明耻、扬善惩恶的道德宣教,为大清朝宣讲圣谕制度的形成奠定了基础。

为了使孝道伦理深入人心,顺治皇帝下旨将《孝经》发放给全国所有的学官,使其成为天下学子的必学书目,并亲自为《孝经》撰写了通俗易懂的注解。

康熙继续秉承"孝者,治天下之本"的理念,认为人不分民族,无论贵贱,都应该做到善事父母,孝敬尊长。

对于那些家境贫寒或身处险境仍能恪守孝道,对父母不离不弃的孝子顺孙,康熙尤为赞赏。正红旗人舒兰,为人敦厚,对父母非常孝顺,在任礼部侍郎的父亲敦多礼被康熙革职发配到黑龙江后,毅然放弃京城优越的生活,来到边远苦寒之地,寸步不离地照顾父亲。日复一日,年复一年,一待就是8年。康熙知道这件事情后,被他的孝心感动,特意下旨将敦多礼诏回北京,并擢升舒兰为理藩院主事。

为了更好地教化百姓,康熙修改了先前的《顺治六谕》,颁布了内容更为全面的《圣谕十六条》作为大清臣民的基本道德纲目和行为准则。其中的第一条就是"敦孝悌以重人伦"。除此之外,康熙还钦定儒臣编纂的《孝经衍义》一百卷,作为国子监的必学书目,并在全国范围内广泛发行。

雍正继位后继续在孝上大做文章,在《圣谕十六条》的基础上撰写了《圣谕广训》,对康熙的十六条圣谕进行了逐条逐句的详细诠释。从此,《圣谕广训》取代《圣谕十六条》,成为有清一代对百姓进行宣讲教化的主要依据。

雍正七年(1729),皇帝下诏,命地方各州县、大乡、大村于人口稠密的地方设立讲约所,规定每个月的初一和十五,聚集全乡的男女老幼,推选德高望重的长者宣讲《圣谕广训》。后来,雍正颁布《钦颁州县事宜》,把宣讲圣谕作为各地县级行政长官的基本职能。规定由各地的知县大人亲自给乡绅百姓宣讲圣谕,宣讲过程中还要有两名讲生,一般由秀才担任,从旁辅助,专门负责对百姓不明白的地方进行答疑解惑。从此,宣讲圣谕由原来的乡约乡俗逐渐演变为一种正式对老百姓施以教化的规章制度,并日趋规范和完善。

乾隆时期，宣讲的内容有所增加，除了皇帝圣谕，还包括一些礼法和律令。同时，该制度在实践操作过程中的执行力度不断强化，一些弄虚作假、敷衍了事的地方官受到朝廷责罚。作为一种对百姓施以教化的有效手段，宣讲圣谕制度一直延续到大清帝国的灭亡。

（二）孝以选官，孝以驭官

以孝治国的方针能否真正得到贯彻实施，除了决策者态度坚决、卖力吆喝外，决策的执行者，也就是皇帝手下那些实实在在干活的大小官员们才是真正的关键所在。毕竟，他们才是普通老百姓能看得见的风向标，皇帝虽然贵为天子，为万民表率，但是，毕竟长年深居宫闱，与百姓之间的距离遥远。作为传声筒的官员们才是决定清朝这条大船驶向何方的真正力量所在。所以，统治者在广施教化、厚风厉俗的同时，非常注重官员的道德素养，从选拔任用到考核升迁，孝的要求贯穿始终。

在选官方面，康熙皇帝非常明确地阐明了国家的用人标准，"有孝为百行之首，不孝之人断不可用"。这句话被大清的历代继任者铭记，乾隆皇帝更是将它悬挂在养心殿的暖阁里，每日瞻仰，时刻提醒自己用人唯孝，以德取士。

清朝以孝选人的一个重要举措就是把《孝经》作为科举考试的重要内容。那些做梦都想当官的士人学子只有熟练掌握《孝经》，才有机会鱼跃龙门。

除此之外，清政府还把原来汉朝选拔官吏的"孝廉"和"贤良方正"两科合并为孝廉方正科，作为一门由皇帝临时下诏的制科，为品德敦厚、孝行突出的人额外开辟了一条入仕通道。

当然，以孝选官并不意味着不计才能，唯孝是举。事实上，整个选拔过程还是相当严格的。先由地方官员推荐孝行特别突出的孝子顺孙，各地的巡按使负责核实，把被举荐人的事迹一一查列清楚，然后再交由礼部复核。确认无误后，再进行选拔考试，择优录取。孝廉方正科开设了将近两百年，为清政府延揽人才的同时，更起到了教化社会、以厉风俗的目的。

除了以孝选人外，以孝驭官的另一个重要体现就是清朝的终养制度。按照规定，当父母或祖父母年满七十，家中没有其他男丁在旁侍奉时，官员可以辞官回家，奉养老人。若父母或祖父母已年逾八十，即使家中有男丁，官员也可以申请回家养亲。待为父母或祖父母养老送终的任务完成之后，官员仍可以返回工作岗位，或官复原职或另作他用。

为了便于官员更好地照顾老人，清政府还允许亲老改补近地。古时做官，必须在离原籍五百里之外。路途遥远，交通不便，很多人经年累月不回家，连父母的面都见不着，更别提晨昏定省，床前尽孝了。鉴于这种情况，清廷酌情制定了亲老改补近地的政策，即在父母年迈需要人照顾的情况下，可以不遵守回避原则，就近给官员安排个职务。这样既方便了官员省亲尽孝，又不影响仕途，耽误工作。

为了鼓励官员尽孝，政府规定，除了寒食、端午、中秋、冬至等统一的法定节假日外，工作三年以上的官员还额外享有探亲假，每年可以归家定省一次。

清政府在为官员行孝提供各种便利的同时，对于那些孝行有亏的官员，会毫不留情地施以惩戒。乾隆四十八年，原籍北京的官员明住被派到陕西做知县。明住赴任时，带走了家中妻妾，却把年事已高的老母亲独自留在了北京。在陕西工作期间，明住从不回京探母。乾隆得知此事后，非常生气，下旨撤销了明住的官职，勒令他马上回北京侍奉老母亲，并且十年之内禁止任何人推荐他做官。

　　清王朝如此强调孝道，一方面希望官员以身作则，导民以孝，从而稳固封建人伦秩序，促进社会和谐；另一方面，无非是求忠于孝，希望官员们像事亲一样事君，为爱新觉罗家族培养一大批忠心耿耿的顺民。

三　清朝的丁忧制度

　　入关以后，满族的主体也随之移居到具有悠久农耕文明的中原地区，尽管他们仍以八旗的组织形式聚族而居，形成了相对封闭的小社会，但从总的态势来看，旗人已处于汉文化如汪洋大海般的包围之中。

　　长期置身于浓浓的汉文化氛围之中，耳濡目染，满人越来越多地受到汉族的文化传统和风俗习惯的影响，逐渐融入到中原的农耕文明中。不过，有一点必须注意，就是在两种异质文明的交锋中，虽然先进的文明会影响后进的文明，但是，对于一个有着深厚历史渊源的民族而言，不可能在学习他民族优秀文化的同时，把自己的传统全盘否定。一种文明被另一种文明彻底同化，以至于完全销声匿迹，几乎是不可能的。尤其是对于胜利者，居于统治地位的民族而言，被被征服者彻底同化更是不可能的。事实上，满人的汉化，并不是一味地抛弃传统，以汉为师。虽然统治者崇儒尊孔，读经重道，甚至某些人的汉文化造诣远远超过了当时的一些名家大儒。但是，他们绝不数典忘祖。他们学习汉文化，其中不乏个人喜好，难抵博大精深的汉文化散发出来的独特魅力。但是，抛开个人喜好，更多的则是出于一种政治需要。作为一个泱泱大国的异族主宰，如何能让文化占优、人数占优的汉族人，尤其是那些向来自恃清高的汉族士人折服？这是摆在每一位清朝皇帝面前的一道难题。如果不能在文化上获得认同，不在尊孔崇儒的价值取向上达成一致，清朝的统治势必根基不稳。所以，清朝的统治者在借鉴元帝国盛极一时却短命而亡的历史教训的同时，对汉族以及汉族文化采取了一种更为开放、更加包容的积极态势，主动拉近与占全国人口90％以上的汉族人的距离。不过，在这个过程当中，尽最大可能地保留满人特有的民族本色和民族传统，始终是清朝每一位皇帝苦心孤诣的事情。

从某种意义上来讲，满人汉化的过程，其实就是满族统治者利用占据统治地位的优势，把汉文化中有利于维护其异族统治的部分拿来为我所用，同时大力批判和改造那些与本民族的文化传统和价值观念相抵触、不利于稳固自己统治地位的部分。为了抵制汉文化无所不在的渗透和侵蚀，统治者时刻保持民族意识的警醒，小心翼翼地游走在汉化和保留民族个性之间。除了最大限度地保留满族人重骑射、尚武勇的精神风貌和特有的饮食、服饰等民族习惯外，统治者还在制度层面区分满汉。对满人和汉人、满官和汉官分别适用标准不一、内容相异的规章制度。这种满汉畛域、差别对待的理念在官员丁忧制度上得到了充分体现。

（一）陈启泰上书催生旗官丁忧

满人早在入关之前就对儒家的伦理孝道有了一定的认识，统治者借鉴汉族治国经验，高举孝字大旗，大兴教化，旌表孝子，在全社会营造出浓浓的重孝氛围。同时，在政治层面积极效仿汉制，沿用汉典，丁忧制度就是统治者借鉴汉法，经世治国的重要体现。

在清军入关后的最初几年里，由于政局不稳，战事频繁，国家的制度建设尚不健全，除了个别汉官依照汉族传统自愿居丧守制外，丁忧制度并没有得到全面执行。直到顺治十年（1653）三月，都察院广东道御史陈启泰上书，请求皇上从广孝治、重人伦的立场出发，允许满汉文职官员共同遵行丁忧守制之礼。

陈启泰的上书引起了顺治皇帝的重视，他立刻召集大臣们开会讨论。经过各部门几番商议，同年四月，顺治皇帝下发圣旨，规定凡在中央各部院任职的文职官员，无论满汉，遇有父母丧事，一律丁忧三年。这是清朝统治者第一次就官员丁忧问题作出明确指示。虽然规定得非常笼统，且只限于在中央部院供职的文官，但是，不管怎样，顺治皇帝开启了满人丁忧的先河。

不久以后，考虑到八旗官员在朝中的重要地位和民族习惯，两个月后，朝廷就官员丁忧重新作出调整。对汉官和旗官加以区分，规定汉官遇丧一律丁忧三年，但是八旗所辖的满洲、蒙古和汉军军官遇丧则无需解官丁忧，只要在家居丧一个月。一个月后返回原来的工作岗位，照常上班，但是下班之后仍需在家持服，直到服除期满。

修改之后，这一旗官和汉官有差别的丁忧原则成为清朝丁忧制度的滥觞。此后，虽然清政府不断根据形势的变化对旗人官员的丁忧政策作出调整，但是，在官员丁忧方面的满汉畛域现象一直延续到20世纪的清末宣统年间。

（二）满汉文官丁忧期限不同

1. 在京旗官

顺治十八年后，清朝疆域内大规模的军事战争基本结束，国内局势日趋平稳，完善丁忧制度在内的各种职官管理制度成为摆在统治者面前的当务之急。鉴于局势的缓和、儒家孝道伦理对满人影响的加深，清朝统治者逐渐延长了旗人官员的丁忧期限。

康熙三年（1664），在京任职的满洲、蒙古和汉军旗官的丁忧期限由顺治十年的一个月延长为三个月，从父母或承重祖父母去世的那天开始起算。如果上述官员在离京出差期间遭遇父母或承重祖父母丧事,则从回到北京那天开始,在家居丧三个月。三个月后,重新回到原工作岗位上班。

康熙朝首开了服丧三个月的先河,基本上确定了在京旗官的丁忧期限,也就是清朝文献记载中常常提到的"百日行走",即在家居丧百日后照旧入署办事。从康熙三年开始,"凡满洲蒙古京官丁忧,皆百日而出行走"的规定一直延续到清朝末年。宣统元年,身为军机大臣、内阁大学士及皇族内阁协理大臣的满洲镶黄旗人那桐,母亲去世后,恳请皇帝,要像汉官丁忧一样,回家守制三年,遭到了宣统帝的拒绝,无奈之下,只能居丧百日后立刻重返工作岗位。

值得注意的是,虽然满洲、蒙古京官居丧百日的规定得到了严格执行,但是同为京官的汉军军官并没有像满蒙京官一样,必须严格遵守百日而出的规定。虽然政府规定在京旗官无论满汉,按照规定一律居丧百日,但是,在实际执行中,满蒙京官与汉军京官还是出现了双重标准。乾隆年间,满洲镶黄旗人策楞,母亲去世后,请求按照汉人风俗,回家丁忧27个月,结果被乾隆皇帝断然决绝。但是,同为八旗京官的汉军正白旗人王瓒,母亲去世后,乾隆皇帝不仅同意他离职丁忧三年,还对其居丧期间哀毁尽礼的孝行大加赞赏,建坊旌表。事实上,除王瓒外,终清一代,汉军京官中丁忧三年的例子并不少见。由此可见,在丁忧制度的实际执行中,清朝统治者对同为在京旗员的满蒙官员和汉军军官采取了区别对待、因人而异的灵活策略。

2. 外任旗官

顺治在位期间,并没有规定外任旗官的丁忧问题。康熙继位后,即命吏部商讨制定外任旗官的丁忧制度。在充分考虑了清政府当时面临的政治形势后,出台了外任旗官的丁忧制度。对于任职地方的八旗满洲、蒙古和汉军文官,根据父母去世的地点不同,执行不同的居丧标准。即:如果父母是在该官员上班的地方去世,则只需在任所居丧一个月;如果父母在京城去世,那官员必须解官回京,在京中守制半年。康熙十二年,清政府统一规定了外任旗官的丁忧期限,不管父母在何处身亡,所有外任满洲、蒙古和汉军旗官,一律仿照汉官,从闻丧之日起,不计闰月丁忧27个月。

乾隆十四年(1749)十一月,清政府再次修改外任旗官的丁忧期限。在地方任职的满洲和蒙古旗官,居丧百日后,就可以仿照在京旗官之例,在京中各衙门给安排个职位,正常上班。下班回家后再持服守制,并且丧期期满之前,不能参加朝会和祭礼等大型活动。这次调整最终确定了满洲和蒙古外任官员的丁忧期限。需要注意的是,此次调整只涉及八旗官员中的满洲和蒙古官员,并不包括同样隶属八旗的汉军军官。在此之前,同为旗员的满洲、蒙古和汉军军官在丁忧期限上的标准是相同的。虽然汉军军官在政治属性上同满洲和蒙古官员一样都是旗人,但是,汉族出身的民族属性决定了他们永远不可能真正享有和满洲、蒙古官员一样的特权,尤其是伴随着满洲贵族执政经验的丰富和满汉民族矛盾的缓和,清初汉军官员在治理地方和缓和民族矛盾方面所起的特殊作用已经不那么明显,利用价值的减小使得他们的政治地位不能和清初同日而语,特权也逐渐被剥夺。从此,汉军军官虽然在政治属性上仍隶属八旗,但是他们和普通的汉官一样,遇父母丧必须离职,守制27个月后方可获得重新任命。

嘉庆十六年(1811),镶蓝旗汉军军官尚维侗,想同满洲和蒙古官员一样,百日孝满后即开始工作。于是,尚维侗煞费苦心地写了篇奏章,表示愿为朝廷鞠躬尽瘁,舍孝尽忠,呈请朝廷赏个苦差事给他干。没想到尚维侗的一番慷慨陈词不但没有感动嘉庆，反而把天子激怒了。嘉庆帝毫不留情地戳穿了尚维侗的伎俩，批评他打着为国尽忠的幌子，投机钻营，希冀侥幸，花言巧语，糊弄主上。嘉庆帝借尚维侗之例告诫百官，凡八旗中的汉军大员丁忧，一律跟普通汉官一样，守制27个月，以后绝不允许有人像尚维侗一样，妄图打破祖宗规矩。由此不难看出，清朝统治者对汉军官员的丁忧期限控制得还是相当严格的。这一差别待遇一直延续到清朝末年。

3. 汉官

跟旗人官员丁忧制度的反复修改比起来，普通汉官的丁忧制度就简单多了。《大清律例》明确规定，凡汉官，无论任职于中央还是地方，遇父母丧或承重者遇祖父母丧，一律从听闻噩耗那天起，解官离任，回原籍守制27个月。待服除期满后，以原职起复或另授其他官职。

（三）文武官员一律丁忧

大清的朝堂内既有满洲人又有蒙古人还有人数占优的汉人，在这种特殊的多民族复合型政权体制下，丁忧官员的范围有了大幅度扩展，除了传统的汉族官员，更有大量的满洲人、蒙古人等少数民族官员加入进来。跟明朝相比，清代丁忧官员范围扩大的另一个表现就是武官也加入了丁忧官员的队伍中来。

因为武官职责特殊，他们的工作直接关系到社稷安危，所以，自古以来就有金革夺情的惯例。一直以来，武将的丁忧并不像文官那样严格，尤其是自宋元以后，武官丁忧基本上处于废弛状态，明朝开国皇帝朱元璋更是明令禁止武官丁忧。虽然禁止武官丁忧是朱元璋鉴于江山初建，根基未稳，采取的权宜之计，但是，这一规矩却被明朝历代君主沿用，成为定制。清承明制，直到康熙二十四年（1685），武官不丁忧的惯例一直未被打破。

康熙二十四年（1685）十二月，四川夔州副将孙斌遭遇亲丧，力请回籍守制，言词沉痛，令人动容。备受触动的四川提督何傅，特意为此上疏朝廷，请求允许武官同文职人员一样，丁忧尽孝。

康熙皇帝召集大臣们商讨此事。大学士明珠等人认为应该遵循前制，武官概不丁忧。但是，康熙认为，治丧守制乃人之常情，不应有文武之分，况且考虑到当时刚刚平定三藩之乱，有些将领战功赫赫，威望极高。这些人长时间手握兵权对于大清社稷并不是一件多么有利的事情。经过几轮商议，康熙二十五年二月，清政府正式下令，丁忧尽孝，文武一体，不应有别。

自此以后，提督（提督为武职官名，全称为提督军务总兵官。若以职能分，提督分为陆路提督与水师提督，一般来说，清朝共在全国各地设置12名陆路提督，3名水师提督。提督通常为清朝各省绿营最高主管官，秩从一品，称得上封疆大吏）、总兵（总兵是主管一省或地区军务的最高武官，通常为正二品）以下的武将，除非有皇帝特别下旨留任；副将（清代绿营武官名，秩从二品，位次于总兵）、参将（一般为绿营武官，为正三品，位于总兵或副总兵之下，都司与游击之上）以下的官员除非身居紧要之缺，并由级别较高的总督、巡抚、提督或总兵出面提名留任，其余武官无论满汉，一律遇丧解官，丁忧守制27个月。

这一规定颁行一段时间后，康熙皇帝认为参将、游击、守备（清朝绿营，军阶由高至低分别为提督、总兵、副将、参将、游击、都司、守备、千总及把总）等中下级武官肩负着守御地方之责，职务虽低可责任重大，一旦丁忧离职势必不利于地方的安全稳定。考虑到社稷安危，康熙皇帝调整了武官丁忧的政策，规定副将以上的可以解官丁忧，但参将以下的不准丁忧，一律在职守制。这样就基本确定了清朝的武官丁忧制度。

乾隆时期，清政府再次调整了武官丁忧的制度。一改先前满汉武官不分民族一律丁忧三年的统一标准,规定满洲和蒙古武官同满蒙文官一样,只需在家居丧百日,就可以重新上班。但是,汉族武官则必须守制27个月,方能服阕起复。这一次的调整再一次人为地制造了丁忧制度上的满汉畛域,此后,武官丁忧制度基本上没有大的改动,一直延续到清朝末年。

(四) 丁忧官员的待遇

按照传统的职官管理制度,官员丁忧期间是不领俸禄或俸禄减半的,除非有皇帝的特别恩赦,清朝也基本沿袭此制。但是,为了彰显统治者对于孝道的尊崇,鼓励官员丁忧,清政府也会酌情为丁忧官员提供一些交通和治丧方面的物质保障。

首先,根据官员的职务高低和品级大小,回籍丁忧时可以享受朝廷提供的规格不等的交通保障。比如,顺治时期,一品大员回籍奔丧,可以享受朝廷恩赐的轿夫六十名,马十六匹,水路船两只,场面很壮观,称得上是衣锦还乡。当然随着职务的降低,待遇自然会相应降低。恩宠多寡向来是与职位高低成正比的。不过,对于那些官小位卑、家境贫寒的官员,朝廷也会特别照顾。比如,乾隆五年(1740)四月十六日,朝廷颁发谕令,"各省微员离任,身故实系穷苦,不能回籍者,令该督抚于存公项内酌量赏给路费,以示赈恤"。从此,赏赐贫穷丁忧官员回籍还乡的路费成为大清定制。这一制度,从根本上解决了广大中下层官员丁忧面临的第一道路费难题,为丁忧制度的执行提供了最基础的经济保障。

除了提供回乡路费外,皇帝也会根据个人喜好,对某些官员施以特殊礼遇,比如赏给他们置办丧事的资金。当然,能享受到这种待遇的多半是皇帝面前的红人或深受国家倚重的朝中重臣。比如,同治五年(1866)六月,小皇帝的师傅、深受西太后信任的礼部右侍郎兼内阁大学士李鸿藻丁母忧,朝廷特意派使者前往，赐祭一坛，赏银两千两处理丧事。当然清廷如此用心，除了彰显皇家对重臣的特别恩赏之外，更有笼络人心，延揽人才之意。当时皇帝年幼，朝中急需忠心耿耿又能力出众的大臣，两位皇太后迫切希望李鸿藻移孝作忠，居丧百日即起复理事，继续教同治皇帝读书，同时协助处理军机要务。无奈，虽然皇太后和众大臣几经劝勉，执著于礼法的李鸿藻还是固辞不起，直到居丧终制，服阕起复。

（五）《大清律例》对丁忧违制行为的处罚

明刑弼教，古人以礼防其未然，以法治其已然。礼法并用，教化与惩罚双管齐下，向来是统治者御民的不二选择，清朝也不例外。在尊孔崇儒，以礼导民的同时，《大清律例》对居丧期间的违法行为进行了详细规定，每种违法情形都对应着非常明确的惩罚措施。

1. 居父母丧别籍异财

《大清律例》规定："若居父母丧，而兄弟别立户籍分异财产者，杖八十。"即在为父母居丧的27个月内，兄弟别立户籍、分财析产的，处杖八十的刑罚。不过，如果分家析产是在父母有遗命的情况下进行的，则不受处罚。另外，对这种分家行为的处罚实行不告不理的原则，而且必须要由当事人期亲以上的尊长亲自去衙门告诉，否则衙门不予受理。

2. 居丧嫁娶

《大清律例》规定："凡（男女）居父母及（妻妾居）夫丧而身自（主婚）嫁娶者，杖一百；若（男子）居（父母）丧而娶妾，妻（居夫丧）、女（居父母丧）而嫁人为妾者，各减二等。"因为妻妾贵贱有别，所以处罚力度也不一样。如果官员居丧娶妻，就杖一百，纳妾则杖八十。除了自身嫁娶受处罚外，如果丁忧期间给别人主婚，同样也要杖八十。乾隆五十六年（1791）九月，代州知县贾辉，丁忧期间与当地富家大户高玮联姻，事后被举报，朝廷下令将贾辉依法严办。

3. 匿不举哀

匿丧不报向来被视为不孝重罪，各朝都对这种行为给予严惩。《大清律例》规定："凡闻父母或承重祖父母及夫之丧，匿不举哀者，杖六十、徒一年。"嘉庆年间，广东东莞县县丞陈谟在任期间，父母亲先后在老家病故，但是，陈谟拒不报丧。六年后，东窗事发，嘉庆皇帝非常生气，立即下旨将陈谟革职，并责令把所有与此事有牵连的相关人员一概依律严行查办。

4. 诈丧

《大清律例》规定："若官吏父母死，应丁忧，诈称祖父母、伯叔、姑、兄姊之丧，不丁忧者，杖一百，罢职役不叙。若父母见在，无丧诈称有丧，或父母已殁，旧丧诈称新丧者，与不丁忧罪同。"对于那些诈言他丧逃避丁忧，或为了某种不可告人的目的而诈称父母死亡谋求丁忧者，清律规定了相同的处罚措施，杖一百后革职不用。

5. 居丧作乐

清代在居丧礼仪方面仍继承前朝，主张居丧尽哀。清律规定："若丧制未终，释服从吉、忘哀作乐及参预筵宴者，杖八十。"

6. 冒哀求仕

清承明制，不允许丁忧期间冒哀求仕，"若丧制未终，冒哀从仕者，杖八十，亦罢职。其当该官司知而听行，各与同罪。不知者不坐"。《大清律例》不仅规定了对冒哀求仕的丁忧官员的处罚措施，而且明确规定，对那些纵容和包庇官员冒哀求仕的相关部门，也要追究责任。这样，就更加有效地杜绝了冒哀求仕现象的发生。

此外，法律还规定了居丧期间各类生员不得应试，这就从考试阶段断绝了冒哀求仕的做法。不过对于那些企图蒙混过关，冒哀参加考试的文武生员，一经发现，并不是按冒哀求仕的罪名处罚，而是按匿丧不报的标准从重处罚。

除了上述行为被明令禁止外，为了防止地方官员在任职地把势力做大，清政府禁止他们以任何借口寄居任所，丁忧期间一律解官回原籍。顺治年间，礼科给事中杨栖鹗先后两次丁忧，都没有回原籍守制，而是侨居在了风景秀丽的苏州。顺治十二年（1656）七月，杨栖鹗被人举报，吏部将此事上报给顺治帝，顺治听后大怒，当即下令将杨栖鹗革职，永不叙用。

丁忧官员在原籍守制期间，也要受到诸多限制。比如，不准随意外出，不准结交地方官员、干涉地方政务，甚至不准进书院讲学布道。总之，丁忧期间，官员的一言一行、一举一动都要受到严格限制。有时候皇上会秘密指派某些地方官员，暗中监视丁忧官员居丧期间的生活起居和社会交往。一旦有僭越之举，立刻就会有人第一时间给皇上打小报告，惩罚自是在所难免了。

（六）奔丧、起复的期限

除了对居丧期间的具体行为作出明确要求外，《大清律例》对官员丁忧的奔丧期限和起复期限等都作了详细规定。

官员接到父母去世的消息后，不得无故逗留，必须在规定的时间内起程奔丧。在京城任职的汉官，起程期限为三个月，并且要将起程的具体日期上报吏部备案。若无故拖延半年以上，将被处罚俸一年；若无故拖延一年以上的，则在丁忧期满后降一级留任。州县以上的地方官员，若无故延迟起程，延迟半年以上的降一级留任；延迟一年以上的，官降一级的同时还要调离原岗；两年以上的则直接被炒鱿鱼。

如果官员闻丧后不按时起程奔丧，而是留下来谋求起复或干预公务，一经查实，立刻革职。并且上级领导也要承担查实不力，监管失职的责任，被罚官降两级的同时还要调离原岗。如果是二人串通一气，暗中勾结，领导出面奏请留任的，该领导则要面临官降三级，调换岗位的处罚。

按照路程远近，律例明确规定了各地官员奔丧所需的时日。官员要在规定的时间内回到原籍，并且，在回到原籍的一个月内，要向当地主管部门报告，留待日后核查。如果官员一时疏忽，忘了上报回籍日期，则要被处罚俸六个月。如果回到原籍后超过半年还没有上报，待丁忧期满时，则要在原职务的基础上降一级留任，超过一年还没上报的，则要降两级留任。

清朝对于官员丁忧的规定可谓有始有终，事无巨细，不仅明确了奔丧的期限，对服满之后的起复期限也有明确要求。

从闻丧之日起，不计闰月，27个月期满除服。丁忧期满后，官员就应该及时起复，无故不得在家拖延。与根据路程远近决定奔丧期限一样，清律也根据路程远近规定了官员起复的期限。对于拖延起复的官员，根据超期情况，分别给予程度不等的处罚。最初规定，一旦超期达到半年，就要交吏部议处；超期一年以上的，勒令辞职回家。康熙九年（1670），对官员超期起复的处罚略有放宽，超期不到一年的免于追究；一年以上的，罚扣一年工资；超过两年的，则予以辞退。

四 平除满汉畛域——清末丁忧制度大改革

（一）满汉畛域的历史由来

平心而论，作为一个少数民族建立的大一统封建政权，清朝的民族政策比元朝成功，所以，清朝能祚国268年，而蒙古人还不到百年。但是，这并不能说明，清朝的民族政策是多么的完美。事实上，虽然，满洲人早在入关之前就广泛学习汉文化，入主中原之后，更是倡导满汉一家亲。顺治、康熙等历代统治者都高举满汉是一家的大旗，努力展现出作为异族统治者，不分满汉，一视同仁，视天下臣民皆为我大清子民的博大胸襟。但是，透过表象看本质，又不难发现，在所谓满汉一家的美丽幌子下，这些从山海关外奔驰呼啸而来的满洲人其实一直戴着有色眼镜看待汉人和汉族文化。一方面，他们确实惊叹于汉文化的博大精深，发自内心的仰慕。出于政治需要，为了维护帝国统治，他们必须佯装亲善，拉拢人数远远占优的汉族人。但是，作为异族征服者，他们又时时刻刻以祖宗血统和民族出身为荣。抵制汉俗腐蚀，保留民族独立性，维护满洲人特有的民族传统和民族个性，始终是每位帝国主宰者孜孜以求的事情。这一点，在乾隆身上就体现得淋漓尽致。

　　实事求是地说，乾隆应该是清朝诸帝当中汉文化造诣最深的一个了。他精通文墨，经常和大臣们吟诗作对，喜欢以文人自居。但是，正是这样在一个在武侠小说里被某些人一厢情愿地描述为汉人后裔的皇帝，内心深处其实有着非常强烈的满洲独尊的民族情结。在位期间，他一直处心积虑地强化满洲人在意识形态领域的自我认同和文化认同。为此，他特意命人纂修八旗宗谱，竭力推动文臣们钩沉满洲祖先光荣的征服史，试图从血统方面强化满汉差别，尊显满洲人的独一无二和高贵出身。在强化满洲人民族优越感的同时，乾隆不忘时刻警惕汉文化对子孙后代的侵蚀。当他得知自己的十一皇子，14岁的永瑆像汉人一样，自取雅号"镜泉"后，勃然大怒。召集大学士和军机大臣们开会，把十一阿哥狠狠地训斥一番，并语重心长地告诫诸位大臣："我们满洲人秉性淳朴，精于骑射，爱新觉罗的子孙更应该秉承祖先传统，决不能学习汉人那些虚浮愚陋之习，以脱剑学书为风雅，不务正业，甚至改易衣冠，效仿汉俗，这关系到祖宗基业，必须高度警惕，决不能掉以轻心。"由此可见，这个习文弄墨的皇帝实际上非常担心满洲子弟沾染汉习。他内心深处的这种恐惧在处理大学士鄂尔泰的侄子鄂昌时展现得淋漓尽致。鄂昌，满洲镶蓝旗人，举人出身，乾隆十九年任甘肃巡抚。受家庭环境影响，鄂昌自幼喜欢诗文，入仕为官后也多与汉族士人结交，经常与他们一块饮酒作诗。舞文弄墨、吟诗作对本是鄂昌抒怀遣志的最大乐趣，没想到也成了他悲剧人生的罪魁祸首。他在《塞上吟》一诗中，效仿汉人称蒙古人为"胡儿"；在听说堂弟鄂容安被派往军营之后，又在诗中发出"奈何奈何"的感慨。乾隆皇帝听说这些事情后，怒不可遏，骂他被汉习侵蚀太深，完全背弃了满洲人尚武善战、驰骋疆场的优良传统，是个不折不扣的满洲败类。最后，无辜的鄂昌被赐自尽。乾隆此举意在杀一儆百，以儆效尤，用鄂昌之死警告满洲八旗，今后如有人胆敢同鄂昌一样仰慕汉人文化，摒弃满人传统，一经发现，严惩不贷。为了抵制满人汉化，清朝的统治者可谓殚精竭虑，用心良苦。

在严防死守，拼命抵御汉习影响的同时，为了从根本上稳固满人的统治地位，让汉人乖乖臣服于脚下，大清帝国的统治者们从入关之初就明里暗里地实施一些歧视和压迫汉人的政策。努力在风俗习惯、政治制度、法律适用等方方面面人为地制造一些满汉差异，扬满抑汉。通过各种制度限制，使满人与汉人，无论在朝为官还是居乡为民，一概处于不平等的地位，满汉畛域的现象普遍存在。

清朝的丁忧制度就是这一特殊历史背景下的产物，汉官无论文武一概解官丁忧，在家守制满27个月，方可起复；而文武满官，则只需居丧百日，就可以正常上班。表面上看，这是异族统治者对儒家伦理道德的尊崇和对汉人习俗的尊重,实际上却是一种对汉官的变相歧视和限制。

起初,对于包括官员丁忧在内的种种不平等规定,汉族官民迫于八旗军强大的武力威胁,虽有百般不满,也只能忍气吞声,逆来顺受。后来时间长了,人们也就习以为常,不再有强烈的抵触和逆反心理。但是,长时间的相安无事并不意味着永久的天下太平,清朝贵族自己画地为牢,不把自己当成中华民族大家庭的一员,主动把自己隔离出去,这种人为地制造民族隔阂的做法无异于把自己置身于火山口上。一旦民族矛盾积累到一定程度,上层统治者施加给底层民众的压力超过他们的容忍底线的时候,长期以来积压的愤怒和不满,势必如火山爆发般势不可挡,到那时候,高高在上的统治者就只能玩火自焚了。

(二)内忧外患的清末时局

虽然大清帝国在长达两百多年的时间里看似歌舞升平,九州清晏,但是,满汉民族矛盾始终是清朝统治者无法绕开的问题。与朝堂之上,洪承畴、李光地等汉族官僚对满洲主子忠心耿耿形成鲜明对比的是,民间的反满、排满运动一直暗流涌动,从未停歇。天地会、白莲教以及后来轰轰烈烈的太平天国运动就是最好的证明。

虽然清政府对民间反抗无一例外地采取了血腥镇压,看似有效遏制了民间的反满势头,但是事实再次证明,仅靠武力镇压并不能从根本上解决问题。就像晚清名臣端方预见的那样,一味地镇压,只能适得其反,"一逆党戮而百逆党生"。历史正如端方所言,在义和团运动被强势镇压后,大清的实际主宰者慈禧太后,为了保住满洲人的统治地位,不顾国内民众的死活,对侵略者百般谄媚,厚颜无耻地表示"量中华之物力结与国之欢心"。直到此时,那些本来对清政府还抱有一丝幻想的"保皇"派,彻底绝望，纷纷倒戈，走上了武装推翻清王朝的革命之路。

　　汉族民众压抑已久的愤怒在中华民族生死存亡之际彻底爆发了，多年以来统治者用来粉饰太平的"满汉一家"此刻彻底决裂了。在革命党人的煽动下，由来已久的满汉矛盾被迅速放大到极致，人们把多年以来的委屈和对外来侵略者的仇恨一股脑地发泄到统治中国两百多年的满洲人身上。一时之间，上至九五至尊的皇帝，下至手无寸铁的平民，满洲人无论男女，不分贵贱，无一例外成为众矢之的，万恶之源。社会上"排满兴汉"的呐喊声一浪高过一浪，在一片讨伐声中甚至出现了"手持三尺剑，割尽满人头"的极端咆哮。虽然也有人如蔡元培般于乱世喧嚣中依然能保持清醒，认识到"苟满人自觉，能放弃其特权，则汉人绝无杀尽满人之必要"，但是，在民众的情绪被愤怒点燃的情况下，已经很少有人能保持理性，冷静思考了。蔡元培的声音瞬间就被革命党人的呐喊淹没了。在"驱除鞑虏，恢复中华"的责任驱使下，一场轰轰烈烈的民族革命在清末的血雨腥风中震撼上演了。

（三）化解满汉畛域——清政府最后的挣扎

　　早在辛亥革命到来之前，清政府中的一些开明官僚和知识分子就已经预见到了满汉民族矛盾的潜在危机。这些人在西方自由平等观念的冲击下，开始反思民族危机产生的根源，并积极探索救国救民的振兴之路。

　　早在戊戌年间，总理衙门章京张元济就上书光绪皇帝，请求取消旗人特权，允许满汉通婚。光绪皇帝也照单接受了张元济的建议，下令旗民自谋生计，但是，随着百日维新以失败告终，张元济提出的一系列消除满汉畛域的改革措施并没有真正得以实施。

　　清末，伴随着民族矛盾的加剧和外来列强的威胁，张之洞、端方等晚清重臣，充分认识到化解满汉畛域是缓和民族矛盾，稳定社会秩序，抵制革命党排满宣传，收拢天下人心的关键所在。为了挽救风雨飘摇中的大清王朝，他们上下奔走，极力周旋，希望中央政府能尽快调停满汉矛盾，化解满汉畛域，通过政治改革走出困境，救亡图存。在端方、张之洞等人的影响和带动下，越来越多的满汉官员认识到浑融满汉，天下大同是缓解矛盾，消弭革命的唯一途径，纷纷上书朝廷，为消除满汉畛域，缓和民族矛盾建言献策。

内忧外患的清皇室迫于国内外的重重压力，终于在立国两百多年以后，把调整满汉关系，平泯满汉畛域提上了议事日程，在大厦将倾之际迈出了自我救赎的最后一步，为保住祖宗创立的百年基业作出了最后一搏。

公元1907年8月10日，慈禧太后下令，要求各级官员各抒己见，就如何全面消除满汉畛域问题提出切实可行的措施。丁忧制度改革作为消除满汉畛域的一个重要方面，此时也被摆在了清朝统治者面前。公元1908年，伴随着《逐年筹备事宜》的颁布，清政府为彻底平泯满汉畛域列出了详细、具体的时间表。至此，两百多年来一直是双轨运行的丁忧制度终于迎来了双轨合一的历史倒计时。

自清朝的丁忧制度确立以来，满汉官员一直是各行其是。汉官无论文武一概离职守制，27个月后方可起复。而文武满官则一概"百日行走"，三个月后即可回衙门上班。虽然，名义上要求他们私居持服，但多半是有名无实，流于形式。这种满汉不同的丁忧制度一直存在了两百多年，表面上是对汉人传统的尊重，其实是一种变相的约束。

针对丁忧标准不一的问题，早在道光年间，就有大臣建议旗员丁忧悉从汉制，希望满蒙官员如汉官一样，一概丁忧三年。但是，这一提议并未受到道光皇帝的重视。直到光绪三十三年

(1907)，满汉大同之势已势不可挡的情况下，丁忧的标准划一问题才再次进入人们的视野。

光绪三十三年四月，陆军部首先提出来，希望朝廷允许部内汉官像满官一样，居丧三个月后便正常复职办公。但是，陆军部的建议一提出来，立刻遭到了很多大臣的强烈反对，尤其是一些汉族官员。他们认为丁忧三年乃千古之伦常，自西汉以来历代相沿，清初确立的满汉相异的丁忧制度只不过是迫于当时的形势，采取的权宜之计。现在的环境与清初相比，发生了根本性改变，旗人官员应该改从汉制。围绕官员丁忧该从汉制还是从满制的问题，各衙门展开了激烈讨论，满汉官员各持己见，相持不下。如果说清初汉族官员丁忧三年是清政府高压震慑下的无可奈何之举的话，那两百年后的今天，汉族官员坚持守制三年，则是在光复汉族神圣使命感驱动下，对于儒家传统伦理道德的一种誓死捍卫。从某种意义上来说，这是在全社会反满、排满呼声高涨的形势下，长期受压制的汉族官员起来抗争的一种自觉表现。

就在满汉官员为旗人改从汉制还是汉人改从旗制争得面红耳赤之际，光绪三十三年九月，慈禧太后下懿旨，命礼部会同主管法律修订的大臣尽快修改相关礼制和律令，在礼法上实现官员丁忧的满汉划一。但是，由于各派分歧太大，礼部左右为难，迟迟拿不出一套切实可行的方案。光绪三十四年，御史赵炳麟呈上"奏满汉服制请伤催议"一折，详细阐述了丁忧制度的历史渊源和伦理价值，深刻剖析了清初采用满汉双轨的客观原因，并从当前的社会环境出发指出，在民众反满情绪高涨，汉族士人离心渐起的情况下，再让汉官迁就满官，不仅违背礼教，有亏伦理，而且阻力太大，在今天这样的形势下很难实行。最后，礼部采纳了赵炳麟的建议。宣统元年（1909）三月初四，清廷下令，自今日起，官员丁忧，无论满汉，一律离任终制，27个月后服阕起复。

自此，满汉官员的丁忧标准终于实现了整齐划一。只可惜，这原本值得大书特书的历史性一刻，来得太迟了。

此时的大清帝国已经走到了生命的尽头，大厦将倾，所有的呐喊和挣扎都显得那么徒劳无益，这姗姗来迟的改革或许真的能消融满汉畛域，化解多年以来的民族嫌隙。可是，它终究没来得及挽回大清王朝的崩溃，因为，历史已经没有耐心等待满洲人彻底觉醒，自我救赎了。

公元1912年2月12日，大清帝国的最后一位皇帝溥仪被迫退位，祚国268年的大清王朝从此退出了历史舞台。平心而论，这个以满族为统治核心的王朝不论就其疆域之辽阔还是物产之富庶，都称得上是中国历史上最伟大的王朝之一。清朝十二帝，虽然说不上个个杰出、英明神武，但是除了咸丰偏好酒色，略显昏庸外，确实也找不出明武宗那般荒淫无道的奇葩皇帝。只不过，入关以后，四海升平的太平盛世让满洲人渐生骄纵，慢慢失去了祖先开疆扩土、驰骋沙场的锐气和海纳百川的胸襟，闭关锁国，故步自封，与世界文明渐行渐远，最终沦为封建君主专制王朝的殿后者，悲情谢幕。伴随着皇权的终结，为皇权尽心竭力服务了两千多年的丁忧制度也寿终正寝，彻底告别了历史舞台。

第九章　忠孝两难话丁忧

亲人离世，家属通过居丧的形式表达内心的悲痛，原本是一种很自然的情感表达。以孔子为代表的儒家先驱，提倡守丧三年，也多是从人性的角度出发，鼓励人们懂得感恩，知恩图报，是对最朴素的人伦情感的肯定和鼓励。但是，后来由于政治需要，儒家最初提倡的孝道被人为地改造成了维护封建君主专制的政治工具。汉武帝罢黜百家，独尊儒术，从此以后，儒家伦理道德成为封建统治者御国御民的不二法典。

孝道原本是维护家庭和睦，适用于家庭内部亲子关系的伦理规范，强调子女对父母的绝对服从和道德义务。但是，在中国古代家国同构的特殊政治体制下，衍生出一种君父与子民的虚拟血缘关系。家是国的基础，国是家的放大，皇帝就是全天下最大的家长，是所有老百姓的衣食父母。在这种君父一体的观念影响下，儒家的伦理规范便与国家政治有机地融为一体，从治家层面上升到治国层面，从一种内在的道德制约外化为具有普遍约束力的社会规范，最终成为统治者掩盖残酷的封建等级统治的温情面纱。

一　丁忧制度与以孝治国

在家国一体的皇权政治社会，皇权的巩固离不开忠臣，培养忠臣的最有效途径就是"教孝求忠"，即所谓"求忠臣必于孝子之门"。正是基于这样的考虑,自汉朝确立了以孝治国的基本方针后,各朝统治者无不绞尽脑汁,在孝上大做文章。一方面广施教化,旌表孝子,在社会上大力营造行孝、向孝之风;在宣传教化的同时,不忘发挥严刑酷法的威慑作用,不孝历来被作为十恶不赦的重罪,严惩不贷。

与教普通老百姓行孝相比,统治者更注重官员士人的孝行孝举。因为,各级政府官员,既是治国理政的真正主体,又是万民百姓的行为标杆,作为皇帝和百姓之间的传声筒,他们的思想和行为本身便具有非常强的导向作用。国家的大政方针能不能得到贯彻实施,很大程度上取决于这些官员。"君子德风,小人德草",上梁不正下梁歪,如果身为百姓父母官的他们阳奉阴违,欺上瞒下,自然会造成不好的示范效应,不利于稳固江山社稷。所以,历代统治者尤其注重向官员灌输"退家则尽心于亲,进官则竭力于君"的忠孝观念,积极发挥官员在以孝治国方面的模范带头作用。

统治者之所以如此重视培养官员的孝道,不外乎是看到了孝道伦理在维护封建君主专制方面的特殊作用。众所周知,"其为人也孝悌,而好犯上者,鲜矣;不好犯上,而好作乱者,未之有也"。关于统治者为什么要求官员丁忧,明朝罗伦分析得鞭辟入里,"子有父母之丧,君命三年不过其门,所以教人孝也。古者求忠臣必于孝子之门,诚以居家孝,故忠可移于君。为人臣者未有不孝于亲而能忠于君者也,为人君者未有不教其臣以孝而能得其臣之忠者也"。由此可知,在维护皇权统治方面,儒家的忠孝伦理相辅相成,并行不悖。

事亲不孝势必为臣不忠,求忠臣必于孝子之门,似乎忠孝不能分家,但是,这并不意味着二者没有矛盾冲突。虽然君主政治总是有意无意地淡化和弥合忠孝矛盾,但是,作为两种不同的行为规范，在各自发挥作用的过程中发生碰撞冲突是在所难免的，所以，就有了士人自古忠孝难两全的感慨。

忠孝不能两全时，该何去何从？对于那些既为人臣又为人子的官员而言，似乎没有太多的选择空间。因为在忠孝的二元关系中，孝为本，忠为用，孝是手段，忠才是目的。君教臣以孝的根本目的是于孝取忠，移孝作忠，忠君爱国才是封建帝王的终极目标，孝不过是培养忠臣的手段和方式罢了。所以，当忠孝抵牾、不能两全时，统治者无一例外地要求臣子亏孝全忠，殒孝尽忠。这一点，在官员丁忧被夺情时体现得淋漓尽致。

官员丁忧是统治者以孝治国的重要举措，同时也是官员尽孝的主要形式。因为，古时为官多离家千里，很少待在父母身边，由于交通不便、路途遥远、假期太少、公务繁忙等原因，有些官员一年到头也回不了几次家，有的甚至十几二十年也回不了家。比如明朝的一代名臣张居正，就曾经十九年没有回家见父母。所以，晨昏定省、床前尽孝的机会自然少之又少。父母去世之后，居丧守制便成了仕人表达孝心、弥补未能养亲之遗憾的主要方式。

自西汉开始，统治者渐渐把为父母居丧的这种自觉的孝行上升为一种强制性道德规范，先是在诸侯王室中开始推广，慢慢的，逐渐演变为一种具有普遍约束力的行政管理制度，适用于大大小小各级文武官员。唐宋时期，丁忧制度全面入律。从此，丁忧不再是一种单纯的行政人事制度，成为更具约束力的法律行为。各种居丧违制的行为表现及对应的惩罚措施都在律令中详加规定，从而使官员的丁忧行为更加明确具体，政府对官员丁忧的管理也更加严格规范。唐宋以后，丁忧制度原则上没有大的改动，即使在异族统治下的元朝和清朝，丁忧制度作为彰显孝道和维护社会人伦秩序的有效手段，也被很好地保留了下来，并且有了新的发展。可以说,丁忧制度是与封建君主专制制度相伴相生的一种封建职官管理制度,从诞生之初,就是为君主皇权服务的。两千多年来,它始终不改初衷,认认真真地履行自己的使命,直到封建帝制时代结束,丁忧制度圆满地完成了自己的政治使命,彻底告别历史舞台。

二 忠孝面前官员的艰难选择

官员的双重身份决定了在其丁忧守制,以尽人子孝道的同时,势必会对朝廷的公务造成影响,尤其是那些平日深受国家倚重,能给皇帝出谋划策或在危急时刻能左右时局、力挽狂澜的股肱要员。他们的在与不在,会直接影响到国家机器的正常运转和江山社稷的生死存亡。对于这些人,基于国家需要或皇帝的个人需要,往往会被夺情,要么不予解官,在任守制,即像往常一样正常办公,工作之余持服守制;要么是居丧未满,提前起复。

作为丁忧制度的变通,夺情一旦付诸实践,势必会引起官员尽孝还是尽忠的矛盾冲突,忠孝的矛盾在丁忧与夺情的取舍间骤然激化。丁忧尽孝还是夺情尽忠?根据史料记载,丁忧官员面对朝廷的夺情起复,态度不一。有的欣然从命,喜不自胜;有的则是百般推辞,极不情愿。不管是心向往之、心甘情愿还是迫于君威、情非得已,在这个二选一的抉择面前,大部分官员都会以国事为重,乖乖服从朝廷的安排,夺情起复,亏孝全忠。

历史上丁忧被夺情的例子数不胜数,我们在叙述历朝历代的丁忧名人、守孝故事时提到了太多太多。如著名的南宋抗金将领岳飞。大宋江山风雨飘摇之际,为保社稷宋高宗三下起复诏,岳飞强忍丧母之痛,以国为重,含泪起复。在驰骋疆场,尽忠报国的同时,也谱写了个人"青山有幸埋忠骨"的华彩人生。下面我们再讲两个丁忧名臣的故事。

（一）六道奏疏拒夺情，宰辅守孝留美名

朱元璋打下江山后，大明王朝经过几十年的经营，在仁宗、宣宗时期达到了极盛。然而就在此时，盛极而衰的明王朝不可避免地走上了下坡路。明朝中叶一百多年的时间里，社会危机层出不穷，但都没有发展到不可收拾的地步。明王朝的皇帝虽然个个奇葩，少有明君，但是千疮百孔的江山社稷总能在风雨飘摇中苦苦支撑，不至于全盘崩溃。究其原因，是因为统治阶级内部不断涌现出一些能在关键时刻力挽狂澜、掌握大局的有识之士。正是他们，成了大明江山的中流砥柱，在皇帝昏庸、天子失道的情况下，仍然能驾驭着明朝这条破船，在大风大浪里踯躅前行。在明朝的诸多杰出政治家中，历任武宗、世宗两朝宰辅的杨廷和就是其中的佼佼者。

杨廷和，四川新都人，生于明朝天顺三年（1459）。在父亲的启蒙下，杨廷和从小就表现出与众不同的天赋和智慧。在他刚开始学说话的时候，父亲就教他《三字经》、《千字文》、《弟子规》一类的文章，在他的手刚能抓住东西的时候，父亲就教他学习毛笔字，在别的小朋友刚开始读一些启蒙读物的时候，他就已经开始研究四书五经和八股写作了。因为起步早，所以一路走来，杨廷和总是走在别人前面，人家刚开始考秀才，12岁的他已经中了举人；人家考举人时，19岁的他已经成了宪宗成化年间最年轻的进士。年少得志的杨廷和在科考之路上走得顺风顺水。

孝宗弘治二年（1489），杨廷和进翰林院任修撰，因为参与纂修《宪宗实录》晋升为侍读，侍奉皇太子（即后来的武宗朱厚照）讲读。后来因编撰《会典》有功，破格提拔为左春坊大学士。武宗正德二年（1507）年初，由詹事入东阁，专门负责诰

救。在抵制宦官专权的斗争中，得罪了执掌大权的司礼监大太监刘瑾，被降为南京吏部左侍郎，五月升迁为南京户部尚书。三个月后因修书有功调回到京城，晋升为文渊阁大学士，开始参预朝中机务。正德五年（1510），河北爆发了大规模的刘六、刘七农民起义，杨廷和镇压有功，晋升为太子太师、华盖殿大学士。正德七年（1512）十二月，杨廷和升任内阁首辅，在这个权力与风险并存的岗位上，身处风口浪尖的杨廷和委曲求全，百般周旋，艰难地行使首辅的职责。

众所周知，在明朝两百多年的历史中，明武宗朱厚照无疑是十六位皇帝当中最荒唐的一个。俗话说龙生龙凤生凤，按理说中兴令主朱佑樘的儿子应该也差不到哪里去，可是，现实却非常不尽如人意。15岁登基的朱厚照完全没有继承父亲明孝宗的优良品质，备受宠爱，养尊处优的生活让朱厚照丝毫没有居安思危的意识，更没有勤政爱民的美德。这位童心未泯的皇帝整天只想着寻欢作乐，追求刺激，四处巡游，不理朝政，从来不把国事放在心上。

皇帝昏庸，奸佞当道，作为皇帝的老师，又是内阁首辅，杨廷和一边小心翼翼地替皇上打理朝政，一边苦口婆心地进谏劝说。无奈，忠言逆耳，杨廷和的良苦用心不但没有得到武宗的积极回应，反而让皇上倍感约束，心生反感。杨廷和的隐忍并没有得到大臣们的理解，在他们看来，杨廷和身为百官之首，只知道明哲保身，入阁多年，毫无建树，完全不理会臣民的托付，既不替百姓谋福祉，也不为君王分忧愁，失信于民，不忠于君。面对同僚的指责和百姓的埋怨，杨廷和心灰意冷，多次向武宗递交辞呈，请求告老还乡。无奈，无心政务的武宗虽然讨厌杨廷和整天唠唠叨叨，可是，作为天子，他又非常需要杨廷和这样一个既踏实肯干又忠心耿耿的帮手替自己处理那一摊子让人头疼的政务，他怎么舍得放杨廷和走呢。夹缝中的宰辅大人只能牙齿打落和血吞，万般委屈一个人默默承受。

正德十年（1515）三月，一个可以让自己远离官场纷扰的机会来了。三月的一天，杨廷和下班回到家，老家派人送来消息，14年没见面的父亲生病去世了。听闻此噩耗，杨廷和悲痛万分，他自幼受益于父亲的谆谆教诲，父子俩感情很深，这些年来忙于公事，聚少离多，本想建功立业让他老人家欣慰。可惜，无奈时运不济，碰上了一个不学无术、昏庸到家的主子，使得自己的满腔抱负无处施展，不仅没有给祖上争得荣耀，反而备受世人诟病。想到自己辜负了父亲的殷殷期望，杨廷和内心无比悲愤，立刻上书皇上，请求回籍丁忧。

武宗接到杨廷和的请辞奏疏，立刻慌了手脚，他素来不问政事，老师一走，自己如何是好。思虑再三，他决定下旨夺情，于国于己，都不能没有杨廷和。没想到，此时的杨廷和吃了秤砣铁了心，一口气连上了六道奏疏，态度坚决，情真意切，"臣自母丧至今，不得见父者十有四年，一旦抱恨终天，冀得早从礼制……臣若未即就木，尚有十年堪备任使，是臣以三年报父，十年报陛下；是臣尽孝之日少，尽忠之日多也"。三年报父，十年报君，话都说到这份上了，武宗也不好再强人所难，只得同意杨廷和回籍守制。

可是杨廷和一走，武宗就后悔了，各种琐碎的事情像一粒粒冰雹劈头盖脸地向他砸来，以前有杨廷和在，他从来不知道，原来这个国家有那么多事情等着自己去处理。千篇一律的奏折把他折磨得一个头两个大，每批一份奏折，每作一个决定，他都焦虑万分，生怕自己一不小心酿成大错。身心极度疲惫的他突然想起了英年早逝的父亲，当年的明孝宗勤政爱民，日理万机，废寝忘食以致积劳成疾，年纪轻轻就撒手人寰。亲眼目睹了父亲自我毁灭的悲剧，武宗无比恐慌，他可不想像父亲那样，被国事累死。从父亲身上，他似乎得到了另外一种启发，那就是人生须行乐，想吃就吃，想玩就玩，至于是不是一个好皇帝，他才不关心。正是在这种思想的引导下，明武宗成了历史上有名的顶级玩家，斗鸡、打牌、斗蛐蛐，皇帝样样精通。

面对堆积如山的奏折，急得跳脚的武宗想起了杨廷和，他也顾不得什么君无戏言之类的话了，立刻下令内阁给远在四川老家的杨廷和下了一道夺情起复的谕旨。传旨钦差丝毫不敢懈怠，一路快马加鞭向四川奔去，长途奔袭，竟累死好几匹马。虽然武宗在圣旨中对杨廷和丁忧一事深表不满，批评他因徇私情，废了公事，并用威胁的口吻责令他立刻起复。但是，杨廷和仍旧不为所动，立刻手书一封，再次拒绝了皇上的夺情美意，固执地将守制进行到底。明武宗见杨廷和如此决绝，也没了辙，只好随他去吧。

正德十三年（1518），杨廷和服阕起复，继续出任内阁首辅。面对依旧混乱的朝政和顽性不改的皇上，经过三年的反省与沉淀，重出江湖的杨廷和下决心韬光养晦，等待时机。这次，老天爷没让杨廷和等太久，一辈子痴迷玩乐的明武宗玩火自焚，终于把自己的命玩完了。在一次外出巡游途中，泛舟钓鱼，结果玩得忘乎所以，船翻落水，明武宗虽然没被水淹死，却从此一病不起。正德十六年（1521）三月，31岁的明武宗结束了自己荒唐的一生。

明武宗荒淫无度，死后却没留下一男半女，大明的江山由谁来接掌成了摆在文武百官面前的一道难题。皇帝宝座虚位以待，一旁的宦官跃跃欲试，想趁机篡权。在这关键时刻，杨廷和挺身而出，手举《皇明祖训》，要求按照"兄终弟及"的原则，拥立孝宗的侄子，兴献王的长子朱厚熜为帝，得到太后和众大臣的支持。杨廷和亲手拟定遗诏，迎候朱厚熜自驻守地安陆（今湖北应山县）回京继位，这就是后来的嘉靖帝。

从北京派出使臣前往兴献王封地湖广安陆传旨,再由安陆护送朱厚熜前往北京,这一来一回颇费时日。这一段时间,老皇帝已死,新皇帝还未登基,成了没有皇帝的权力真空期。正是这一真空期,给了杨廷和大展身手的机会,没有了皇帝的掣肘,这么多年来隐忍不发的杨廷和终于可以放开手脚,大干一番了。

面对明武宗留下的烂摊子,杨廷和临危不乱,调度指挥,在新老皇帝交替的过渡时期,拨乱反正,针对武宗失德造成的一系列弊政,展开大刀阔斧的政治改革。虽然杨廷和总揽朝政,实施改革的时间并不长,但是,他的一系列改革举措还是取得了立竿见影的效果,朝野上下一片赞誉,政府财政状况大有好转,阶级矛盾也相对缓和,为世宗嘉靖皇帝开了一个好局。

世宗继位后,杨廷和原本对他寄予厚望,力图辅佐新主重振大明王朝。无奈,围绕追封兴献王展开的一场毫无意义的大礼仪之争,导致君臣失和,杨廷和的仕途生涯戛然而止,所有的宏图伟业瞬间化为泡影。嘉靖三年(1524)三月,杨廷和被迫告老还乡,无限凄凉的结束了自己的宦海生涯。嘉靖七年(1528),已经隐居田园的杨廷和再次受到大礼仪之争的波及,被嘉靖帝一纸诏书削职为民,一年后,郁郁寡欢的杨廷和在孤寂中溘然长逝。

纵观杨廷和的一生,他绝对算得上是封建官僚士大夫的杰出代表。为国尽忠,尽管皇帝昏庸失道,他依旧直言劝谏,尽职尽责,兢兢业业;为家尽孝,他牢记父亲嘱托,奋发有为,光耀门楣。父亲去世后,他不顾皇上的挽留和威胁,抗旨不遵,拒绝夺情,坚持守孝三年,成为士人大夫的孝道模范。

(二)一代名臣曾国藩,夺情起复写传奇

身为晚清中兴四大名臣之一的曾国藩,在太平天国运动席卷全国,大清江山岌岌可危的时候,舍孝尽忠,先后两次丁忧夺

情,于危难之际挺身而出,力保大厦不倾。

曾国藩,字伯涵,号涤生,湖南长沙府湘乡县杨树坪(今湖南省娄底市双峰县荷叶镇)人,生于嘉庆十六年(1811),是晚清著名的政治家、文学家、理学家,湘军的创始人。

曾国藩出生于一个地主家庭。从曾祖父那一代就开始节衣缩食攒钱买地,到曾国藩的父亲曾麟书这一辈,曾家虽算不上是当地的豪门大户,但家里已经开始雇佣帮工了,称得上是名副其实的地主之家。虽然坐拥田产,衣食无忧,但曾麟书并不甘心做一辈子土财主。毕竟在古时,人们普遍认为万般皆下品,唯有读书高,科考入仕才是光宗耀祖的上上选择。和很多读书人一样,曾麟书醉心功名,一心求仕。无奈,勤奋有余,运气不足,连续参加了17次乡试,都名落孙山。直到43岁那年,才终于考了个秀才。

曾麟书自知才短,无望跻身仕途,便把光耀门楣的希望全部寄托在了孩子们身上。曾麟书共有九个孩子,五儿四女,曾国藩作为家中长子,从五岁开始,就在父亲执教的私塾里读书。在父亲的严厉督导下,曾国藩刻苦读书,打下了扎实的家学功底。道光十二年(1832),曾国藩考中秀才,两年后中举人。道光十八年(1838),27岁的曾国藩在殿试中脱颖而出,考中同进士,后来被选为翰林院庶吉士,成为军机大臣穆彰阿的得意门生,供职京师。进身翰林后,曾国藩正式将自己的名字由原来的曾子城改为曾国藩,意思是要成为国家藩篱,保家卫国。从此,年轻的曾国藩怀着一腔报国之心,开始了他如影视剧般充满传奇色彩的官宦生涯。

饱读诗书、笃信理学的曾国藩修身律己,以德求官,以忠谋政,在官场上取得了巨大的成功。在京为官的十几年间,曾国藩从翰林院庶吉士开始,历任侍读、侍讲学士、文渊阁值阁事、内阁学士、稽察中书科事务、礼部右侍郎兼兵部、工部、刑部、吏部侍郎等职,创造了九年七迁,连跳十级的仕途升迁史。从一名籍籍无名,没有背景只有背影的普通公务员开始,短短的12年间,迅速成长为手握五部大权的堂堂二品大员。42岁的曾国藩谱写了一段仕途升迁的佳话,成为古代官场升官最快、做官最好、保官最稳的官场楷模。

咸丰二年(1852)六月,曾国藩被任命为江西乡试的主考官,并获准考试结束后可以回乡探亲。这对于长期在外奔波的曾国藩来说,是莫大的赏赐。离京之时,他心中暗喜,终于可以回家见见爹娘了。可惜人算不如天算,七月二十五日,当曾国藩等人行至安徽太和县小池驿时,却意外接到了母亲江氏已于一个多月前去世的消息。曾国藩看完书信,如五雷轰顶,立刻差人将母亲去世之事上报朝廷。朝廷同意曾国藩回籍丁忧,并重新派了主考官来接替他。在得到上面的批准后,曾国藩迫不及待地换上孝服,回乡奔丧。沿途为了躲避太平军的截杀,曾国藩一路辗转,历尽艰辛,终于在八月二十三日回到了湘乡老家。在家里人的簇拥下,曾国藩一步一叩头,跪倒在母亲的棺木前。一番撕心裂肺的痛哭之后,孝顺的曾国藩不顾众人劝阻,亲自为母亲净面洗脚。众人看着这位名声在外的礼部侍郎小心翼翼地为母亲整理衣冠,无不感动落泪。

当时太平军四处作乱,湖南岌岌可危。考虑到形势严峻,曾国藩回家后,迅速为母亲选好墓地,九月十三日,曾国藩及全家人简单而不失隆重地安葬了曾母。

料理完母亲的丧事后,曾国藩开始了闲居乡间的丁忧生活。只不过,乱世之秋,上至九五至尊的当朝天子,下至籍籍无名的布衣百姓,似乎没有人能守着一方净土,清静悠闲地过日子。有的时候,人的命运由老天掌控,并不是自己能主动选择的。不惑之年的曾国藩怎么也没有想到，自己的人生马上就要迎来一个大转折。当然这一转折，离不开席卷全国的太平天国运动。

咸丰元年（1851），洪秀全聚众在广西金田起义，太平天国运动迅速在全国蔓延开来。按理说，对于清兵入关时叱咤风云的八旗将士来说，对付小小的农民起义应该不在话下。可惜，入关之后，承平已久，安逸的生活使得作为政府王牌军的八旗将士早已腐化堕落，没了当年开国之勇。早在康熙平定三藩的时候，八旗已颓势渐显，难堪重任了。伴随着八旗的衰退，原本不受重视的绿营兵作用日益显现，逐渐取代八旗，成了维护清王朝统治的主要支柱和武装力量。在平定三藩及以后的大小战役中，绿营兵冲锋陷阵，力保大清江山稳固。但是，随着战事减少，绿营兵最终也倒在了吃喝玩乐的温床上，内部也日渐腐化，纪律松弛，战斗力大不如前。在太平军的猛烈攻击下，昔日傲视天下的王牌之师早已锐气全无，不堪一击，节节败退。

为了保住祖宗的百年基业，咸丰皇帝万般无奈，被迫实行团练制度。所谓团练，又称乡兵、民壮、练勇等，是地方官员自行组建的保卫家园的临时性武装组织，作为正规武装的一种补充，负责保卫家乡，清剿匪徒，维护当地治安。中央集权的政治模式下，统治者最忌讳地方势力坐大，一旦地方手握重兵，势必会威胁到皇帝的宝座，唐朝的藩镇割据就是典型的历史教材。所以，历朝历代的统治者都对手握重兵的武将严防死守，更不允许地方官员掌控军队，这是让统治者最忌讳的事情了。现在咸丰皇帝居然亲自下旨，督促有能力的地方官员发展团练，看得出来，咸丰皇帝真是被太平军逼急了，在八旗和绿营都靠不住的情况下，只能孤注一掷，走这招险棋了。正是咸丰皇帝的这一无奈之举，成就了曾国藩从一介书生到湘军统帅的华丽转身。

咸丰二年十二月十一日（1852年1月19日）清晨，正值隆冬时节，万木萧条，天寒地冻。曾国藩吃过早饭，照例回到书房看书。在他回家丁忧的这几个月里，太平天国运动席卷全国，太平军攻城略地，如入无人之境，所到之处，清军或望风而逃或一触即溃，朝野上下一片惊慌。曾国藩虽然没有在朝堂上和大臣们商讨对策，但是，这并不代表他不关心时局。连日来，他一直埋身书房，潜心研究洪秀全所著的《原道救世歌》和《原道醒世训》，他想弄明白洪秀全究竟有什么本事，让老百姓对他一呼百应，俯首帖耳。

正当曾国藩看得入神之际，听见院子里有人边跑边喊"大少爷接旨，八百里快骑！"曾国藩慌忙把书藏起来，整理好衣冠大步流星走出书房。曾国藩见到使者，立即面朝北方跪倒在地，曾麟书也赶紧率领家人跪在曾国藩后面。使者大声宣读了八百里快骑从京师传来的圣旨，内容很简单，令在籍丁忧的曾国藩立刻起复，作为团练大臣协助湖南巡抚张亮基组建湖南团练，抵御太平军的进攻。圣旨下达后，曾家上上下下、老老少少除了曾国藩本人外无不喜上眉梢，能被皇上夺情，这是何等的荣耀呀。可是，这种荣耀对于饱受儒家思想浸润的曾国藩而言，并不是一件多么开心的事情。读书人重名节，把孔孟之道看得比生命还重要，丁忧守制是儒家伦理孝道的基本要求，向来被士人大夫看做是神圣的卫道行为。

咸丰元年（1851），曾国藩的好朋友江忠源的母亲去世，江忠源回籍丁忧。后来洪秀全起事，江忠源被朝廷起复，领兵镇压太平天国运动。曾国藩知道后，几次写信劝阻。就在两个月前，丁忧在家的曾国藩还为此事写信责备江忠源，批评他"墨绖从戎，大节已亏"。没想到，现在马上轮到自己了。曾国藩自然不肯，如果奉诏起复，天下读书人会怎么看自己？同门师友会怎么看自己？文武百官会怎么看自己？明朝张居正夺情引起轩然大波就是活生生的例子。别的暂且不说，日后将如何面对老友江忠源呢？思前想后，曾国藩最终决定拒绝皇上的起复，坚持在家守制。

就在曾国藩决意在家丁忧之际，坏消息接踵而至，汉口、武昌等地接连失守，大清朝似乎真的走到了穷途末路。为官十几年，深受清廷宠爱的曾国藩此时进退两难，尽忠还是守孝？曾国藩面临着前所未有的艰难抉择。夺情起复，不仅会背负不孝的骂名，而且前途未卜，身为一介文臣，从来没有领兵打仗的经历，装备精良的政府正规军尚且不堪一击，何况是仓促应战、赤手空拳的民兵？况且组织团练，资金没保障，全靠个人募捐，政府不会出半毛钱，眼下天下大乱，人心惶惶，如何筹募资金？起复之路充满险阻，稍有不慎，必将晚节不保，毁了半世英名。可是，儒家伦理在铸就曾国藩孝道思想的同时，也给他灌输了忠君爱国、男子汉大丈夫当以天下为己任的救世思想。匡时济世、建功立业是每一个知识分子的最高追求。就在曾国藩左右为难、进退维谷之际，曾国藩的另外一位好朋友郭嵩焘受湖南巡抚张亮基委托，前来劝说曾国藩出山，经过一席彻夜长谈，再加上父亲曾麟书一旁的循循善诱，曾国藩终于放下心中的包袱，决定舍孝尽忠，勇敢地承担起一名知识分子匡时救国、捍卫中华之根本的神圣使命。从此，一介书生曾国藩怀着一颗不计成败得失、不顾安危祸福的必死之心，开始了自己后半生跌宕起伏的戎马生涯。

公元1853年，曾国藩依靠师徒、亲戚、好友等各种关系，在湖南建立起一支地方团练，称为湘勇，也就是后来的湘军。在曾国藩的努力经营下，湘军迅速壮大，成为清政府镇压太平天国运动的主力军。公元1854年2月，湘军倾巢出动，开赴前线与太平军作战。出发前，曾国藩站在捍卫中华民族主流道德文化的高度，发表了极具号召力的《讨粤匪檄》，动员天下读书人加入到讨伐太平军的行列中来，为日后战胜太平军打下了良好的道义基础。

在征剿太平天国运动的血雨腥风中，曾国藩多次立下遗嘱，随时做好自杀效命的思想准备。正是这种不成功便成仁的精神，感染了湘军的无数热血青年，在他的影响和带动下，湘军涌现出一批又一批杰出的忠勇爱国之士。正是他们，用自己的鲜血和生命，一点一点放慢了大清王朝走向灭亡的步伐，为中国历史上最后一个封建王朝赢得了更多苟延残喘的时间。从这个意义上来说，曾国藩绝对算得上是大清王朝的第一功臣，为了保住大清江山，曾国藩一家作出了巨大牺牲。咸丰七年（1857）二月四日，曾国藩的父亲曾麟书病逝，曾国藩在江西瑞州（今高安）军营得到父亲病逝的消息后，立即向朝廷打报告请假，和弟弟曾国华一道回湘乡奔丧。一年后，太平军翼王石达开率二十万精锐入浙江，东南告急。危难之际，咸丰皇帝再次起复曾国藩，由他统领湘军入浙作战。在镇压太平天国的运动中，曾国藩的两个弟弟曾国华和曾国葆一个战死沙场，身首异处；一个积劳成疾，病死军营。在悼念曾国葆的挽联中，曾国藩十分伤感地写道："大地干戈十二年，举室皆愚忠，自称家国报恩子；诸兄离散三千里，音书寄涕泪，同哭天涯急难人。"

经过十多年的浴血奋战，公元1864年7月19日，湘军攻入天京，轰轰烈烈的太平天国运动终于宣告结束。曾国藩作为镇压太平天国运动的第一功臣，并没有受到朝廷封赏，反而是"狡兔死，走狗烹；飞鸟尽，良弓藏"的历史悲剧再度上演，达到事业巅峰的曾国藩不得不面对这规律性的一幕。朝廷不仅对曾国藩严加防范，甚至试图从内部瓦解湘军。虽然当时的曾国藩已经完全具备了推翻清政府，取而代之的实力，但是深受儒家忠君思想钳制的曾国藩最终拒绝了手下将领黄袍加身的提议，从维护中华民族整体利益的大局出发，在关键时刻抵住了权势的诱惑，作出了

"君可以不仁,但臣不可以不忠"的决定。他主动裁撤湘军,递交辞呈,急流勇退,善始善终,保全自己的同时实现了士大夫齐家治国平天下的政治理想。

此后的曾国藩渐渐远离军事权力中枢,积极致力于兴办洋务,成为开启中国现代化之路的第一人。所以,有的学者评论说,"如果以人物断代的话,曾国藩是中国古代历史上的最后一人,近代历史上的第一人"。一句话一针见血地概括了曾国藩在中国历史进程中的特殊作用。

同治十一年二月初四(1872年3月12日),回任两江总督的曾国藩午饭后至署内西花园散步,突然感到脚部发麻,一个趔趄,身子向一旁歪斜。陪同散步的儿子曾纪泽与随从赶紧将他扶住,夹着他继续前行。不一会儿,曾国藩全身就开始抽搐不已,曾纪泽赶紧叫人搬来一把椅子,让他坐在其中,然后抬入大厅。在一片惊呼声中,家人全都围了过来。曾国藩已不能说话,仅三刻后就与世长辞,走完了他61岁的人生旅程。

"修身、齐家、治国、平天下"是儒家先贤为士大夫们设计好的一条人生路线,尽忠报国,是千百年来封建士大夫们追求的理想目标。关键时刻,舍孝尽忠的人物往往成为万世楷模,这是中国千百年来伦理文化浸染倡导的一种境界和俗成之约定。曾国藩习儒家思想最深,君君臣臣父父子子的观念铭刻于心,所以他的所作所为不可能超越此范围。因此,曾国藩毕其一生以报国尽忠为最高理想,克己省身,兢兢业业。他的一生正验证了古人那句话"了却君王天下事,赢得生前身后名"。为官一生,曾国藩始终秉持"善莫大于作忠,恶莫大于不忠"的人生信仰,这一点在他先后两次处理丁忧夺情的忠孝矛盾时体现得淋漓尽致。

一代忠臣曾国藩的突然离世,使风雨飘摇中的大清举国震惊,同治皇帝亲自御赐祭文,称赞他"学有本原,器成远大。忠诚体国，节劲凌霜。正直律躬，心清盟水"。湖南湘乡、江苏南京等地都专门修建了纪念曾国藩的忠烈祠，作为晚晴中兴的四大名臣之一，曾国藩享受到了其他人无法企及的殊荣。

很多年后，后人用这样一副对联描述曾国藩，"立德立功立言三不朽，为师为将为相一完人"。这样的赞誉用在他身上，丝毫没有吹嘘拍马、阿谀逢迎之嫌。作为中国近代史上最有影响力的风云人物，中国本土最勇敢最坚毅的改革家，中国历史上最具完善人格的士大夫，中国两千年传统文化最理想的代言人，曾国藩的确称得上是中国封建社会的最后一尊精神偶像。

儒家强调，孝，始于事亲，中于事君，终于立身。孝不仅仅是善事父母，恭敬顺从，还包括光宗耀祖，振兴门楣。扬名于后世以显父母，孝之终也。所以，自古以来，无数士人大夫无不把建功立业当做对父母最大的孝顺和回报。在尽忠与守孝发生冲突的时候，多数都会像曾国藩一样选择亏孝全忠，以求仕途建功。比如曾国藩的得意门生李鸿章，清光绪八年（1882），时任直隶总督的李鸿章遭遇母丧，按照惯例，李鸿章恳请离任守制。朝廷因他久任畿疆，筹办的一切事务非常繁钜，又一直训练直隶军队，时下又添练北洋水师，经理各国通商事务，一人身兼数职的他实在没有人可以替代。朝廷只好搬出雍正、乾隆年间孙嘉淦、朱轼、嵇曾筠、于敏中，及本朝曾国藩、胡林翼等丁忧夺情的前辈事例，催他穿孝百日后，即行回任。同样应朝廷之急，夺情起复的还有李鸿章一手提拔起来的袁世凯。光绪二十七年（1901），负责驱散义和团，维护治安的山东巡抚袁世凯的生母在其任所内去世，袁世凯上书朝廷，请求回老家守孝三年。朝廷以山东地区流寇潜匪众多为由，只允许袁世凯休假百日，在巡抚衙门穿孝，假满后改为代理巡抚，照常任事。袁世凯请假回老家安葬母亲时，朝廷又以时局紧迫为由，挽留他坐镇指挥，延期归葬。这年秋天，直隶总督李鸿章在北京病逝，李鸿章临死前向朝廷力保袁世凯，说只有他能接自己的班。九月二十七日，清廷下达了要袁世凯接任直隶总督兼北洋大臣的谕旨。袁世凯以母丧在身，不宜升迁为由，拒绝赴任，请求朝廷收回成命。内忧外患，麻烦缠身的清政府不理会袁世凯的请求，督促他马上就职，袁世凯应朝廷之召唤，走马上任。从此，一跃成为晚清暮年最有影响力的封疆大吏。回顾历史，面对朝廷的夺情起复，文武官员们或出于自愿或迫于无奈，大多都会弃孝事君，亏人子之孝尽为臣之忠。

当然，在圣旨面前，也有固守儒家居丧原则，坚持守制不夺情的，甚至有些人不惜冒着生命危险居丧尽孝。魏蜀吴三足鼎立时，战事多发，时局不稳，为了不影响机构运转，更好地应对各方挑战，吴主孙权专门下了一道诏书，禁止官员奔丧守制，违者一律处以死刑。但是诏令颁发不久，吴国境内就发生了一起令人震惊的官员离职奔丧案。肇事者就是历史上赫赫有名的二十四孝子之一，哭竹生笋的孟宗。

孟宗是三国时的江夏（今湖北省阳新县）人，自幼父亲早亡，与母亲相依为命。孟母知书达理，教子有方，在母亲的言行感召下，孟宗勤奋好学，为人宽厚，品学兼优，长大后入仕为官，勤政爱民。长期以来，孤儿寡母相依为命，孟宗对母亲感情极深，虽然哭竹生笋的故事不可能发生，但是，每每母亲生病，孟宗总是衣不解带地在床前侍奉，亲尝汤药，嘘寒问暖。后来母亲年迈去世，身为吴县县令的孟宗不顾朝廷禁令，冒死回家葬母，并在母亲墓旁跪守35天，日日夜夜以泪洗面。事后，孟宗主动负荆请罪，听候朝廷发落。因为大臣们纷纷为他求情，孟宗才免于死罪，后来还做到了司空一职。不过，像孟宗这种不顾个人安危，敢于得罪皇上，抗旨不遵坚持守制的还是少数。据清人徐乾学统计，从西汉到明末，能不顾皇帝下诏夺情，仍坚持服丧三年的官员，史志中记载的总共不满30人。尤其是在明朝中后期夺情成风，那些股肱要员几乎全部夺情，能像杨廷和那样固辞不起，丁忧期满的简直是凤毛麟角，少之又少。

从杨廷和和曾国藩丁忧期间的艰难抉择我们可以清楚地认识到：尽管古代官员入朝为官，难以侍奉双亲，但是在大部分情况下，他们可以通过手足兄弟、经济援助等各种形式完成自己尽孝的心愿，但是一旦父母去世，居丧守制则是无法用金钱来替代的，所以说，丁忧制度是忠孝不能两全的最艰难处境。

三　谈古论今话丁忧

伴随着最后一个封建王朝大清的覆亡，中国开始了向现代化的缓慢转型。转型时期，作为支撑封建社会伦理支柱的儒家传统忠孝观念受到前所未有的冲击，为君主专制服务的丁忧制度也走到了尽头。忠孝脱去了两千多年来被强加在身上的沉重外衣，还原了它的本来面目，不再是统治者愚弄百姓、御国御民的政治工具，回归了人性最真实的那份情感渴求。

虽然丁忧制度在漫长的封建社会并没有得到最彻底最严格的执行，但是，它还是给中国社会造成了无法估量的影响。第一，在忠孝思想的熏陶下，涌现出大批的忠臣孝子，他们成为捍卫封建王权的中流砥柱。同时，由于统治者的过度宣传，愚孝愚忠的思想培养了大批封建礼教的殉道者。居丧过礼、哀毁伤身的悲剧时有发生。如墨子所言，丁忧三年，不问政事，势必会造成人才浪费，影响社会的正常运转。第二，统治者对于孝道的无限拔高，还有一个至今仍无法消除的消极影响。在古代社会，封建统治者把孝道作为评判一切的根本价值标准，成为官员入仕、升迁的政治资本，老百姓也可以通过孝名免除赋役，获得嘉奖甚至平步青云，助长了社会虚浮之风。一些沽名钓誉之徒，为了获取政治资本，不惜弄虚作假，欺世盗名。但是，自相矛盾的是，有些时候，统治者也会对民间的一些伪孝行为加以肯定并大肆褒奖。比如，传为美谈的二十四孝的故事，里面有很多虚构、杜撰的成分，可是千百年来，不一样被作为教科书在民间广为流传吗？今天想来，中国人好面子的民族特质似乎与封建社会统治者利用伦理道德对个体实施人格绑架有着密不可分的关系。第三，除了沽名钓誉、博取孝名外，丁忧制度的实行也催生了官员匿丧诈丧现象的蔓延。解官三年，对于古代以俸禄养家的官员而言，不仅意味着经济上的损失和生活上的拮据，更有不可估量的仕途损失。一旦丁忧，势必影响资历的累积，同时也意味着升迁机遇的丧失，三年后能不能及时起复，起复后能不能谋得个与原来一样甚至比原来还好的差事，都是官员不得不面对的现实问题。级别高的股肱之臣，往往能得到皇上青睐，夺情起复；对于广大中下层官员来说，让皇上下旨夺情几乎不可能，他们就只好心存侥幸，冒险匿丧了。虽然历代统治者对类似匿丧的不孝行为一直采取高压震慑的态势，但是，自始至终，官宦队伍里的伪君子始终大有人在。大官夺情、小官匿丧的现象一直伴随着丁忧制度。

星移斗转，世事轮回，当古老的中国以搭乘高铁的速度向前迈进时，早已被扔进历史垃圾堆里的丁忧制度在作古很多年后，忽然有人提出来加以恢复，并把孝敬父母作为官员考核的基本指标，以此来挽救伦理道德日渐滑坡。

在这个过于讲究效率的现代社会，让官员放下工作，闲置三年是绝对不可能了。今人早已摆脱了传统伦理道德条条框框的束缚，追求自由、平等、民主、个性，那种以忠孝御民，从思想上控制的专制时代早就一去不复返了。但是忠孝思想并没有过时，作为两种最基本的人伦美德，它们永远也不会过时。只不过，世事变迁，今日的孝已经不再是放之四海而皆准、适用于一切领域的道德评判准则。它不再是子女对父母的绝对服从和单方面的道德义务，不再是混进国家公务队伍的终南捷径，它只是孝，就是基于人的感恩，自然生长出的一种最朴实的人类情感。行孝不需要用整齐划一的形式，不需要繁文缛节的作秀，简单就好，真心就好。社会的发展已经不需要子女天天守在父母床前，晨昏定省，养老的负担也已经更多地分摊给了社会。基于建设节约型社会和生态文明、环境保护的考虑，对逝者的安葬也越来越简单，清明的扫墓也变成了网上祭奠。时代变了，行孝的方式也变了，但是建功立业、显亲扬名的价值追求并没有改变，知识分子仍然把修身齐家治国平天下，作为崇高的理想追求。关键时刻，他们依然会选择舍孝尽忠，只不过，这时的忠不再是封建社会臣子对于君主的狭隘的忠，而是忠于国家，忠于人民，忠于千千万万的骨肉同胞。

参考文献

1. 黄留珠：《秦汉仕进制度》，西北大学出版社，1985年。
2. 沈家本：《历代刑法考》，中华书局，1985年。
3. 阎步克：《察举制度变迁史稿》，辽宁大学出版社，1991年。
4. 范忠信：《情理法与中国人》，中国人民大学出版社，1992年。
5. 黄仁宇：《万历十五年》，三联书店，1997年。
6. 俞荣根：《儒家法思想通论》，广西人民出版社，1998年。
7. 丁凌华：《中国丧服制度史》，上海人民出版社，2000年。
8. 史卫民：《中国风俗通史》，上海文艺出版社，2001年。
9. 钱大群：《中国法律史论考中国》，南京师范大学出版社，2001年。
10. 瞿同祖：《中国法律与中国社会》，中华书局，2003年。
11. 《二十四史全译本》，汉语大辞典出版社，2004年。
12. 王立民主编：《中国法律与社会》，北京大学出版社，2006年。
13. 杨军：《论三年之丧》，《齐鲁学刊》，1996年第6期。
14. 祝建平：《北宋官僚丁忧持服制度初探》，《学术月刊》，1997年第3期。
15. 樊树志：《张居正与冯保——历史的另一面》，《复旦大学学报》（社科版），1999年第1期。
16. 丁鼎：《"三年之丧"源流考论》，《史学集刊》，2001年第 1 期。

17. 杨天宇：《略论汉代的三年丧》，《郑州大学学报》（哲社版），2002 年第 5 期。

18. 赵克生：《明代文官匿丧与诈丧现象探析》，《东北师大学报》（哲社版），2006 年第 2 期。

19. 罗小红：《再论唐代夺情起复制度》，《西北大学学报》（哲社版），2006 年第 3 期。

20. 赵克生：《略论明代文官的夺情起复》，《西南师范大学学报》（社科版），2006 年第 5 期。

21. 黄修明：《中国古代仕宦官员"丁忧"制度考论》，《四川师范大学学报》（社科版），2007 年第 3 期。

22. 马国华：《从"哀毁"到"匿丧"——论古代官员对丁忧态度的变化》，《三峡大学学报》（人文社科版），2007 年 S2 期。

23. 高二旺：《丧礼改革视野下的北魏孝文帝汉化政策》，《中南民族大学学报》（社科版），2009 年第 3 期。

24. 章太长：《试论元代的丁忧制度》，《历史研究》，2011 年第 2 期。

25. 张焕君：《从居丧之礼的变化看魏晋时期孝道观的调适》，《史学集刊》，2011 年第 6 期。

26. 张旭华：《两晋时期的丧礼实践与中正清议》，《史学月刊》，2011 年第 12 期。

27. 梁翠：《论孝道对中国古代官员仕途的影响》，《东南大学学报》（哲社版），2011 年 S1 期。

28. 欧磊：《清代官员丁忧制度略论》，《北方论丛》，2012 年第 6 期。

29. 黄辉，朱汉民：《魏晋名士对孝道的反思》，《湖南大学学报》（社科版），2013 年第 2 期。

30. 丁建军，贾亚方：《简论宋代丁忧制度对官员仕途的影响》，《大连大学学报》，2013年第2期。

31. 徐雪梅：《清朝职官制中的满汉差异问题研究》，博士学位论文，南开大学，2009年。

32. 刘冰雪：《清代丧葬法律与习俗——以大清律例的规定为主要依据》，博士学位论文，中国政法大学，2009年。

33. 冯海彬：《八旗丁忧制度概论》，硕士学位论文，中央民族大学，2010年。

34. 罗山：《宋朝孝德教化研究》，硕士学位论文，湖南大学，2010年。

35. 李维睿：《略论明代官员丁忧制度》，硕士学位论文，西南政法大学，2011年。

36. 唐犀：《元代丁忧制度研究》，硕士学位论文，西南政法大学，2011年。

37. 季庆阳：《唐代孝文化研究》，博士学位论文，陕西师范大学，2011年。

38. 李秀立：《唐代孝文化初探》，硕士论文，山东师范大学，2011年。

39. 王利利：《唐代官吏休假研究》，硕士学位论文，陕西师范大学，2011年。